高等职业教育电子商务专业系列教材

移动电子商务

第3版

主　编　王忠元

副主编　杜志琴　刘绍君

参　编　范　皓　秦　冲

主　审　雷　玲

U0656286

机械工业出版社

CHINA MACHINE PRESS

本书从移动电子商务的起源和基本概念入手，全方位介绍了当前移动电子商务应用型技能人才应掌握的移动电子商务的重点知识和应用技能，内容涵盖移动电子商务概述、移动电子商务基础技术、移动支付与移动商务安全管理、移动电子商务价值链与商业模式、移动营销、移动电子商务物流管理等。

本书特别注重立德树人和对学生实际操作、动手能力的培养，各模块都融入了思政教育内容，并设置了实训项目，以充分培养学生的岗位适应能力。同时，在各模块内容的后面，介绍了当前流行的移动电子商务工作岗位和任职条件，对有志于在移动电子商务领域发展的学生的职业发展规划和展望起到了指引作用。

本书可以作为高等职业院校、本科层次职业教育院校、普通高等院校（应用型本科）、成人高校、民办高校等电子商务专业及其他相关专业的教学用书，也可以作为移动电子商务应用技能的培训教材和移动电子商务爱好者的自学用书。

为方便教学，本书配备了电子课件、实训资料等教学资源。凡选用本书作为教材的教师均可登录机械工业出版社教育服务网www.cmpedu.com免费下载。如有问题请致电010-88379375，或联系QQ：945379158。

图书在版编目（CIP）数据

移动电子商务/王忠元主编 . —3版 . —北京：机械工业出版社，2022.6（2025.7重印）
高等职业教育电子商务专业系列教材
ISBN 978-7-111-70476-8

Ⅰ . ①移… Ⅱ . ①王… Ⅲ . ①移动电子商务—高等职业教育—教材
Ⅳ . ①F713.36

中国版本图书馆CIP数据核字（2022）第053619号

机械工业出版社（北京市百万庄大街22号 邮政编码100037）
策划编辑：孔文梅　　　　　　责任编辑：孔文梅 乔 晨
责任校对：肖 琳 张 薇　　　封面设计：鞠 杨
责任印制：张 博

北京建宏印刷有限公司印刷

2025 年 7 月第 3 版第 6 次印刷
184mm×260mm · 15.75印张 · 376千字
标准书号：ISBN 978-7-111-70476-8
定价：49.00元

电话服务　　　　　　　　　网络服务
客服电话：010-88361066　　机 工 官 网：www.cmpbook.com
　　　　　010-88379833　　机 工 官 博：weibo.com/cmp1952
　　　　　010-68326294　　金 书 网：www.golden-book.com
封底无防伪标均为盗版　机工教育服务网：www.cmpedu.com

前言

目前，我国的移动互联网已经得到迅猛发展，并且日益趋于成熟，同时，基于移动互联网的移动电子商务也得到了爆炸式的发展。前瞻产业研究院发布的《2021—2026年中国电子商务行业市场前瞻与投资战略规划分析报告》数据显示，2020年中国移动网购交易规模突破8万亿元，且未来依旧会保持高速增长。移动电子商务正加速与制造业、零售业、事业单位、政府机构等的融合，推动服务转型升级，催生新兴业态，成为提供公共产品、公共服务，推动经济发展的新力量。如今，移动互联网用户规模已超过传统互联网用户规模，移动电子商务领域商机巨大。

移动互联网及其所支撑的移动电子商务的迅猛发展，引发了移动电子商务技术技能型人才的巨大缺口。据工信部数据统计显示，我国目前移动互联网人才及移动电子商务人才缺口达百万以上。随着移动互联网高速且深入的发展，移动互联网行业的专业人才匮乏程度将进一步加剧。为了进一步适应移动电子商务发展的需要，加强对移动电子商务技术技能型人才的培养，对高等职业教育电子商务专业移动电子商务相关课程教学的教材进行修订，以适应移动电子商务产业发展的需要迫在眉睫。本书正是为了满足国内职业院校和各类培训机构开设移动电子商务课程而编写的一本基础教材，涉及移动电子商务概述、移动电子商务基础技术、移动支付与移动商务安全管理、移动电子商务价值链与商业模式、移动营销、移动电子商务物流管理等内容。

高等职业教育是以就业为导向的，其专业核心课程教学应该注重培养学生的岗位工作能力。本书的编写旨在使得移动电子商务课程教学与移动电子商务企业就业岗位能直接对接。由此，本书设计旨在充分培养学生的移动电子商务岗位应用能力，采用了理实一体的编写结构，在描述高等职业教育学生应该具备的移动电子商务理论和移动电子商务典型案例的同时，重点强调了对学生在商务技能和应用技能方面的培养，由此设计了9个最新的移动电子商务技能实训项目，充分体现了职业教育的"做中学"理念和"教学做一体化"的教学方式。另外，本书还介绍了目前移动电子商务企业典型职业岗位的职责与要求，帮助学生明确课程的目的性和方向性。

本书在第2版的基础上，继续保持以下特色的同时，对内容进行了修改或更新。

（1）产教融合。本书通过校企合作设计了基于企业移动电子商务典型岗位的实训项目，直接培养学生的移动电子商务岗位技能。

（2）内容新。本书的教学内容选取紧跟Web的发展，包括竖屏思维、共享经济、Apple Pay、H5营销、移动广告、智慧物流等内容，充分顺应了移动电子商务发展的现状和趋势。

（3）"教学做"一体化。本书是作者在课程教学中运用"教学做"一体化职业教育教学模式的结晶，教学过程充分体现了"师徒式"和"做中学"的理念，"教师示范、学生模仿、学生创新"的方式贯穿于整个教学过程。

对内容进行的修改或更新，主要表现在以下两点：

（1）课程思政。本书根据不同模块内容，提炼并有机融入了思政元素，注重学习者思政意识的养成和培育，强化德技并修。

（2）内容更新。移动电子商务发展迅速，技术和商业模式不断演进。本书适时跟进，删除过时内容的同时，大幅更新了教材内容，包括理论描述、教学案例、实训项目等。

本书由武汉职业技术学院王忠元担任主编，武汉职业技术学院杜志琴、武汉职业技术学院刘绍君担任副主编，武汉职业技术学院范皓、武汉职业技术学院秦冲参加了编写。武汉职业技术学院雷玲教授担任本书主审。

由于移动电子商务发展迅速，加之作者学识和经验有限，书中疏漏在所难免，敬请读者提出批评和修改意见。

本书配有电子课件等教师用配套教学资源，凡使用本书的教师均可登录机械工业出版社教育服务网www.cmpedu.com下载。咨询可致电：010-88379375，服务QQ：945379158。

编　者

二维码索引

序号	名称	二维码	页码
1	模块一导读		1
2	模块二导读		30
3	模块三导读		77
4	模块四导读		113
5	模块五导读		173
6	模块六导读		223

Contents

目录

Module 1

模块一

移动电子商务概述

学习目标

◎ 能够分析移动电子商务与传统电子商务的联系与区别。

◎ 了解移动电子商务的环境和发展规律。

◎ 能够正确描述移动电子商务。

◎ 能够叙述互联网创新思维模式。

◎ 了解移动电子商务应用。

◎ 响应国家电子商务促进政策与法规，推动移动商务创新发展。

模块一导读

案例导引

"饿了么"简介

　　"饿了么"是我国知名的本地生活移动平台，主营在线外卖、新零售、即时配送和餐饮供应链等业务。秉承"极致、激情、创新"的信仰，致力于推进整个餐饮行业的数字化发展进程。它为用户带来方便快捷订餐体验的同时，也为餐厅提供一体化的运营解决方案。

　　"饿了么"率先提出"C2C订餐"的概念，在重视服务订餐用户的同时，也重视服务餐厅，搭建用户和餐厅沟通的移动平台，推动了餐饮行业数字化的发展，无疑"饿了么"成为区域化电子商务的领跑者。用户在订餐平台上能够看到周边餐厅信息及详细菜单，只需在手机上一点，美味即刻送到面前。整个订餐流程方便快捷，即使不注册也能订餐。在宅文化盛行、食品安全问题突出的阶段，"饿了么"为用户提供了更多吃的选择。在2021年《胡润品牌榜》上，"饿了么"以275亿元在生活服务品牌价值排名第5位。图1-1为"饿了么"App首页。

　　2020年7月10日，"饿了么"宣布全面升级，从餐饮外卖平台升级为解决用户身边一切即时需求的生活服务移动平台。

图1-1　"饿了么"App首页

　　"饿了么"的优势在于方便快捷，而且加盟商的种类较多，包含了各个层次，使食物选择相对多样，价格选择区间大。同时，"饿了么"的反馈机制更是一大亮点。33.9%的消费者会在外卖迟迟未送达的情况下，选择在"饿了么"移动App上给管理员留言要求尽快送达。消费者中有相当一部分人是比较相信与依赖"饿了么"的，而这一部分的消费者则可能就是对于"饿了么"来说非常重要的长期的且忠实的消费者。

　　移动平台作为"饿了么"的门户，比其他同类网站质量高是毫无疑问的。"饿了么"的优势在于它的定位明确和"傍大款"策略，"饿了么"的目标客户群体集中于在校大学生，致力于为宅男宅女打造足不出户的订餐文化，所以其推广和宣传比其他网站更有针对性；"傍大款"说的是"饿了么"作为一家新生代网站，一直和国内外知名大品牌合作，先后有统一、可口可乐等品牌参与其推广活动，促进了"饿了么"的形象提升。再者，"饿了么"的创立者来源于学生群体，他们的想法和思维习惯贴近现在的大学生，这样一来，其管理层也就有了好的竞争力。

　　"饿了么"是国内较早的在线外卖订餐平台，为线下商户提供了基于互联网技术的一体化运营解决方案，建立了完善的外卖商业生态体系，搭建了外卖物流配送网络。"饿了么"通过深耕外卖市场，构建了刚需重构、充分授权、数据化地推、注重用户体验等成功模式，突破了外卖市场的瓶颈，提升了餐饮外卖服务体验，并在一定程度上解决了商户信息化和食品安全保障等难题。

2019 年 1 月，《中华人民共和国电子商务法》（以下简称《电子商务法》）正式实行。《电子商务法》第六十四条规定："国务院和省、自治区、直辖市人民政府应当将电子商务发展纳入国民经济和社会发展规划，制定科学合理的产业政策，促进电子商务创新发展。"近 10 年，移动用户不断增长，苹果、三星、小米、华为等企业均发力于移动终端市场，智能手机销量猛增，同时平板电脑也受到追捧，移动应用商店如雨后春笋般涌现，平台开放成为热点。国内外互联网巨头们纷纷加大了对移动互联网的投入，创新型的移动互联网公司层出不穷，新的应用精彩纷呈。在这种技术和政策发展趋势下，移动互联网创造的产出将超过传统互联网 10 倍以上，全球 IT 产业正在发生革命性的变化，基于移动互联网的创新商业模式层出不穷。总之，移动电子商务时代已经来临。

单元一　移动电子商务的概念、与电子商务的区别及其特点

在互联网尚不普及时，人们就提出了电子商务这一概念，后来，随着互联网的普及，人们逐渐达成共识：电子商务就是建立在互联网基础之上的一种新型商务活动。而全球移动互联网产业发展速度之快、潜力之大，几乎超出所有人的想象，这也将不断推动电子商务向移动端发展，移动电子商务由此产生并迅速普及。

一、移动电子商务的概念

类似于电子商务的概念，移动电子商务也有广义与狭义之分。

（1）广义的移动电子商务。广义的移动电子商务是指通过移动设备随时随地获得的一切服务，涉及通信、娱乐、商业广告、旅游、紧急救助、农业、金融、学习和商业运营等，可看作对应于 Electronic Business 的 Mobile Business。

（2）狭义的移动电子商务。狭义的移动电子商务是指通过移动终端（如手机、平板电脑和掌上电脑等）进行商品或服务交易的商务类活动，只涉及货币类交易的商务模式，可看作对应于 Electronic Commerce 的 Mobile Commerce。

上述两种说法中，都有两个重要的特征，即"移动"与"商务"。也正因如此，国外常用"Mobile Commerce"表示移动电子商务。在国内，许多人根据"Mobile Commerce"的名称将其称为"移动商务"。本书中，如无特别指出，也将"移动电子商务"与"移动商务"两个概念视为等同。

移动通信技术发展经历了 1G、2G、2.5G、3G、4G、5G 等多个阶段。尤其是 2.5G 时代，以诺基亚为代表的移动通信设备商生产了大量外形小巧、功能齐全、价格不高的手机，使得手机进入寻常百姓家。人们除用手机进行语音通信外，短信和彩信产品也得到长足的发展。人们越来越多地借助手机，实现移动信息查询、广告和音频图像的下载等服务。这些服务构成了早期的移动电子商务应用，并逐渐引起了人们的重视。显然，此时的移动电子商务不是只涉及货币交易的狭义移动电子贸易，而是涉及了广义的移动电子业务。仔细分析这类服务可以发现，其实它们并不是完全的移动电子贸易，而更像一种混合形式。

在我国，直到 2009 年以后，作为应对世界金融危机的举措之一，才开始大面积建设和推广 3G 网络。从此，我国的移动电子商务得到较快发展，随后 4G 网络和应用的迅速普及

更是促进了移动电子商务的发展和普及。现在，在5G移动终端和应用也逐步普及、移动电子商务环境日趋成熟的条件下，各种新型的移动电子商务应用形式会不断出现，移动电子商务应用范围更加广泛，移动电子商务的含义将会更加明确。

二、移动电子商务与电子商务的区别

桌面互联网的普及为人们创造了许多电子商务的应用形式，特别是信息的发布、搜索和商务活动的便捷，降低了信息不对称程度，使商品的生产者与消费者有更多的机会直接接触，进而对传统商务活动带来了很大的冲击。而移动互联网技术的进步，为电子商务向移动电子商务方向发展提供了更大的空间。由于移动互联网和移动终端的新特性，移动电子商务与电子商务不仅仅有"无线"与"有线"的区别，而且在技术特点、商业管理、商业模式和市场规模等方面都有较大的区别。现阶段，我们关注的重点是4G/5G环境下的移动电子商务。因此，下面将仅考虑在4G/5G移动互联网条件下，移动电子商务与电子商务在若干方面的区别。

（1）服务个性化区别。移动电子商务的通信速度受无线电频谱的限制，带宽有限。但移动互联网具有地理定位功能和移动终端私有化，因此移动电子商务可以充分利用基于位置的个性化服务，而电子商务强调的则是无差别的服务。

（2）终端设备区别。电子商务使用个人电脑，显示器屏幕大、内存大、处理器快、采用标准键盘，不用考虑电池问题。移动通信设备则相反，屏幕小、内存小、处理器慢、输入不便，电池一次不能用太久，因此移动电子商务的信息比较简洁，不宜处理复杂应用。

（3）用户群区别。移动电子商务的潜在用户群远大于电子商务，但这个群体分布不均且文化差异大。在移动电子商务开发中必须更多地处理这种差异。

（4）移动性区别。与电子商务相比，移动电子商务因终端设备的移动性而产生更多的商业机会，更能实现个性化服务。但在需要处理大量数据的场合，移动性又给商务活动的进行带来许多不便。

（5）商业模式区别。电子商务更强调低成本和无限的网络空间，消除信息不对称，提供无限的免费信息服务，而移动电子商务更多的是针对差异性，通过提供差异化的个性服务来盈利，如位置变成产生价值的来源。另外，移动电子商务的商业活动必然要考虑带宽和流量成本，这方面的成本将随着4G/5G通信技术的成熟逐步降低。

当然，移动电子商务与有线电子商务相比有许多优点，主要包括以下几个方面：

1）使商务活动的信息互动更高效、更及时。

2）使商务活动的规模更大、机会更多，不限于仅坐在电脑前才能开展商务活动，而是随时随地都可凭借智能手机来进行。更大的规模和更多的机会，让企业与用户双方均可得利。

3）通信终端的私有性帮助交易双方确认对方身份，使得移动电子商务供应商能精准地与最有希望达成交易的用户交互，提高了交易的成功率。

三、移动电子商务的特点

基于无线通信网络的能力以及移动终端的特性，人们不仅可以在移动状态下处理有关事务，还可以根据用户所处位置提供与位置有关的服务，也能借助手机实名制确定手机用户的身份，实现更精准的服务，从而增加信任感，提高手机用户交易的意愿度。相对于基于桌面电脑互联网的电子商务来说，移动电子商务具有以下显著特点：

（1）时空无界性。移动用户可以在任何时间、任何地点查询所需的商品或服务信息，启动、协调和完成移动交易。这使得经常出差的用户和经常离开办公桌的用户都不会错过交易机会，如股票交易或网络拍卖等。同时，也能帮助在野外作业的人员（包括旅游业工作人员）随时随地处理商务信息。

（2）便捷性。不受地域限制，查看邮箱、收发即时信息和交换文件等，都因移动互联网的普及而变得非常容易和便捷。

（3）位置相关性。采用全球定位系统（GPS）和基于位置服务技术（LBS），可以帮助服务提供商更准确地识别用户所在位置，从而向用户提供与其位置相关的信息，如附近的旅游景点、酒店和餐厅等。在许多性命攸关的需要位置信息的急救场合，GPS还可以结合地理信息系统（GIS），帮助人们更快、更准确地找到需要帮助的人。

（4）个性化。由于每部移动终端都有唯一的SIM卡（智能卡），关键的移动应用也需要经过实名认证，因此服务提供商可以很方便地通过它收集用户信息。商家通过收集用户的以往数据，包括移动数据和交易偏好等，采用数据分析与数据挖掘工具，帮助用户发现自己的爱好，从而更精确地提供用户所需的服务。同时，消费者在经过自己许可的情况下，让商家帮助收集自己的数据信息，从而为自己提供更好的服务，还可让商家根据自己的要求提供一定的隐私保护措施。

单元二　移动电子商务的发展

移动互联网的发展，无论是全球移动互联网产业还是中国移动互联网产业，其速度之快、潜力之大，几乎超出所有人的想象，而这也将不断催生各种机会，其中就包括移动电子商务。

一、移动互联网的发展及商务应用现状

2021年8月，中国互联网络信息中心（CNNIC）在京发布第48次《中国互联网络发展状况统计报告》（以下简称为《报告》）。《报告》中显示，截至2021年6月，我国网民规模达10.11亿，较2020年12月增长2 175万，互联网普及率达71.6%，较2020年12月提升1.2个百分点。截至2021年6月，我国手机网民规模达到10.07亿，较2020年12月增长2 092万。网民使用手机上网的比例达99.6%，与2020年12月基本持平。在2020年，我国互联网行业在抵御新冠肺炎疫情和疫情常态化防控等方面发挥了积极作用，为我国成为全球唯一实现经济正增长的主要经济体，国内生产总值（GDP）首度突破百万亿，圆满完成脱贫攻坚任务做出了重要贡献。以手机为中心的智能设备，成为"万物互联"的基础，车联网、智能家电促进"住行"体验升级，构筑个性化、智能化应用场景。移动互联网服务场景不断丰富、移动终端规模加速提升、移动数据量持续扩大，这都为移动互联网产业创造了更多的价值挖掘空间。我国移动支付用户规模持续扩大，用户使用习惯进一步巩固，截至2021年6月，我国网络购物用户规模达8.12亿，较2020年12月增长2 965万，占网民整体的80.3%。艾瑞咨询认为，在中国零售市场线上、线下加速融合的大趋势下，消费场景日益多

元和分散，逐步构建起全渠道零售网络。移动端作为连接线上、线下消费场景的核心途径，得以进一步渗透发展。如今，移动互联网用户规模已超过传统互联网规模，移动互联网持续孕育着巨大的商机。

在中国移动互联网各细分行业结构分布中，移动购物一枝独秀，2020 年占到 84% 的份额。移动广告市场从 2014 年开始逐步向成熟化发展，当年占据 13.9% 的市场份额，2020 年其占比达到 90%，呈现稳步提升的趋势。近几年，移动游戏行业发展硕果累累，依靠人口红利优先获得了大量关注，而随着企业资本化趋于理性，以及更多具有运营研发优势的上游企业的进入，都将给移动游戏行业的发展提供更良好的驱动力。以苹果 App Store 为代表的移动互联网应用的飞速发展是推动移动互联网迅猛发展的强大动力。上百家应用商店推动移动互联网应用普及，满足了网民多元化的信息需求，从而改变了网民娱乐、生活和工作的方式。

"SoLoMoEc"（Social、Location、Mobile、E-Commerce）代表了移动电子商务发展的总体趋势。近年来，随着以智能手机、平板电脑和可穿戴设备为代表的智能终端的普及和服务模式的创新，移动电子商务产业成长迅速。同时，各类移动应用软件层出不穷，数量持续增长，成为互联网产业发展中的最大亮点。移动购物、社交网站、微博、微信、手机支付、手机短视频、手机直播、移动学习等移动互联网应用发展迅猛。中国互联网巨头（如百度、阿里巴巴、腾讯、京东等）已经完成桌面互联网向移动互联网布局转化，以适应移动互联网快速发展所带来的巨大机遇。以腾讯和阿里巴巴为代表的互联网公司进行了组织架构的调整，百度和淘宝等布局基于手机位置的信息服务。我国三大电信运营商（中国移动、中国电信和中国联通）也积极应对，如中国电信积极推动基地公司化运营。新型产业格局和业务模式逐步形成，移动互联网正在极大地改变中国网民的生活方式。如今，移动互联网是众多企业正在角逐的新战场。

移动互联网将移动通信和互联网两种技术结合，满足了用户在任何时间、任何地点、以任何方式获取并处理信息的需求。近几年来，中国移动互联网用户爆发式增长，移动互联网这一规模化飞速发展的行业必然隐藏着巨大的利润空间，这使投资者发现了产业发展的巨大机会。

二、移动互联网的发展趋势

在当前的形势下，创业者最热门的话题离不开移动互联网，当然移动互联网产业也受到投资者的青睐。

现在，移动互联网已进入最好的时代，移动电子商务正在高速发展。移动互联网与云计算、物联网的有效融合，带来了无限想象的空间，也为人们的工作和生活带来了极大的便利，拥有更多创新和发展的机会，不论是传统的或新兴的互联网公司都在摸索。开放平台成为移动互联网的重要特征，围绕开放平台的移动互联网产业格局也在深刻变革，产业链主体之间的关系也更加复杂，移动互联网的繁荣和发展必将催生更多成功的公司和品牌，它们会不停地创新，共同推动整个行业的快速发展。对于开展移动电子商务的企业来说，把握住移动互联网的发展趋势，才能更好地把握移动互联网的发展规律，以更好地适应移动互联网的发展要求，企业才能走得更好、走得更远。

2021 年 7 月，《中国移动互联网发展报告（2021）》（移动互联网蓝皮书）发布。报告认为，新冠肺炎疫情之下，健康码、直播带货、在线教育等基于移动互联网的应用与服务，为我国疫情防控阻击战取得重大战略成果、成为全球唯一实现经济正增长的主要经济体、脱贫攻坚战取得全面胜利、决胜全面建成小康社会取得决定性成就提供了有力支撑。"新基建"

的落地布局推动移动互联网基础设施实现技术突破与智能升级，移动互联网迎来了全新发展变革。未来移动互联网发展将体现出五大趋势：

1. 移动互联网助力构建新发展格局

网络零售、直播带货、在线教育等基于移动互联网的新应用、新业态呈爆发式增长，必将进一步促进消费增长和潜力释放。5G、数据中心、工业互联网等新型基础设施建设进一步扩大规模，芯片与操作系统国产化进程加速推进，也将助力产业数字化转型升级，增强移动互联网发展韧性，为打造经济高质量发展新引擎，构建新发展格局提供强劲动力。

2. 5G与工业互联网、车联网及超高清视频进一步深度融合

"5G+工业互联网"融合应用成为传统制造业转型升级的方向和趋势，随着相关政策的密集出台，5G网络建设的加快推进，5G与工业互联网必将进一步深度融合，推进工业互联网迈入新阶段，加速我国新型工业化进程。5G也将进一步推动车联网快速发展，推动4K/8K超高清视频的普及与产业链升级，助力开启超高清视频时代。

3. 加速智慧城市、数字乡村建设进程

新冠肺炎疫情成为检验一个城市智慧水平和政府社会治理能力的大考，人工智能、大数据、区块链等移动互联网前沿技术在政务、交通、医疗、教育等广阔领域的应用价值逐渐显现。2021年中央一号文件再次提出"实施数字乡村建设发展工程"。可以预见，移动互联网在智慧城市、数字乡村建设中的应用将会全面加速，为社会治理和乡村振兴提供有力支撑。

4. 连接人与物的超级网络应用空间无限

随着5G大规模建设和4G全面普及，"万物智联"的时代正向我们走来。不仅人与人之间便捷相连，更多的物体加入人类社会网络，形成人与物的大规模同时在线。工业互联网上的各种机械设备，农田里各类监测传感器，交通线路上的各种摄像头和无人驾驶车辆，进入家庭和公共场所的各种智能电器和日常用品，随时随地与人进行交互。移动互联网将演变成人与海量物品共生的超级网络。

5. 在线教育、远程医疗行业迎来爆发

新冠肺炎疫情一定程度改变了公众的工作生活模式，在线教育、远程医疗需求大增。随着疫情防控进入常态化，远程医疗、在线教育等消费习惯将被保留。国家政策大力支持"聚焦教育、医疗、养老、抚幼、就业、文体、助残等重点领域，推动数字化服务普惠应用，持续提升群众获得感"，这将进一步推动相关产业发展。与此同时，在线教育、互联网医疗的政府监管也将趋严，行业将更加规范，有利于进一步拓宽移动互联网应用，推动移动互联网发展红利在全社会普及。

单元三　互联网+、互联网思维与互联网经济

一、互联网+

2015年3月5日上午，在第十二届全国人大第三次会议上，李克强总理在政府工作报

告中首次提出"互联网＋"行动计划，并提出"制定'互联网＋'行动计划，推动移动互联网、云计算、大数据、物联网等与现代制造业结合，促进电子商务、工业互联网和互联网金融健康发展，引导互联网企业拓展国际市场。"自此，"互联网＋"这一概念迅速响遍了大江南北，成为互联网经济甚至是国民经济建设的一个新风口。

"互联网＋"是指利用互联网和移动互联网的平台，把互联网和各行各业结合起来，从而创造一种新的社会生产和经营的生态。它代表一种新的社会形态，即充分发挥互联网在社会资源配置中的优化和集成作用，将互联网的创新成果深度融合于社会各领域之中，提升全社会的创新力和生产力，形成更广泛的以互联网为基础设施和实现工具的经济发展新形态。

二、互联网思维

移动互联网不同于传统互联网，基于移动终端的电子商务有着移动性和智能化的特点，与传统互联网有显著不同，同时也产生了不同于传统行业的思维形式。只有切实把握移动互联网规律，运用移动互联网思维来思考问题，从企业实际出发，寻找企业差异化发展路径，移动互联网企业才能在移动互联网的巨大市场中立于不败之地。

移动互联网崇尚开放、创新、自由、平等和分享的精神。"不创新，就死亡"，成功的企业是率先做出大胆尝试、创新求变的企业。苹果、腾讯、阿里巴巴、Facebook、谷歌、奇虎360、拼多多、字节跳动、快手等众多互联网公司为什么会成功？原因有很多，追本溯源，关键是它们自觉和不自觉地把握住了互联网发展的规律，采用了移动互联网思维，实现了产品创新和商业模式创新。也就是说，这些成功的新时代企业家都自觉或不自觉地进行了思维模式的转变，顺势而为，于是成为移动互联网时代的弄潮儿。

思维模式的转变，对于处在新旧时代转换过程中的行业和企业管理者来说是极其痛苦的，但恐怕别无选择，因为当新时代来临时，生存状况与生存质量往往不取决于是否转变，而取决于转变得有多快。这些创新的思维包括用户思维、简约思维、极致思维、迭代思维、社会化思维、大数据思维、跨界思维和竖屏思维等。

1. 用户思维

互联网打破了信息的不对称，使得信息更加透明化，用户也获得了更大的话语权。在新的形势下，企业要在更高层面上实现"以用户为中心"，而不是简单地听取用户需求和解决用户的问题，更重要的是让用户参与商业链条的每一个环节，从需求收集、产品构思到产品设计、研发、测试、生产、营销和服务等，汇集用户的智慧，这样企业才能和用户共同赢得未来。互联网思维的核心就是用户思维，产品设计、极致用户体验和口碑传播等都离不开用户的参与。但用户参与并不是简单地建设社区和论坛，而需要整个企业的管理模式、研发模式和技术架构等都适应这种新的模式。

用户思维是互联网思维的核心，其他的互联网思维都是在用户思维基础上进行延伸。所谓用户思维，就是在价值链的各个环节都要以用户为中心考虑问题，顺应消费者主权时代。

用户思维的法则如下：

（1）大众经济。大众人群是互联网的主流。互联网经济实际上是一种"长尾"经济，市场必须关注"长尾人群"的需求。网络上的大众人群从60后到00后不等，他们是互联网时代具有鲜明个性化色彩的众多个体，虽然这些个体单个消费能力不强，但通过互联网的聚合效应就会产生极其强大的消费能力和影响能力。现在诸多成功的互联网公司在做产品和服务市场定位的时候，并没有盯着所谓的"高大上"人群，而是抓住了"大众群体""草根一族"的需求。

（2）用户全程参与。在互联网时代，每个消费者都可能和素未谋面的消费者在某个购物社交网络中相互交流，分享他们的消费主张，形成一种消费社群，他们渴望参与供应链上游活动（如采购、设计甚至制造）的决策。因此，用户需要什么，企业就应该提供什么。用户需要的是参与感，企业就应该把这种参与感传递到位。参与感是用户思维的重要体现之一，包括两个方面：①让用户参与到产品的研发与设计中，实现用户产品个性化定制；②让用户参与到品牌建设中，实现"粉丝经济"。

（3）用户体验至上。用户体验是一种纯主观的感受，是在用户接触产品或服务的整个过程中形成的综合体验。好的用户体验一定要注重细节，并且贯穿于每一个细节，这种细节一定要让用户感知到，并且超出用户的预期，为用户带来惊喜。把用户体验管理制度化，作为重要的考核指标，这种做法值得很多传统企业借鉴。奇虎360创始人周鸿祎说："你把东西卖给用户或者送给用户了，你的体验之旅才刚刚开始，用户才刚刚开始跟你打交道。通过你的产品和服务，每天都让用户获得感知，让用户感受到你的存在，让用户感受到你的价值。"用户体验的打造，要贯穿各个渠道、各种终端、各类媒介，以及用户使用产品的各个环节，要自始至终地考虑用户的感受，以"用户体验至上"为指导原则。

2. 简约思维

互联网时代，信息爆炸，用户的耐心越来越不足，所以必须在短时间内抓住用户。大道至简，越简单的东西越容易传播，也越难做。专注才有力量，才能做到极致。尤其在创业时期，做不到专注，就没有可能生存下去。在产品设计方面，要做减法。外观要简洁，内在的操作流程要简化，这就是互联网时代的简约思维。苹果产品的外观、特斯拉汽车的外观，也都是这样的设计。简约即是美，品牌定位也要专注，给消费者一个选择你的理由。简约思维在互联网时代代表了企业在开发产品和服务上所展现的素养和修为，它包括三个要素：看起来简洁、用起来简化、说起来简单。

简约意味着人性化，是人性最基本的内容。例如，微信"摇一摇"功能，如图1-2所示。其界面就足够简约，没有任何按钮和菜单，也没有任何其他入口，只有一张图片，这张图片只需要用户做一个动作，就是"摇一摇"。这个动作非常简单，不用做任何学习，也不用在界面里做任何的文字解释。很多产品经理喜欢在程序里加一些使用技巧提示，觉得这是一个很好的教育手段，可如果需要用这些使用技巧去教育用户，就证明你已经失败了，因为你没有办法通过功能本身让用户一看就知道。

图1-2 微信"摇一摇"功能

3. 极致思维

极致思维，就是把产品、服务和用户体验做到极致，超越用户预期。极致思维体现的是一种匠人精神，强调对产品的专注和追求极致。这种精神首先是产品经理这个角色要具备的，他们能够为了实现目标而狠逼自己，具有"铁人"的意志和"偏执狂"的热情，在资源、目标和时间等多个维度达到极致的平衡，最终不断创造极致产品。极致思维精神的内核是保持专注和追求极致。乔布斯是具备极致思维的典范，是一位伟大的产品经理，他对产品的专注和追求极致的精神将苹果带向了成功。互联网时代的产品经理们都应当具备一种保持专注和追求极致的精神，将匠人精神融入自己的工作和产品中。

互联网时代，是一个过剩的时代，是一个消费者主权的时代。互联网打破了信息在时间和空间层面的不对称，使得用户的转移成本非常低，只有好的体验才能真正黏住用户。从这个意义上说，互联网时代的竞争，只有第一，没有第二。只有把用户体验做到极致，才能真正赢得消费者，赢得人心。

媒体人罗振宇做的自媒体"罗辑思维"就是互联网极致的一个代表，如图1-3所示。每天早晨6点半，发微信语音消息，且每段都是60秒。为了做到形式上的统一，每次要录10多遍才能录成，这就是一种死磕精神。"选择早上6点半发有两个原因：第一个，我要抢上全国人民上厕所的时间，我希望争取到第一个你开始需要阅读、需要内容的时间。第二个，绝大部分媒体记者做不到像我这样连续一年，每天早上6点起

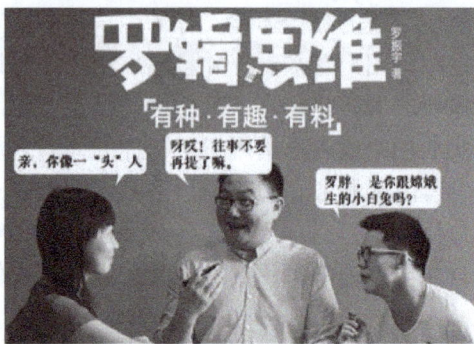

图1-3 "罗辑思维"的幽默

床，这是极苦的事情，这种死磕是为了唤醒尊重。"好产品会说话，所有的公司都有顾客，优秀的公司有用户，而最优秀的公司则有一群会说话的粉丝，粉丝就是好产品的代言人。

4. 迭代思维

迭代最初是源于数学领域的一个专有名词，是数学中的一种算法，是指将初始值经过相应公式进行计算后得到新的值，并通过相同方法对新的值进行计算，经过几次反复计算得到最终结果的一种方法。任何事物经过几次迭代之后都会蜕变成新的事物，这一方法在移动互联网时代被称为迭代思维。具体到移动互联网的操作上，以App开发为例，团队成员在最短的时间内上线App的第一版，通过用户的反馈再以最短的时间进行再次开发升级，并迅速推出新的版本供用户使用，然后再收集用户的反馈进行再开发。发布、反馈、再发布、再反馈，这样的一个过程就是一次迭代，经过几次迭代后，App就能达到相对完美的状态。

迭代思维的核心，首先是在最短的时间内将产品推出。之所以要运用迭代思维，就是要通过快来解决问题，快是迭代思维的根基。其次是以最小的成本将产品推出。在移动互联网时代，每一个产品的第一版本都是简单的，可能会存在较大缺陷，一方面是因为大家都在争分夺秒地推出产品，谁先成功地推出产品，谁就有更大的机会成为这一领域的老大；另一方面是因为只对最主要功能进行打造，可以极大地降低成本和风险，在人力、物力和财力上是一种极大的节约。

大众点评网（如图 1-4 所示）最开始也并不完善，就是用一周时间做的一个简单的网页，并租了一个几百元一年的服务器，核心是围绕怎样培养用户写点评，这是最初的、最简化的、可行的产品。大众点评网在上海开拓了大约一年，反响还不错，然后才开始开拓其他城市，用了大半年的时间开拓了北京和杭州，这两个城市通过同样的方式进行开发，比较成功，证明这种模式是可行的。所以，大众点评网后来又逐渐覆盖了更多的城市，在产品类型上也从餐馆发展到休闲娱乐和购物等。

因此，迭代不仅是一种产品开发模式，更是一种思维方式，无论是互联网的创业者，还是传统企业的掌舵人，都要具备迭代意识。迭代思维的本质是及时乃至实时地把握用户需求，并能根据用户需求进行动态的产品调整。

5. 社会化思维

社会化思维是指组织利用社会化工具、社会化媒体和社会化网络，重塑企业和用户的沟通关系，以及组织管理和商业运作模式的思维方式。互联网在带来技术革新和生活革新的同时，在某种程度上也有一种"返祖"的特性。

图 1-4　大众点评网手机版

它在让传播变得无比简单的同时，还让每个人的亲缘、地缘关系借助互联网的力量，层层相扣，变成无数的同心圆。范围扩大了，但信任依旧可以延续。

单个人的声音最多只是表达，只有当无数个声音可以自由地表达时，它才会汇聚成一股力量，成为一种权力。在传统的商业中，单个人的意见是否被重视取决于商家的态度，投诉能不能得到反馈取决于维权机构的执行，消费者始终是弱势的一方。公开透明的网络环境和无成本的传播方式，使消费者的权力得以生成，商业民主化才成为可能。这也体现了社会化思维在移动电子商务中的营销威力，具体表现为基于平等的双向沟通、基于关系的链式传播、基于信任的口碑营销和基于社群的品牌共建等。

例如，耐克先后推出了 Nike+iPod、Nike+iPhone 以及 Nike+Sportsband 等项目，通过和球鞋无线连接的各种电子产品，跑步者能够了解自己的运动时间、距离和热量消耗情况，并将这些数据上传到 Nike+Run Club，来和其他跑步爱好者分享，甚至竞赛。其中，与 iPhone 设备的连接，可以让用户直接通过手机应用连入 Nike+Run Club。社会化媒体和网络带来的变革，不仅能够给沟通模式带来新突破，而且会进一步改变企业生产、研发、客服等各个环节，甚至重塑企业的组织管理和整个商业运作形态。

6. 大数据思维

大数据又称为巨量资料（Big Data），是指所涉及的资料量规模巨大到无法通过目前的主流软件工具，在合理的时间内达到撷取、管理、处理，并整理成为帮助企业进行经营决策的资讯。从海量数据中"提纯"出有用的信息，这对于网络架构和数据处理能力而言也是巨大的挑战。大数据实际上是营销的科学导向的自然演化。大数据思维有三个维度：①定量思维，即提供更多的描述性信息，其原则是一切皆可测。不仅销售数据和价格这些客观标准可以形成大数据，甚至连顾客情绪（如对色彩和空间的感知等）都可以测得，大数据包含了与消费行为有关的方方面面。②相关思维，即一切皆可连，消费者行为的不同数据都有内在的联系。这可以用来预测消费者的行为偏好。③实验思维，即一切皆可试，大数据所带来的信息可以帮助决策者制订营销策略。

在大数据时代，数据已经成为企业的重要资产，甚至是核心资产，数据资产及数据专业处理能力将成为企业的核心竞争力。在这个信息化不断深入的年代，企业的采购、生产、销售和运营等一切活动都会在数字空间留下痕迹，商流、物流和资金流最终汇集为数据流，沉淀为企业的数据资产。这些沉淀的数据蕴含了改善企业经营、优化商业模式、拓展业务疆界的一切信息。只要善加利用，就能把数据变成"闪闪发光的黄金"。

7. 跨界思维

跨界（Crossover）是指突破原有行业惯例，通过涉足其他行业产品或服务的全面创新而实现价值跨越的企业/品牌行为，它能让一个企业通过转换生存空间而大放异彩，能让一个品牌在相对较短的时间内超越竞争对手，迈上行业巅峰。跨界应该是现在互联网上谈论得最多的思维模式，如苹果跨界进入手机行业，腾讯从社交软件跨界进入语音通信领域，让人们领略了跨界思维的巨大革命力量。产业层面的跨界可能来自邻近产业，也可能来自看似毫无关联的产业。

在大互联时代，所有传统产业都将面临两层竞争：第一层是传统产业机构与跨界者之间的竞争，大量借助互联网和大数据的跨界者纷纷侵占传统产业的领域；第二层是传统产业内部的大企业与中小企业、全国性企业与区域性企业之间的竞争。互联网和大数据打破了信息的不对称和物理区域壁垒，使得所有企业都将站在同一层面竞争，加剧了竞争的激烈程度，加速了企业的优胜劣汰。

8. 竖屏思维

移动互联网的普及的表现形式是从电脑时代到智能手机时代的变迁，这个过程实在太快，导致移动互联网全行业水土不服。绝大部分移动互联网的信息生产者（不仅仅是电商业界），还沉浸在电脑时代学会的那一整套思维习惯、审美标准、设计准则和工作流程之中，用旧时代的方法应对新时代的问题。竖屏思维旨在改变这种视觉营销思维定式，设计制作符合用户在手机小屏和竖屏碎片化阅读模式下能快速准确获取信息的视觉页面，切实提高设计效率、提高手机端流量的转化率。

（1）认识手机屏和用户习惯。从电脑过渡到智能手机，是从大面积横屏到大像素小屏幕，智能手机像素密度为电脑的三倍以上，视觉模式发生很大变化。用户阅读也发生很大变化：随时随地碎片化阅读，阅读常态是跳读、瞟读、瞄读等浅阅读模式。

（2）竖屏思维应对方法。①针对手机端直接设计视觉沟通，不是从电脑端迁移；②养成设计竖起来的习惯，除了商品详情图需要竖屏，日常发朋友圈、发微博时尽量把手机竖起来拍照，能用竖屏的就坚决不用横屏；③内容生产过程以高像素手机竖屏为基准；④采用纵向构图，即根据手机屏形状来构图，合理利用屏幕空间，能使主体布满整个屏幕，展示面积变大 3～4 倍。

三、互联网经济

互联网经济是互联网技术与经济实践深度融合形成的，以现代信息技术为支撑、以新经济学理论为理论基础的，一种新市场经济业态和新经济运行方式。互联网经济典型的表现形式包括粉丝经济、共享经济、网红经济、社群经济等。

1. 粉丝经济

粉丝经济泛指在社交网络时代，构建在粉丝和被关注者关系之上的经营性创收行为，通常情况下有着较高知名度的明星、偶像和行业名人是社交平台上被关注的热点，并因此有着很高的经济价值。粉丝经济以情绪资本为核心，以粉丝社区为营销手段，不断使情绪资本增值。粉丝经济以消费者为主角，由消费者主导营销手段，从消费者的情感出发，企业借力使力，达到为品牌与偶像增值情绪资本的目的。

随着移动互联网时代消费升级和社会观念的变化，如今的粉丝经济有了更丰富的内涵、更丰富的表现形式。粉丝支持偶像的行为不止发生在娱乐领域，还延伸到了游戏、科技各个领域。粉丝，已经成为当今社会发展中不可或缺的一部分。

在现代品牌运营中，粉丝不仅是优质的目标消费者，也是最忠诚的消费者。粉丝不是一般爱好者，而是对品牌有些狂热的痴迷者。随着智能手机和移动支付的普及，人们的消费欲望随时随地就能够得到满足。互联网不仅吸引你的眼球，还会随时掏空你的钱袋。谁掌握了粉丝，谁就找到了致富的金矿。一个典型案例就是《小时代 3》，它的口碑并不算好，在豆瓣上的评分甚至低于 5 分，也一直处在争论好与坏的风口浪尖。但娱乐名人的效应还是吸引了大批年轻粉丝，正式上映首日，便坐收 1.1 亿元票房，成了单日票房冠军。还有小米手机的成果、罗辑思维的付费会员等成功案例都是粉丝经济的力量表现。

2. 共享经济

近年来，随着信息技术尤其是移动互联网的成熟，互联网在各行各业产生了革命性的影响。共享经济正是在这样的背景下产生并蓬勃发展起来的，点对点租车租房、基于社交网络的商品共享和服务交易等新型业务模式层出不穷。共享经济在住宿和交通运输行业快速发展的同时，正不断向食品、消费电子以及更加广泛的服务业扩展，全球近千家公司和组织为人们提供共享或租用商品、服务、技术和信息。各领域专家学者普遍认为，共享经济浪潮已经来临。

共享经济可称为分享经济、点对点经济、功能经济、协同消费等，是指利用互联网等现代信息技术整合、分享海量的分散化闲置资源，满足多样化需求的经济活动总和。可以说，共享经济就是将你闲置的资源共享给别人以提高资源利用率，并从中获得回报，它是共同拥有而不是占有。共享经济的本质在于互助互利。互助带来互利，即互相帮助，相互获利。目前，共享经济的发展规模和体量尚未有明确的量化指标，但却显示出了强大的发展势头和潜力。共享经济的发展还拉动了 IT 软硬件生产、无线网络和信息终端等产业的发展。共享经济带来了全新的生产模式、消费模式和企业运营模式，成为不可忽视的未来全球经济发展趋势。

不管是国外的 Uber、Airbnb，还是国内的共享单车、滴滴出行、共享手机充电器等，这些被称为共享经济的模式都有一个共同的特点，那就是这些公司从一开始就具有强烈的核心平台倾向。共享经济需要超强的核心平台，是互联网从去中心化向强中心化的高度转型，没有超强核心的共享经济不可能是健康的共享经济。共享经济的发展是对社会治理与网络平台管理能力的巨大挑战，要想让互联网经济健康长久地发展，共享是必然趋势。

3. 网红经济

网红，即网络红人的简称，是指在现实或者网络生活中因为某个事件或者某个行为而被网民关注从而走红的人。他们的走红皆因为自身的某种特质在网络作用下被放大，与网民的审美、审丑、娱乐以及看客等心理相契合，有意或无意间受到网络世界的追捧，成为"网络红人"。因此，"网络红人"的产生不是自发的，而是在网络媒介环境下，由网络推手、传统媒体以及受众心理需求等利益共同体综合作用的结果。

网红主要分为三代。第一代是文字时代的网络红人。这是最早的网络红人，属于文字激扬的时代，培育在那一代的网络红人，他们共同的特点是以文字安身立命并走红。第二代是图文时代的网络红人。当互联网已经进入高速的图文时代，这时候的网络红人开始如时尚杂志般绚丽多彩起来，在这样的时代，网络女性占尽优势，以图载文载人。第三代是宽频时代的网络红人。当互联网越来越宽，进入了宽频时代，网络歌曲的流行也是宽频时代网络红人到来的显著特征。

网红经济是以网络时尚达人为形象代表，以网络红人的品味和眼光为主导，进行选款和视觉推广，在社交媒体上聚集人气，依托庞大的粉丝群体进行定向营销，从而将粉丝转化为购买力的一个过程。网红经济虽然是对"互联网+"模式的创新与发展，其本身也是互联网经济延伸的产物。应该支持互联网与其他产业形态的深度融合与对接，不断满足社会的合理需求，并促进网红经济的良性、健康、持久发展。

粉丝经济出现得比网红经济要早，在娱乐化时代处于雏形阶段的20世纪末期，粉丝经济就已经孕育而生。不过在那时，其规模并不太大，发展模式也比较单一。那时的粉丝经济是建立在以售卖明星周边产品为主要经营思路的基础上。随着互联网的普及与发展，粉丝经济与网络之间建立了潜移默化的关联，在互联网普及期，网络作为粉丝经济中的一条新兴宣传渠道被广泛运用。通过互联网的宣传，明星与粉丝之间的距离被拉近，如在各大门户网站的娱乐频道内，就充满了与明星有关的信息内容，再加上网络音乐的兴起等各种综合因素，这些都对粉丝经济的发展起到了推动作用。然而，即使如此，粉丝经济仍旧以旧有模式为中心，其粉丝变现的渠道与模式没有发生根本的改变。

进入21世纪后，互联网在技术层面的发展越来越快，新网络平台的不断出现造就了互联网商业模式的不断创新。同时，手机的性能越来越好，各种美拍技术越来越精致，加上市场竞争下的电信宽带价格低廉化，视频直播的门槛已经降得非常低，人人都可以直播，随时随地都可以直播，这就意味着人人都有成为网红的可能性。同时，商业模式不断成熟，网红聚集大量粉丝后，可以通过电商、广告、打赏、付费服务、线下活动等变现，拥有了比较完整的商业链条。由粉丝衍生而来的粉丝经济无疑成了推动网红现象加速发展的主要力量，而"互联网+文化"则为这种速度又增加了另外一种加速度。以网络大电影、网络游戏等互联网产品为主要载体的产品形式开始出现，并逐渐走入了人们的生活。此时，粉丝经济在模式上也开始有突破迹象。当电子商务与新媒体社交平台被用户广泛使用后，粉丝经济在互联网上迎来了新的形式，即网红经济模式。

4. 社群经济

说起社群经济，很容易联想到从小米、微商、罗辑思维等依靠社群成功的案例，事实上，社群经济在互联网经济中早已存在。从本质上来说，社群经济也是一种粉丝经济，但又不止于粉丝经济。当社群变得无所不在，当社交成为随时随地的生活状态，当线上社交和线下生活能够实时打通，社群就彻底改变了原有的传播逻辑、社交方式、商业规律和营销生态。以社群互动为核心的社群经济迅速崛起。社群经济是继农业经济、工业经济、服务经济、体验经济之后，融合了当下时兴的网络经济、信任经济、粉丝经济、共享经济的显著特征，出现的全新的经济形态和商业生态。

社群经济的概念由美国网络营销专家艾瑞克·奎尔曼提出，在他看来，由于众多个人使用者（也就是潜在消费者）对社群媒体的依赖渐深，众多成功的企业，如今已将社群网站视为庞大的焦点团体，以及迅速和消费者交流的工具。社群内通过信息互换、成员互动而丰富生活内容，进而由资源交换产生商业活动，当社群活动大到一定规模时，其推动的广泛商业活动便成了社会经济活动。

社群经济不同于以往的经济模式，它有着自己独特的经营方式。首先通过数据挖掘寻找潜在用户群体，了解用户需求，以优质内容和差异化服务迅速吸引用户，扩大用户规模，增加流量。然后通过线上线下联动的方式加强已有会员间的凝聚力，形成社群。由于社群中的成员在兴趣爱好、价值观等方面存在共性，互联网企业针对社群中成员的需求销售具有"社群文化"特色的商品，提供具有社群文化特色的服务，完成内容变现。

移动互联网背景下的社群经济逐渐形成了以情感为纽带的盈利模式，通过与用户进行线上线下互动，提供差异化、个性化的产品和服务，优化用户体验，提高用户黏性。这种情感纽带的非消耗性使得互联网企业可以利用已有的社会资本——社群扩展企业边界，实现跨界经营。

不仅如此，社群经济的一大创新点就是引入第三方战略合作伙伴。虽然从免费用户处不能获得直接收益，但是为用户提供免费服务有利于增加流量，吸引第三方企业的投资。这种模式也被称为"双边市场模式"。淘宝在成立之初通过免费的手段吸引了大量注册用户和商户，取得了较大的市场占有量，但是其盈利情况并不乐观。后来淘宝探索出一条与第三方战略合作伙伴——广告商进行合作的盈利模式，颠覆了传统的商业模式。但是这种商业模式本身存在缺陷。这是由社群经济对于社群依赖程度大的特点决定的。在企业的目标用户群体中，免费用户的比重远高于付费用户的比重，第三方企业加入平台的收益主要取决于平台已有的免费用户数和潜在的免费用户数，但是随着广告植入的增加，免费用户群体的利益受到损害，他们会选择放弃该产品。

互联网时代的社群，是由一个个感性的社会人，基于不同的动机、需求，自主创建或自发形成的社群。不同的社群具有不同的定位和性质。如今在移动互联网时代，主要存在五种社群，即产品型社群、兴趣型社群、品牌型社群、知识型社群和工具型社群。移动互联网时代的社群的传播特性，对于整个商业运行过程，包括生产、营销、消费多个环节，都产生了变革性的影响，形成了全新的商业模式，即内容流量导入，企业皆媒体；社群流量沉淀，关系皆渠道；商业流量变现，环节皆体验。

单元四 移动电子商务应用

移动电子商务形式多样，除从传统电子商务中扩展而来的一些服务外，还有许多新的形式会被逐渐开发出来。目前，主要的移动电子商务应用包括移动信息服务、移动支付、移动市场、移动娱乐、移动学习以及移动行业应用。

1. 移动信息服务

移动信息服务包括移动短信、彩信和移动即时通信等形式，如微信、手机微博、短信通知、信息流广告以及手机报等，也包括移动信息搜索服务。

2. 移动支付

移动支付（Mobile Payment）也称为手机支付，即允许用户使用其移动终端（通常是手机）对所消费的商品或服务进行账务支付的一种服务方式。整个移动支付价值链包括移动运营商、支付服务商（如银联等）、应用提供商（公交、校园和公共事业等）、设备提供商（终端厂商、卡供应商和芯片提供商等）、系统集成商、商家和终端用户。目前，主要利用手机实现款项支付或移动条件下的支付。实现形式包括基于第三方平台移动支付（手机支付宝、微信等）、手机银行、手机储值卡或移动预付费、代交费等。目前已有的应用有支付宝、财付通、微信支付等。

3. 移动市场

在移动网络中开商店，出售商品与服务，如移动京东商城、微盟、微信商城、拼多多和手机淘宝等，手机淘宝界面如图 1-5 所示。目前，移动购物已经融入人们每天的日常生活中——从工作到家庭，以及这两点之间的位置。81% 的智能手机用户表示，因为有了移动设备，他们在"持续不断地购物"。使用智能手机的用户中，有77% 的人表示，他们会随时随地使用移动设备购物，而不选择有更大屏幕且更全面的电脑或电视购物。

在国内，从 2014 年开始，阿里巴巴、京东、苏宁、唯品会、拼多多和小红书等核心企业在移动端的布局力度进一步加大，移动购物在网络购物整体中的渗透率明显提升。未来几年，中国移动购物市场仍将保持强势增长态势，网经社发布的《2020 年中国网络零售市场数据监测报告》显示，2020 年移动网购市场规模突破 8 万亿元，移动端占比突破 80%。移动端将成为用户购物的主

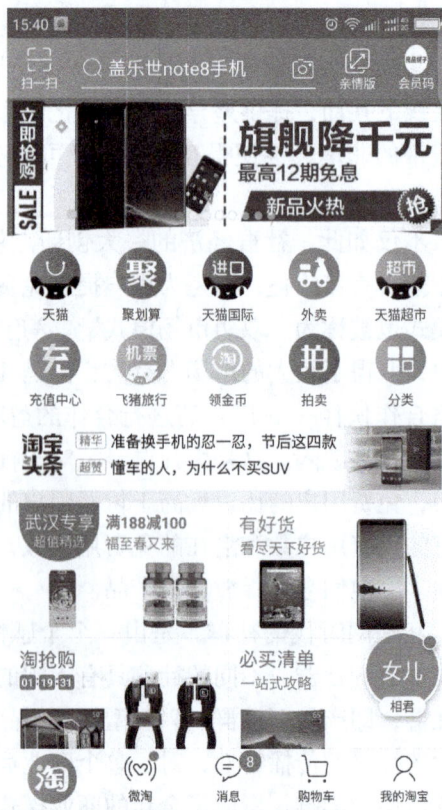

图 1-5 手机淘宝界面

4. 移动娱乐

移动娱乐就是传统娱乐方式在手机、平板电脑及掌上电脑（PDA）等移动通信终端上的应用。随着4G/5G技术的普及，宽带传输、手持终端和移动视频等新技术产生的能量会进一步扩展，娱乐创新的表现形式也会越来越丰富多彩。移动娱乐业务以移动游戏为代表，也包括移动视频、移动在线音乐、手机直播和无线宠物生活等。

5. 移动学习

移动学习是指在移动设备帮助下，能够在任何时间、任何地点进行学习。移动学习所使用的移动设备必须能有效地呈现学习内容，并且提供教师与学习者之间的双向交流。移动学习采用微博、微信、微课和教学视频等形式开展碎片化学习，实现了慕课、翻转课堂和移动学习等移动互联网时代的学习创新。

如图1-6所示，通过手机的"学习强国"App可以方便地进行随时随地的政治学习和课程学习。

图1-6　使用手机进行移动学习

6. 移动行业应用

移动行业应用是基于移动互联网方式、面向广大行业用户的信息化服务，具有低成本、低投入、即时开启、使用友好且高度定制化等特点。其具体针对的是各类型企业用户以及政务、医疗、物流、家居、金融等几乎所有的行业领域。

（1）移动政务。移动政务（Mobile Government，简称mGov）又称移动电子政务，主要是指移动技术在政府工作中的应用，通过诸如手机、PDA、无线网络、蓝牙、射频识别（RFID）等设备或技术为公众提供服务指引。移动技术的发展，已经引起各国公共服务部门的重视。响应公共服务一线及公众本身的信息及服务需求，利用手机、PDA及其他手持移动设备，通过无线接入基础设施为一线政府工作人员和社会公众提供信息和服务，越来越成为各国政府关注的焦点。

（2）移动医疗。移动医疗（Mobile Health，简称mHealth）就是通过使用移动通信技术或移动设备来提供医疗服务和信息。移动医疗逐步改变了过去人们只能前往医院"看病"的传统生活方式。无论在家里还是在路上，人们都能通过移动可穿戴设备等向医生提供身体状况数据信息，随时听取医生的建议，或者是获得各种与健康相关的资讯。医疗服务因为移动通信技术的加入，不仅将节省之前大量用于挂号、排队等候乃至搭乘交通工具前往医院的时间和成本，而且会更高效地引导人们养成良好的生活习惯，变治病为防病。

（3）移动物流。移动物流就是充分运用移动互联网信息化手段和现代化方式，对物流市场做出快速反应，对物流资源进行全方位整合，实现了物流信息系统的移动化。移动物流应用节约了管理成本，提高了工作效率，增加了货物运送中的透明度，使物流公司能及时准确地掌握车辆、位置等信息，实现智慧物流和智能物流，提高了物流运输质量和运输效率，增强了客户服务能力，从而提升了企业的核心竞争力。

（4）移动智能家居。下班回家，人未进门，灯光已亮；晚安时间，一键控制，家中灯光全关；走廊里的地灯人来而亮人走而息；家中温度、湿度达到理想状态，自动关闭空调和加湿器；上班时间，门窗打开自动报警……这些都归因智能家居的功劳。智能家居（Smart Home）是以住宅为平台，利用综合布线技术、网络通信技术、安全防范技术、自动控制技术、音视频技术将家居生活有关的设施集成，构建高效的住宅设施与家庭日程事务的管理系统，提升家居安全性、便利性、舒适性、艺术性，并实现环保节能的居住环境。在移动互联网、物联网、云计算等技术支持下，智能家居行业被重新定义，不仅包括家庭自动化，还延伸到家居所有物品、环境智能化。

（5）移动金融。移动金融是指使用移动智能终端及移动无线互联技术处理金融企业内部管理及对外产品服务的解决方案。在提升内部效率、降低沟通成本的同时提供更多的渠道来服务金融客户是金融信息化的根本出发点。移动金融正是新时期移动互联网时代金融信息化发展的必然趋势。移动银行（手机银行）是最常见的银行提供的对外服务的移动产品，该类应用的核心价值在于增加银行的服务渠道，在提供更方便的服务的同时，不但大大降低了传统渠道的成本，还可以带来新的收益。另外，通过外部渠道还可以整合其他行业的资源，利用移动智能终端对于用户的随身性、便捷性，极大地增加边际效益。

|岗位介绍 移动运营专员|

➜ 岗位职责

1. 负责公司移动端产品的运营和推广工作；通过线上和线下手段进行 App 推广，完成下载量、安装量、活跃度目标等指标。

2. 参与撰写市场推广文案，产品在线销售方案的设计和制作；参与活动组织、执行。

3. 逐步制订产品的改善方案，积极寻求移动市场推广资源，负责对外与市场资源合作。寻找合作切入点，拓展合作渠道。

4. 维护合作伙伴关系，争取渠道推广资源。

5. 对推广渠道进行数据监控和反馈跟踪，对推广数据进行分析，有针对性地调整运营策略。

6. 移动产品运营优化，并提出改进需求，提升用户体验，优化推广效果。

7. 整理每日、周、月监控的数据，包括产品管理、活动排期和客户管理。

8. 负责 App 的日常运营工作。

➜ 任职资格

1. 熟悉并热爱各种互联网流行的新兴传播手段（如微博、SNS 推广、BBS 推广和官网管理），热爱网络流行文化，能掌握并熟练应用大部分的网络流行语言。

2. 具有 App、WAP 产品推广与运营经验，有 Android 或 iOS 产品规划与设计管理的实际经验者优先。

3. 有较强的数据分析能力，了解市场动态和目标用户心理。

4. 熟悉 App 运营的流程并能进行流程梳理和流程优化。

5. 能独立操作 App 产品陈列，以增加产品销量，提高点击率和浏览量，完成销售目标。

6. 熟悉移动互联网行业。

7. 熟悉电商运营，具备较强的分析与解决问题的能力。

8. 能根据产品的生命周期、节庆因素和竞争对手因素策划并执行活动。

实训项目一　体验移动电子商务——手机购物及应用

一、实训目标

（1）了解移动商务网店的基本购物流程。

（2）了解移动购物的特点。

（3）体验移动电子商务的基本应用。

二、实训环境

4G/5G Android 或 iOS 智能手机，开通 4G/5G 网络或连接 Wi-Fi。

三、实训背景知识——手机购物

手机购物是移动电子商务最基本的形式，是利用手机上网、实现网购的过程，移动通信进入 5G 时代并将逐渐普及。手机购物让人们可以随时随地便捷地利用电子商务，满足人们可能随时随地产生的消费冲动。不用去实体店铺，也不用坐在电脑前"淘货"，一部手机就能完成"逛店""选购"和"支付"的全过程。但这不等于手机网购可以轻松获得成功，因为用户需求的开发和使用习惯的培养是要花费时间和精力的。手机购物蕴含的巨大潜力，足以成为电子商务的另一个杀手级应用。其中，淘宝手机购物主要通过淘宝手机客户端完成，其依托淘宝网强大的自身优势，为用户提供每日最新的购物信息，同时具有搜索比价、订单查询、购买、收藏、管理和导航等功能，为用户带来方便快捷的手机购物新体验。2021 年 5 月 27 日，App "手机淘宝"改名为"淘宝"。淘宝手机购物流程如图 1-7 所示。

图 1-7　淘宝手机购物流程

四、实训指导

1. 淘宝手机客户端的下载安装及打开

（1）在淘宝网（http://www.taobao.com）首页单击"手机逛淘宝"链接进入手机淘宝下载页面，如图 1-8 所示。单击图 1-8 中符合自身设备的客户端，并用手机扫描弹出的二维码下载手机淘宝客户端软件，下载完成后在手机上安装，安装完成后在手机应用中将出现"淘宝"应用，如图 1-9 所示。

图 1-8　手机淘宝下载页面　　　　　　　　图 1-9　淘宝应用

（2）打开"淘宝"，界面如图 1-10 所示。

2. 宝贝（商品）搜索与选购

（1）宝贝或店铺搜索。淘宝为方便用户购物而提供了功能强大的站内分类索引及快速搜索功能，分类索引包括商品种类、品牌分类、功能分类和价格分区等，而快速搜索能够满足用户不具体的关键词搜索，让用户快速找到所需商品。在搜索框中输入所需商品关键字，这里搜索"小米手机"并进入店铺，商品展示如图 1-11 所示。

图 1-10　"淘宝"客户端的界面　　　　　　　图 1-11　店铺商品展示

（2）宝贝选择。如果找到需要的商品，可以随时将该商品添加到"购物车"中，只要淘宝处于用户登录状态，"购物车"便会一直保存用户信息直到用户清空购物车为止，无须担心购物车中的商品信息丢失。单击"加入购物车"按钮后可以继续选择商品，如图 1-12 所示。

（3）购物车管理及订单确认。若选购好了商品，用户可以通过查看购物车来修改购物车中商品的数量，或删除不需要购买的商品，然后单击"结算"，进行结算。单击"提交订单"按钮确认订单，如图 1-13 所示。

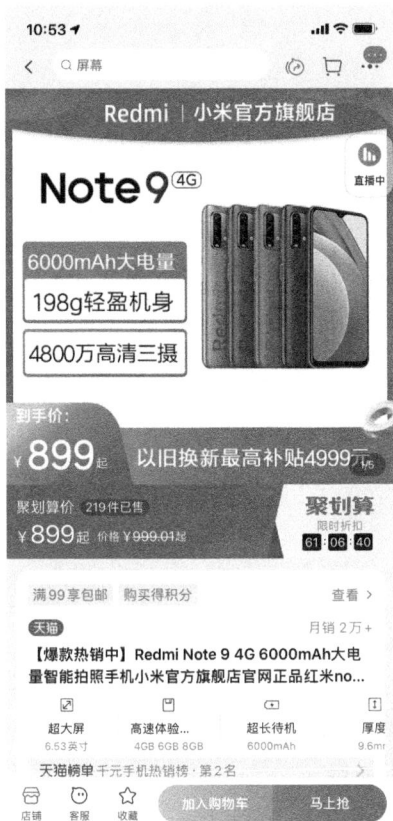

图 1-12 宝贝选择

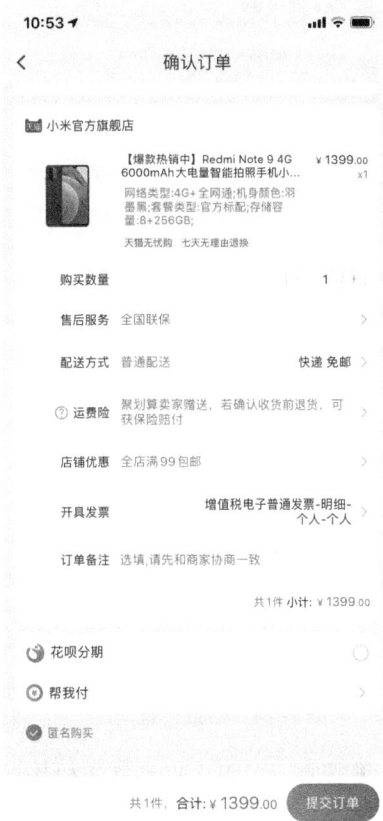

图 1-13 购物订单确认

3．物流配送信息及支付方式设置

（1）物流配送信息设置。为保证用户所购买的商品能及时送到收货人手中，用户首先需要正确填写送货信息，包括送货区域、详细地址、收货人姓名、电话，以及送货时间、邮政编码等，并提交保存，系统将根据用户指定的送货区域匹配相应的配送方式及配送机构。提交订单后如果地址输入错误，也可以在商家没有发货前修改地址。单击"修改地址"即可，如图 1-14 所示。

（2）支付方式设置。淘宝购物需要通过第三方支付平台进行支付，如支付宝或云闪付。例如选择支付宝支付，需要按支付方式设置流程绑定银行卡与支付宝账号，以便支付所确认购买的宝贝，支付方式设置好后，单击"付款"，输入支付密码即完成支付。

4．订单支付

支付宝信息设置完成后，输入支付宝密码并单击"付款"按钮进行支付。

5．宝贝配送与签收

（1）宝贝配送。支付成功后，将进入物流配送环节，用户可以在手机上查看自己订单的物流信息及当前的配送状态，如图 1-15 所示。

图 1-14 信息设置

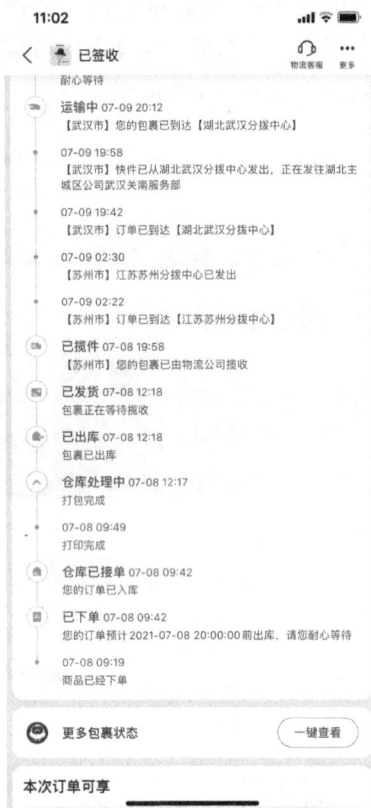

图 1-15 宝贝物流信息

（2）宝贝签收。当用户收到配送机构送达的货物后，请按以下步骤进行签收：

1）检查货物的外包装是否完好，包括封条是否完整、包装是否完好、有无拆开痕迹、有无进水痕迹等，若发现有类似迹象，立即拒收货物。

2）若货物外观无异常，打开包装检查包装内货物有无破损、单据是否齐全、单据商品信息是否与实物一致等，若发现有异常，请立即拒收货物，并联系网站客服反馈信息；若无异常请直接签收，货到付款的订单需要用户现场全额付款。

3）若用户在开包后因为货物异常或其他原因要求退货，请协助配送人员现场包装好货物，以免在货物返回过程中出现货物丢失或调包的情况。

6. 发表评价

当签收货物且没有发现问题时，应通知支付宝向卖家付款，并对卖家进行评价，其中包括描述相符、物流服务和服务态度三个方面，如图 1-16 所示。

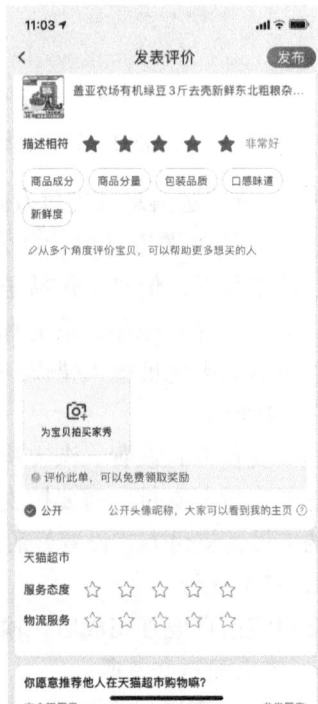

图 1-16 发表评价

实训项目二　安卓（Android）手机模拟器的安装和使

一、实训目标

（1）了解在电脑上安装使用手机模拟器的方法。
（2）了解手机模拟器的安装环境和配置要求。
（3）能够正确下载、安装、配置和使用手机模拟器。
（4）能够熟练使用手机模拟器模拟手机应用和页面浏览。

二、实训环境

（1）连接互联网的个人电脑，安装 Windows 7 或 Windows 10 操作系统。
（2）4G/5G Android 智能手机，开通 4G/5G 网络或连接 Wi-Fi。

三、实训背景知识

随着移动电子商务和手游行业的高速发展，作为电脑端与手机应用桥梁的 Android 或 iOS 手机模拟器，也已经变成了独立的行业，越来越多的 Android 或 iOS 手机模拟器出现在用户的视野中。其中 Android 手机模拟器处于主导地位，它能够模拟除了接听和拨打电话外的所有移动设备上的典型功能和行为。Android 手机模拟器提供了大量的导航和控制键，可以通过鼠标或键盘单击这些按键来为用户的应用程序产生事件。同时它还有一个屏幕用于显示 Android 自带应用程序和用户自己的应用程序。为了便于模拟和测试应用程序，Android 手机模拟器允许应用程序通过 Android 平台服务调用其他程序、访问网络、播放音频和视频、保存和传输数据、通知用户、渲染图像过渡和场景。Android 手机模拟器同样具有强大的调试能力，如能够记录内核输出的控制台、模拟程序中断（如接收短信或打入电话）、模拟数据通道中的延时效果和遗失。因此，手机模拟器可以在电脑上模拟完成手机的绝大部分功能，是手机移动应用开发和测试的必备工具。目前，安卓手机模拟器较多，典型的包括网易 MuMu、Bluestacks、雷电安卓模拟器、夜神安卓模拟器、逍遥安卓模拟器等。

本实训以网易 MuMu 模拟器为例，正确设置安装环境、下载安装 MuMu 模拟器，设置手机界面和应用手机模拟器。

实训任务如下：
- 设置 MuMu 模拟器安装使用环境。
- 下载安装 MuMu 模拟器。
- 设置 MuMu 模拟器。
- 安装手机 App 应用。
- 浏览手机网页。

四、实训指导

1. 设置 MuMu 模拟器安装使用环境

MuMu 模拟器正常运行需要开启 VT（CPU 虚拟化），关闭 Hyper-V，并且安装 DirectX，否则使用时会出现问题。如果在使用 MuMu 模拟器时出现如图 1-17 所示的对话框，就需要进行下面的三个步骤。

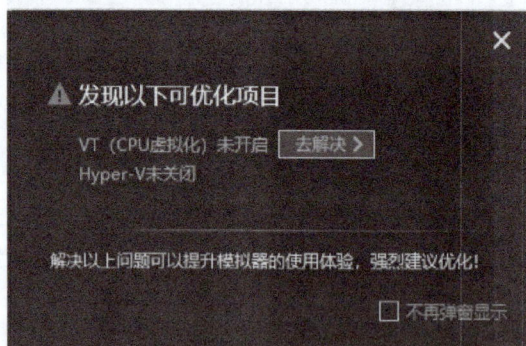

图 1-17　MuMu 模拟器没有正确设置使用环境的提示

（1）开启 VT（Virtualization Technology，即虚拟化技术，可以扩大硬件的容量，简化软件的重新配置过程）。重新开机，在 Windows 系统启动之前按"Del"或"F12"等键进入电脑主板（BIOS）设置，将 BIOS 中的"Virtualization""Intel Virtual Technology"或者"Intel 虚拟技术"设置为"Enabled"（开启）。图 1-18 为华硕电脑的 VT 设置。

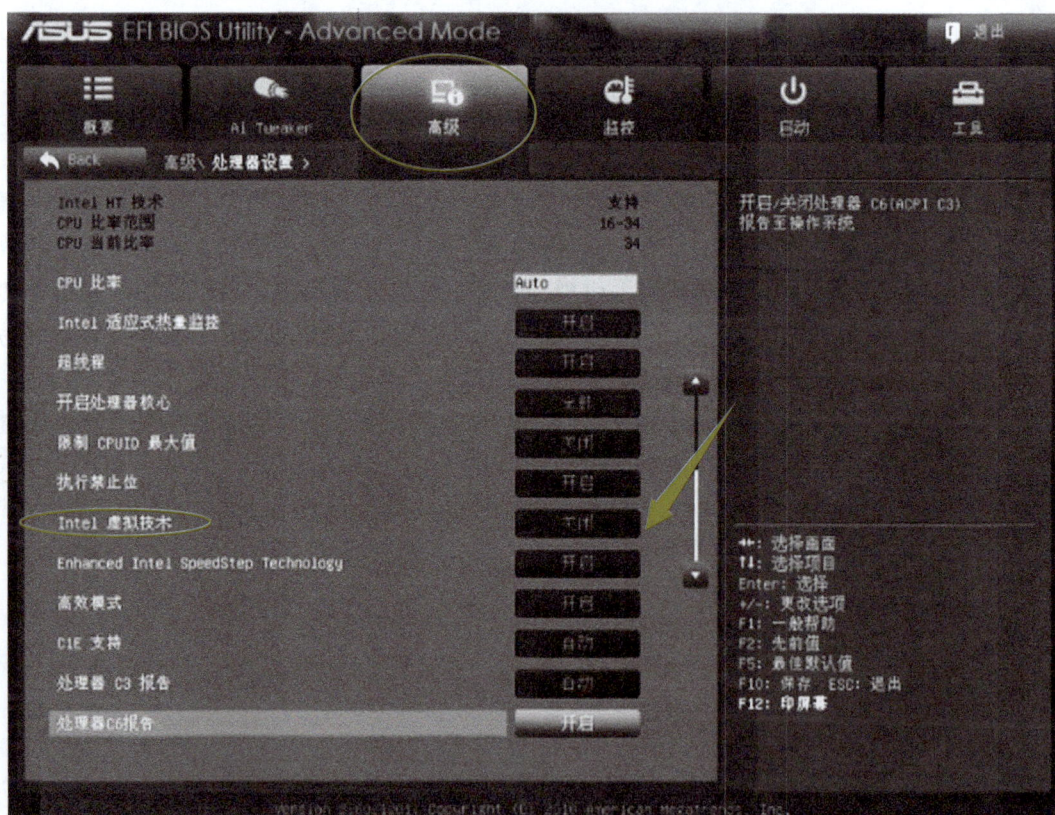

图 1-18　华硕电脑 BIOS 中的 VT 设置

（2）关闭 Hyper-V（虚拟机）。开机进入 Windows 后，打开电脑的控制面板，选择控制面板的"程序"后再选择"打开或关闭 Windows 功能"，如图 1-19 所示。

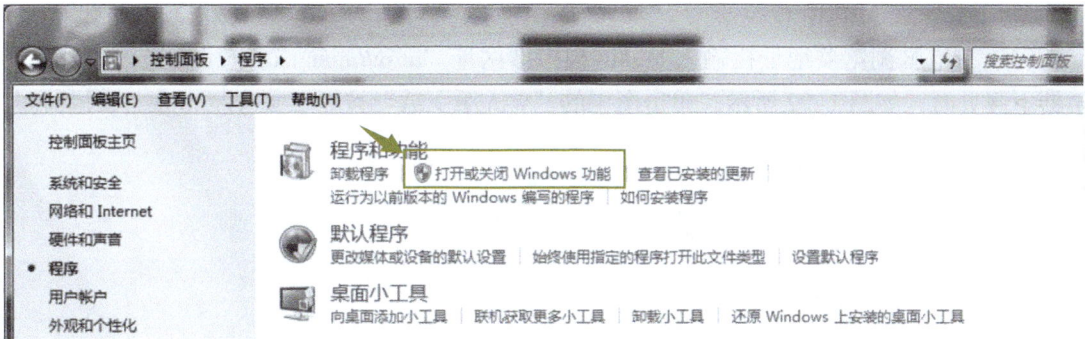

图 1-19　在控制面板中打开或关闭 Windows 功能

在"打开或关闭 Windows 功能"界面中取消勾选"Hyper-V"后单击"确定"按钮，如图 1-20 所示，然后重启电脑完成设置。

图 1-20　取消勾选 Hyper-V

（3）安装 DirectX 11。DirectX（Direct eXtension，简称 DX）是由微软公司创建的多媒体编程接口。由 C++ 编程语言实现，遵循 COM，适合运行在 Windows 操作系统之上。最新版本为 DirectX 12，但目前最常用的还是 DirectX 11。

下载完成后解压并运行安装程序。在出现的欢迎界面中选择"我接受此协议"并单击"下一步"按钮，如图 1-21 所示，继续按照提示单击"下一步"按钮完成安装。

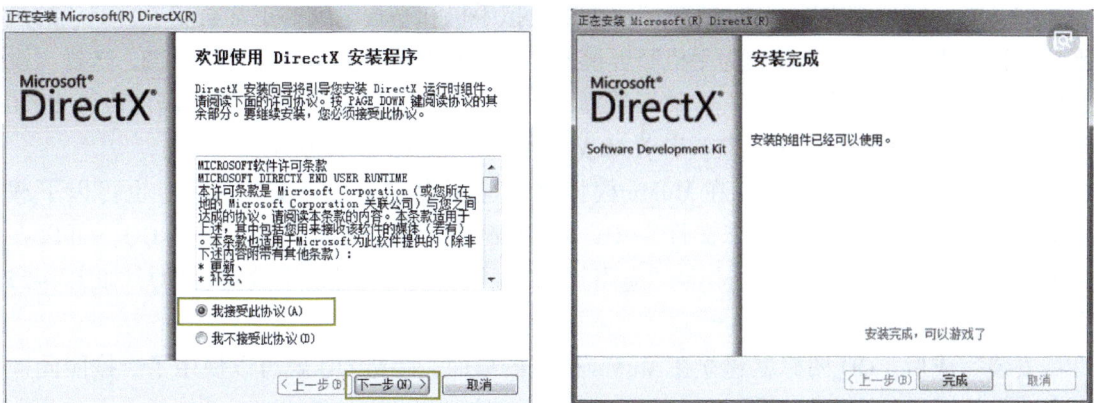

图 1-21　安装 DirectX 11

2．下载安装 MuMu 模拟器

（1）在电脑浏览器地址栏输入 MuMu 模拟器网址"http://mumu.163.com"进入 MuMu 模拟器下载页面，如图 1-22 所示，单击图中的"Win 版下载"按钮下载安装 MuMu 模拟器。

图 1-22　MuMu 模拟器下载界面

安装完成后启动 MuMu 模拟器，效果如图 1-23 所示。

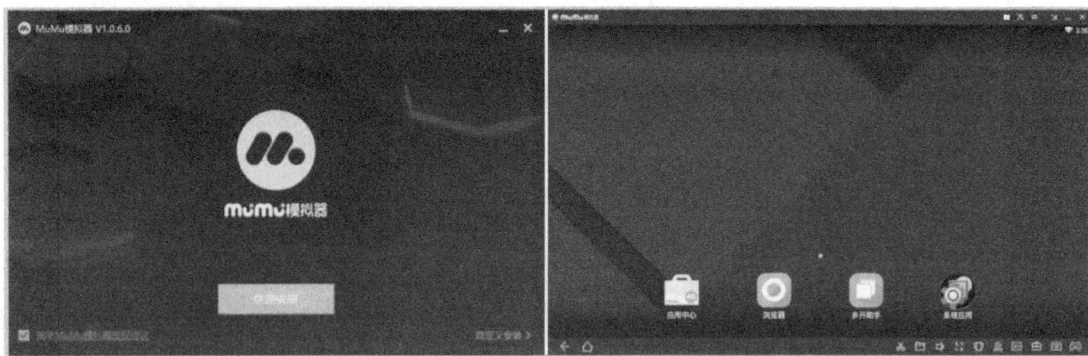

图 1-23　MuMu 模拟器安装及启动

（2）初始安装完成后，MuMu 模拟器可以模拟手机和平板电脑的正常功能了，默认的是平板电脑模式。可以将其设置为手机竖屏模式，单击模拟器右上角的设置按钮▤，选择"设置中心"，再选择"界面设置"，然后选择"自定义"，将宽度设为 1 080，高度设为 1 920 后单击"保存并关闭"按钮，重新启动 MuMu 模拟器，如图 1-24 所示。

（3）App 安装使用。可以在 MuMu 模拟器的应用中心中选择安装应用，也可以下载 APK 安装文件放到 MuMu 共享文件夹中，然后安装使用。例如，安装手机 QQ，可以在 MuMu 模拟器中单击"应用中心"⇨"应用"⇨"通讯社交"，然后下载安装 QQ，如图 1-25 所示。

安装完成后，QQ 图标就建立在 MuMu 模拟器桌面，手机 QQ 就可以使用了。按照同样的方法安装手机版搜狗浏览器。

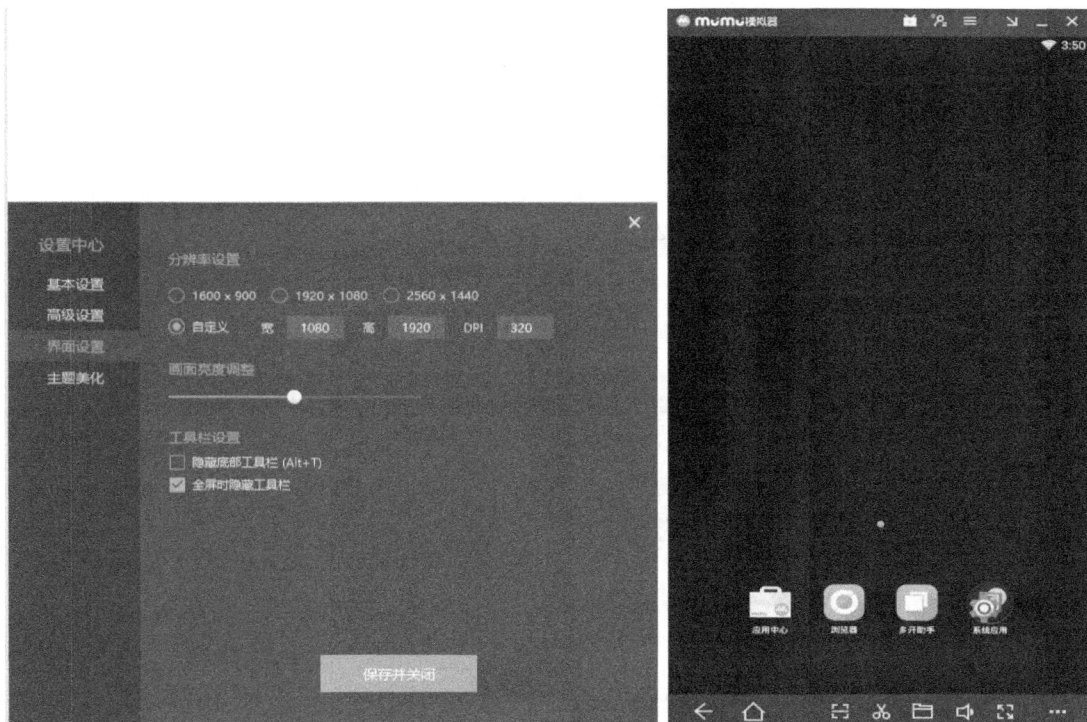

图 1-24　MuMu 模拟器通过界面设置更改为手机的竖屏模式

图 1-25　MuMu 模拟器 App 安装使用

（4）浏览自己设计的手机网页。在 MuMu 模拟器底部，图标🗁表示 MuMu 共享文件夹，需要测试的文件或网页放到该文件夹就可以进行测试。单击共享文件夹图标🗁，将自己设计的手机网页相关文件复制到该文件夹中，这里是 eclayout.html、eclayout1.css 和图像文件夹 images，如图 1-26 所示。

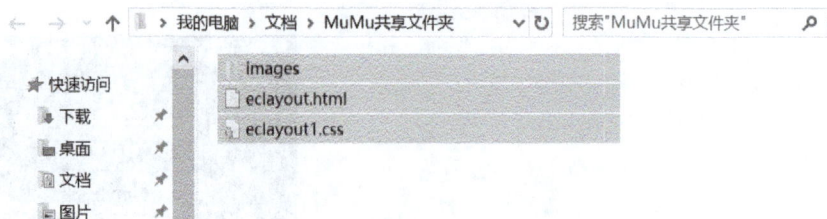

图 1-26　复制文件到共享文件夹

在手机桌面选择"系统应用"⇨"文件管理器"⇨ $MuMu共享文件夹 ，单击"eclayout.html"文件，然后在"打开方式"对话框中，选择"搜狗浏览器"进行网页效果浏览，如图 1-27 所示。

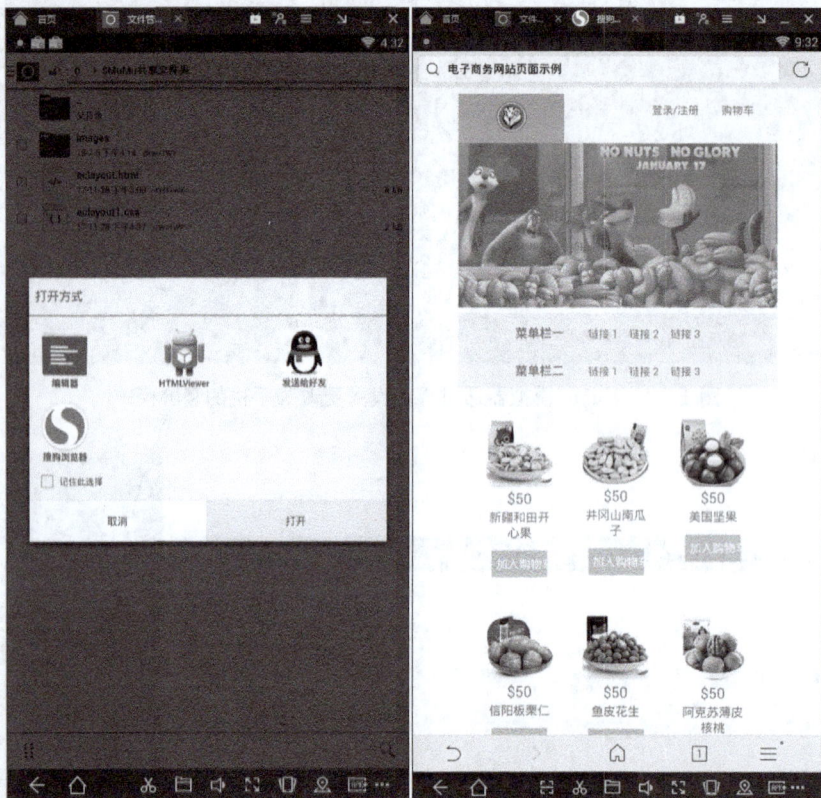

图 1-27　网页效果浏览

思考与练习

1. 试述移动电子商务所处的环境和发展状况。

2. 什么是移动电子商务？移动电子商务与传统电子商务有何不同？

3. 简述互联网有哪些新的思维模式，谈谈如何养成这些思维模式。

4. 谈谈未来移动电子商务的发展趋势。

5. 根据学过的知识和通过上网（或其他途径）查阅资料，对案例导引进行分析。

职 业 提 示

迈向网络强国，中国在路上

要到政府部门办理的业务，只需在政务网站上选择申请；想要与远隔千里的亲朋"见面"，只需打开手机社交软件；空间站的航天员能够与地面控制中心实时通话……互联网作为20世纪的一项重要发明，深刻改变着人们的生活。1994年，互联网前身"阿帕网"诞生25年后，我国第一次实现与国际互联网的全功能链接。截至2021年12月，我国网民规模达10.32亿，互联网普及率达73.0%，网站数量、互联网企业数量、电子商务交易规模均位居世界前列，实现了互联网发展的"弯道超车"。

信息化为中华民族带来了千载难逢的机遇。党的十八届五中全会明确提出实施网络强国战略和国家大数据战略，党的十九大提出建设网络强国、数字中国、智慧社会，"十四五"规划纲要明确了新发展阶段推进网络强国战略的重点工作，我国从网络大国向网络强国迈进的步伐愈发坚实。

职业素养：培养并践行社会主义核心价值观；增强国家自豪感，培养文化自信。

Module 2

模块二

移动电子商务基础技术

学习目标

- ◎ 能够说明移动电子商务的常用基础技术。
- ◎ 了解二维码、NFC、LBS、RFID、陀螺仪技术的移动商务应用。
- ◎ 能够使用 HTML5 编写简单的移动终端页面。
- ◎ 了解云计算、物联网、大数据、区块链技术的基本架构及其移动电子商务应用前景。
- ◎ 领会党中央关于技术创新发展的精神。

模块二导读

案例导引

Aruba基于位置的零售业移动体验方案

Aruba是一家总部设在美国硅谷的高科技公司。在移动商务领域，Aruba已经发布了一种名为"移动体验"（Mobile Engagement）的解决方案，彻底颠覆了公共企业（体育场、零售商、酒店、医院等）与用户互动的方式。基于其位置和个性化资料，每位用户都能获得精准定制化的移动体验。

Aruba Mobile Engagement解决方案不同于纯硬件的方法，Aruba将同类最佳的企业级Wi-Fi、带ClearPass设备登录功能的定位技术、Beacons驱动和Meridian移动应用程序平台集成在一起，形成一套快速、易部署的移动体验解决方案，如在室内地图上标记一个发光的蓝点、实现基于用户实时位置的相关推送等。

对于大型零售场所来说，借助Aruba的移动体验解决方案，就能建立一套可以交付定制化促销信息的机制。由Aruba Beacons驱动，与Meridian移动应用平台结合，通过位置感知特性来增强访客体验。一旦用户选择性加入，通知就会通过用户的移动应用自动推送，提供个性化推荐、促销信息、附近设施和服务等导航信息。

连接至Wi-Fi环境的用户可以指定自己的喜好，这样商家就可以了解他们想要以何种方式参与互动。当用户下载一个当地的品牌定制Meridian移动应用时，便可选择性地获得与位置相关的精准推送信息。例如，当用户进入一家零售场所，通过他们的手机连接免费Wi-Fi，一旦注册登录应用，零售商们就能获得用户的身份和喜好等信息，然后利用这些信息来为用户提供独一无二的定制化服务，包括独特的促销活动和优惠信息，从而使每位用户拥有独特的体验，同时也延长了用户在店里的停留时间。

而基于蓝牙低功耗（BLE）技术，Beacons的出现能够为大型场所提供室内定位和寻路功能，接近感知地推送通知，以及其他基于位置的移动体验服务，并可兼容iOS及Android设备，而且比其他硬件方式更便宜，Beacons还可以实现远程监控，这有助于零售商IT部门的规模部署。

这也使零售商拥有一种新的方式与用户互动。例如，用户走进一家商场，打算购买新的咖啡壶。当他接入店内的Wi-Fi，随即就会收到一条欢迎信息，同时享受到当天消费总额10%的折扣，这让他开启了一个愉快的购物旅程。于是他开始通过手机上弹出的店内导航走向小家电区域，其间会穿过鞋类区域。在经过鞋类区域时，他会收到一个信息，告诉他本周晚些时候会下雪，商场可以提供给他及家人专门的雪地靴。而当他到达咖啡壶区域，手机里收到了另一条信息，"对于持续消费的用户，所有的小家电今天八折销售！"最后，他满意地购买到了需要的咖啡壶，同时为自己和家人买到了温暖的雪地靴和羊毛袜。

通过这样神奇的位置感知功能，最终用户享受到了前所未有的移动体验，无论在哪里，都能找到目标。同时，这也给众多商家带来了更大的商机，基于用户实时位置的相关推送服务，让用户感觉到不再像以往一样收到大量无用的垃圾信息，而是获得了真正需要的私人定制服务，让消费更加精准。

　　在体验式消费的时代，商家与消费者之间的关系正在经历前所未有的变化。移动化连接设备、场景、内容和服务，最重要的是人。尤其在大型场所，当需要提供给用户更多的服务项目时，移动体验在用户参与、消费与服务中就显得越来越重要，而作为全球领先的移动体验方案提供商，Aruba正帮助越来越多的零售商做好准备，用个性化服务"黏住"用户，让用户享受Wi-Fi带来的各种便利，这对于商家和用户的确是双赢的结果。

　　2019年10月，习近平总书记在主持中共中央政治局学习时强调，区块链技术的集成应用在新的技术革新和产业变革中起着重要作用。我们要把区块链作为核心技术自主创新的重要突破口，明确主攻方向，加大投入力度，着力攻克一批关键核心技术，加快推动区块链技术和产业创新发展。区块链技术就是支撑移动电子商务的重要技术之一。移动电子商务是依托移动互联网的商业活动，互联网技术的演进会对电子商务的发展产生实质性的影响。技术创新的步伐一直没有停息，在短短的几年时间里，新的互联网技术不断涌现，如RFID技术、NFC、云计算、二维码技术、LBS技术、移动终端与操作系统、4G/5G网络技术、HTML5和CSS3等，这些都将直接运用于移动电子商务系统之中。

单元一　移动通信技术与移动无线互联网

　　1865年，英国物理学家麦克斯韦在《电磁场的动力学理论》中证明了电磁波的存在；1899年，意大利电气工程师和发明家马可尼利用电磁波进行远距离无线电通信并取得了成功；1901年，马可尼又成功实现了横跨大西洋彼岸的通信；1906年，费森登在美国实现了历史上首次无线电广播。此后的时间，世界进入了无线电通信时代。

一、移动通信技术

1. 移动通信的基本概念

　　在现在的信息时代，随着手机、平板电脑和PDA等移动通信终端的发展，人们对通信的要求日益迫切，人们越来越希望在任何时候、任何地点与任何人都能够及时、可靠地交换任何信息。显然，想要实现这种愿望，在大力发展固定通信的同时，更需要积极发展移动通信。移动通信是指通信双方至少有一方在移动中（或临时停留在某一非预定的位置上）进行信息交换的通信方式。例如，移动体（如车辆、船舶、飞机）与固定点之间的通信，活动的人与固定点、人与人或人与移动体之间的通信等。

　　移动通信有多种方式，可以双向工作，如集群移动通信、无绳电话和蜂窝移动电话通信，但部分移动通信系统的工作是单向的，如无线寻呼系统。移动通信的类型很多，可按不同方法进行分类：

1）按使用环境可分为陆地通信、海上通信和空中通信。
2）按使用对象可分为民用设备和军用设备。
3）按多址方式可分为频分多址（FDMA）、时分多址（TDMA）和码分多址（CDMA）。
4）按接入方式可分为频分双工（FDD）和时分双工（TDD）。

5）按工作方式可分为同频单工、异频单工、异频双工和半双工。

6）按业务类型可分为电话网、数据网和综合业务网。

7）按覆盖范围可分为广域网和局域网。

8）按服务范围可分为专用网和公用网。

9）按信号形式可分为模拟网和数字网。

2. 移动通信的特点

移动通信有其自身的特点，具体可以概括为以下五个方面：

（1）移动通信必须利用无线电波进行信息传输。移动通信中基站至用户之间必须靠无线电波来传送消息。在固定通信中，传输信道可以是导线，也可以是无线电波，但是在移动通信中，由于至少有一方是运动着的，因此必须使用无线电波传输。

（2）移动通信工作在复杂的干扰环境中。在移动通信系统中，使用无线电波传输信息，在传播过程中必不可少地会受到一些噪声和干扰的影响。除了一些外部干扰（如工业噪声和人为噪声等）外，自身还会产生各种干扰。主要的干扰有互调干扰、邻频干扰、同频干扰及多址干扰等。因此，在系统设计中，可以使用抗干扰、抗衰落技术来减少这些干扰问题带来的影响。

（3）移动通信可利用的频谱资源有限。移动通信可以利用的频谱资源非常有限，国际电信联盟（ITU）和各国都规定了用于移动通信的频段。为满足移动通信业务量增加的需要，只能开辟和启用新的频段，或在有限的已有频段中采取有效利用频率的措施，如压缩频带、频道重复利用等方法来解决。

（4）移动通信的移动性强。由于移动用户需要在任何时间、任何地点准确地接收可靠的信息，因此移动台在通信区域内需要随时运动。移动通信必须具备很强的管理功能，以进行频率和功率控制。

（5）对移动终端的要求高。移动终端长期处于不固定位置，所以要求其具有很强的适应能力。此外，还要求移动终端体积小、重量轻、携带方便和操作方便。而且，移动终端必须适应新业务、新技术的发展，以满足不同人群的使用需求。

3. 移动通信经历的发展阶段及技术

移动通信技术发展经历了 1G、2G、2.5G、3G、4G、5G 几个阶段，分别介绍如下：

（1）第一代移动通信技术。第一代移动通信技术（1G）是指最初的模拟、仅限语音的蜂窝电话标准，制定于 20 世纪 80 年代，主要采用的是模拟技术和 FDMA 技术。模拟蜂窝系统的容量有限且保密性差，不能提供漫游，已被淘汰。第一代移动通信技术是以模拟技术为基础的蜂窝无线电话系统，如现在已经淘汰的模拟移动网。1G 无线系统在设计上只能传输语音流量，并受到网络容量的限制，现已淡出市场。

（2）第二代移动通信技术。为了满足人们对传输质量、系统容量和覆盖面的需求，第二代移动通信技术（2G）也随之产生。第二代移动通信系统主要有欧洲的 GSM、数字高级移动电话系统 DAMPS 或 TDMA、CDMA 技术等，目前我国广泛应用的是 GSM。1G 主要使用了模拟技术，而 2G 使用了数字技术，其主要特性是为移动用户提供数字化的语音业务以及高质低价服务。第二代移动通信技术具有保密性强、频谱利用率高、能提供丰富的业务、标准化程度高等特点，使移动通信得到了空前的发展。

（3）第 2.5 代移动通信技术——GPRS 技术。GPRS 是通用分组无线业务（General Packet Radio Service）的英文简称，也称为 2.5G，是在 GSM 网络基础上增加 GPRS 业务支持节点以及 GPRS 网点支持节点形成的一个新的网络实体，提供端到端的、广域的无线 IP 连接，目的是为 GSM 用户提供分组形式的数据业务。GPRS 在移动用户和数据网络之间提供一种连接，为移动用户提供高速无线 IP 服务。

（4）第三代移动通信技术。第三代移动通信技术（3G）即国际电信联盟定义的 IMT-2000（International Mobile Telecommunication-2000）。相对于第一代模拟通信系统（1G）和第二代 GSM、CDMA 等通信系统（2G），3G 一般是指将无线通信与国际互联网等多媒体通信结合的新一代移动通信系统。2000 年 5 月，国际电信联盟确定了 WCDMA、CDMA 2000 和 TD-SCDMA 作为第三代移动通信的三大主流无线接口标准。

随着 4G 的应用和普及，3G 用户数也在逐步减少，并将和 1G、2G 一样淡出移动通信舞台。

（5）第四代移动通信技术。4G 是第四代通信技术的简称。4G 系统能够以 100Mbps 的速度下载，比拨号上网快 2000 倍，上传的速度也能达到 20Mbps。4G 是 3G 的进一步演化，是在传统通信网络和技术的基础上不断地提高无线通信的网络效率和功能。通俗一点理解就是两点：① 4G 能够提供高速移动网络宽带服务；② 4G 基于全球移动通信 LTE（Long Term Evolution）标准。全 IP 网络比较恰当地描述了 4G 网络的特点。在 4G 网络中，无线网络（包括 WLAN、2G、3G 移动通信网络和其他网络）将成为互联网子网的自然延伸，移动终端是可激活的 IP 客户端。而且，全网络的信息传输速率更快、带宽更宽、容量更大、智能性更高、兼容性更强、多媒体质量更高。

2017 年 12 月，我国 4G 用户数就已经超过 10 亿，成为移动通信的主流，不过从 2020 年开始 5G 也已经来临并开始普及，4G 用户数也将逐渐减少。

（6）第五代移动通信技术。第五代移动通信技术（5G）是 4G 之后的延伸。和 4G 相比，5G 的提升是全方位的。5G 具备高性能、低延迟与大容量特性，而这些优点主要体现在毫米波、小基站、Massive MIMO、全双工以及波束成形这五大技术上。理论上，5G 蜂窝设备能够达到 20Gbps 下行速度和 10Gbps 的上行速度，可以说是颠覆了现如今的 4G 网络的速度。例如，下载一部 8GB 大小的电影，在理想的 5G 网络环境下仅需 6 秒钟完成，而目前的 4G 网络则需要 8 分钟，这样一比，差距还是非常大的。而且 5G 具有更高的可靠性，更低的时延，能够满足智能制造、自动驾驶等行业应用的特定需求，拓宽融合产业的发展空间，支撑经济社会创新发展。

根据工信部、中国 IMT-2020（5G）推进组的工作部署以及三大运营商的 5G 商用计划，我国已于 2017 年展开 5G 网络第二阶段测试，2018 年进行大规模试验组网，并在此基础上于 2019 年启动 5G 网络建设，2020 年正式商用 5G 网络。

二、无线互联网

当用收音机收听广播电台节目时，电台播音员（节目源）产生信号，发射机通过发射天线发射信号，收音机接收信号。这样电台播音员、发射机、天线和收音机组成了一个基本的无线通信系统。这种基本的无线通信系统实际上也是现在广泛运用的无线互联网的基础。

1. 无线通信系统

无线通信系统是指利用电磁波在空间传播完成信息传输的系统。最基本的无线通信系统由发射机、接收机和无线信道组成。

（1）发射机。发射机的主要任务是完成有用的低频信号对高频载波的调制，将其变为在某一中心频率上具有一定带宽、适合通过天线发射的电磁波。通常，发射机包括三个部分，即高频部分、低频部分和电源部分。

（2）接收机。接收机的主要任务是从已调制 AM 波中解调出原始有用信号，主要由输入电路、混频电路、中放电路、检波电路、低频放大器和低频功率放大电路组成。

（3）无线信道。无线信道是无线通信中发射机和接收机之间的通路，也就是常说的无线的"频段"（Channel），是以无线信号作为传输媒体的数据信号传送通道。

当无线用户之间可以直接进行通信时，就称为点对点通信。根据用户之间信息传送的方向，可以分为单工通信与双工通信。单工通信只有从发射机到接收机这一个方向，消息只能单向传输。通常所说的通信都是双工通信，即消息可以在两个方向上进行传输，如手机通信。

2. 无线网络

无线网络不仅包括允许用户建立远距离无线连接的全球语音和数据网络，也包括为近距离无线连接进行优化的红外线技术及射频技术。当无线用户之间由于距离或其他原因，不能直接进行信息传输而必须通过中继方式进行时，称为无线网络通信方式。网络可以有多种形式，最经典的是星形网络。位于网络中央的中继器可以是移动网络中的基站，它由发射机和接收机组成，可以将来自一个无线设备的信号中继到另一个无线设备，保证网络内的用户通信。整个无线网络可以划分为四个范畴：无线广域网（WWAN）、无线城域网（WMAN）、无线局域网（WLAN）和无线个域网（WPAN）。从范畴上来看，无线网络目前只是在 WLAN 领域和 WPAN 领域发展比较成熟，后者是在小范围内相互连接数个装置所形成的无线网络，如蓝牙连接耳机及掌上电脑。而 WMAN 应用时间不长，还有很多问题尚未解决。

（1）无线局域网与 Wi-Fi 技术

1）无线局域网（Wireless LAN，WLAN）是指以无线电波作为传输媒介的局域网。无线局域网包括三个组件：无线工作站、无线访问节点（AP）和端口。WLAN 技术可以使用户在公司、校园、大楼或机场等公共场所创建无线连接，用于不便于铺设线缆的场所。目前，无线局域网主要使用 Wi-Fi 技术。随着以太网的广泛应用，WLAN 能在一定程度上满足人们对移动设备接入网络的需求。

2）Wi-Fi（Wireless Fidelity）是电气和电子工程师协会（IEEE）定义的一个无线网络通信的工业标准（IEEE 802.11），在无线局域网的范畴内是指"无线相容性认证"，同时也是一种无线联网的技术，通过无线电波来连接网络。Wi-Fi 是一种可以将电脑、手持设备（如 PDA 和手机）等终端以无线方式互相连接的技术。

目前，除了家庭网络外，还没有完全建立在无线技术上的网络。使用 Wi-Fi 技术配置的网络常常与现有的有线网络相互协调，共同运行。Wi-Fi 一边可以通过无线电波与无线网络相连，另一边可以通过无线网关连接到无遮蔽双绞线（Unshielded Twisted Pair，UTP）电缆。

（2）无线个域网。无线个域网（Wireless Personal Area Network，WPAN）是通过无线电波连接个人邻近区域内的电脑和其他设备的通信网络。目前，主要的WPAN技术就是蓝牙和红外通信。

1）蓝牙。蓝牙是由爱立信、IBM、英特尔、诺基亚和东芝五家公司于1998年5月共同提出并开发的一种全球通用的无线技术标准。蓝牙是一种替代线缆的短距离无线传输技术，使特定的移动电话、便携式电脑以及各种便携式通信设备能够相互在300米左右（蓝牙5.0）的距离内共享资源。蓝牙有很多优点：①蓝牙的成本较低，保证了蓝牙的广泛实施；②任一蓝牙设备在传输信息时都要有密码，保证了通信的安全性；③蓝牙的通信距离为300米（蓝牙5.0），可以在办公室内任意传输；④蓝牙具备自动发现功能，使用户能够通过很简便的操作界面访问设备；⑤跳频技术使蓝牙系统具有足够强的抗干扰能力。

2）红外通信。红外线是指波长超过红色可见光的电磁波，红外通信顾名思义就是通过红外线进行数据传输的无线技术，利用红外线技术在电脑或其他相关设备间可以进行无线数据交换。

目前，无线电波和微波已被广泛地应用在长距离的无线通信中，但由于红外线的波长较短，对障碍物的衍射能力差，因此更适合应用在需要短距离无线通信的场合，进行点对点的直线数据传输。随着移动计算和移动通信设备的日益普及，红外数据通信已经进入了一个发展的黄金时期。目前，红外通信在小型的移动设备中获得了广泛应用，包括笔记本电脑、掌上电脑、游戏机、手机、仪器仪表、数码相机以及打印机等设备。

（3）无线城域网。无线城域网（Wireless Metropolitan Area Network，WMAN）采用无线电波使用户在主要城市区域的多个场所之间创建无线连接，而不必花费高昂的费用铺设光缆、电缆和租赁专用有线通信线路。IEEE为无线城域网推出了802.16标准，同时业界也成立了类似Wi-Fi联盟的WiMax论坛。

WiMax的全名是微波存取全球互通（Worldwide Interoperability for Microwave Access），WiMax应用主要分成两个部分：一是固定式无线接入，二是移动式无线接入。现阶段的主要应用系统为以IEEE 802.16d标准为主的固定宽带无线接入系统和以IEEE 802.16e标准为主的移动宽带无线接入系统。WiMax也有自身的许多优势，如实现更远的传输距离、提供更高速的宽带接入等。

（4）无线广域网。无线广域网（Wireless Wide Area Network，WWAN）是指覆盖全国或全球范围的无线网络，提供更大范围内的无线接入。IEEE 802.20是WWAN的重要标准，由IEEE 802.16工作组于2002年3月提出，并为此成立了专门的工作小组，这个小组2002年9月独立为IEEE 802.20工作组。IEEE 802.20是为了实现高速移动环境下的高速率数据传输率，以弥补IEEE 802.lx协议族在移动性上的劣势。IEEE 802.20技术可以有效解决移动性与传输速率相互矛盾的问题，是一种适用于高速移动环境下的宽带无线接入系统空中接口规范。

3. 移动互联网

移动互联网（Mobile Internet，MI）是移动通信和互联网融合的产物，通过智能移动终端，采用移动无线通信方式获取业务和服务的业务，包含终端、软件和应用三个层面。终端层包括智能手机、平板电脑、电子书和移动互联网设备（MID）等；软件层包括移动操作系统、中间件、数据库和安全软件等；应用层包括休闲娱乐类、工具媒体类、商务财经类等不同应用与服务。随着技术和产业的发展，将来 LTE（长期演进）和 NFC（近场通信）等网络传输层关键技术也将被纳入移动互联网的范畴内。

随着移动互联网用户规模的大幅增长，以智能手机和平板电脑为主的移动智能终端在规模上已经超过了传统的台式电脑，并且这类新型移动终端的计算能力也在快速追赶台式电脑。智能终端的核心产业——移动芯片需求在 2013 年首次超过电脑芯片，逐渐成为产业的引领者。

移动互联网对人类社会的影响深远，并真正促进了网络化社会的形成。单个用户的"个性化"需求汇聚起来，构成具有"群体化"特征的新世界。这些群体具有鲜明的特征，将拉动技术和应用的不断发展。移动互联网能够通过网络平台，高效地满足人们在不同时间、不同地点产生的"碎片化"需求，而这些需求往往是传统行业无法满足，甚至是从来没有过的新型小众需求。移动互联网的业务范围涵盖用户信息消费的多个方面，并逐渐渗透到人们的日常生活和经济活动中。用户需求的内容非常丰富且不断发展，扩大了移动互联网的业务范围和业务规模，也改变了业务结构。移动互联网的业务能力受到无线网络性能的限制，无线网络尤其是移动通信网络的传输性能对其服务水平有直接的影响。

单元二 二维码、RFID、NFC、陀螺仪、LBS 技术

一、二维码技术

相信即使是四五十岁的中年人也不会对二维码感到陌生了，它现在已经成为人们日常生活中随处可见的符号。公交、地铁、食品、饮料、饭店、超市、微信、支付宝……二维码已经完成了对日常生活的彻底渗透。在移动电子商务领域，二维码更是扮演着重要角色。自从支付宝、微信先后开通二维码支付功能以来，在全国各地的商超饭馆，越来越多的人不使用现金而使用手机打开付款二维码付账。同时，二维码也开始成为广告主们的新舞台，公交、地铁上越来越多的广告添加了可以下载对应 App 的二维码，公众只要扫描便可以轻松下载应用，这让二维码更加普及。

1. 二维码技术简介

二维码（2-Dimensional Bar Code）是用特定的黑白或彩色几何形状，按一定规律在平面（二维方向）上分布形成黑白或彩色相间的图形来记录数据符号信息的。二维码在代码编制上巧妙地利用构成电脑内部逻辑基础的"0"和"1"比特流的概念，使用若干个与二进制相对应的几何形体来表示文字数值信息，通过图像输入设备或光电扫描设备自动识读，以实现信息自动处理。二维码与条码技术具有一些共性：每种码制有其特定的字符集；每个字符占有一定的宽度；具有一定的校验功能等。二维码有多种编码制式（码制），常用的码制有 Data matrix code、Maxi Code、QR code、Vericode、417 bar code、Ultracode、Code 49 和 Code 16K 等。其中 QR code 比较普及，该二维码模式是 1994 年由日本 Denso 公司发明的。QR 来自英文"Quick Response"的缩写，即快速反应的意思，发明者希望 QR code 可让其内

容被快速解码。QR code 最常见于日本和韩国,是目前日本最流行的二维码。

与普通条码(一维码)相比,二维码可存储的信息量是前者的几十倍,并且在编码和译码时加上了密码,保密性更好,而普通条码光凭肉眼就能读出粗细线的意义。二维码还可以打印和传真,大大减少了制作成本,而平常看到的普通条码内容只是一个关键词,其完整信息仍保存在数据库中,打印和传真件识别不出条码内容。再者,如果普通条码严重折叠或出现了磨损的情况,那么它也无法被识读出内容,而二维码则采用了"错误纠正码"技术,在磨损率达到 50% 的情况下仍能读出有效信息。

目前,二维码在移动电子商务领域得到了广泛应用,关注度与日俱增。电子商务网站、商品的外包装、火车票、机票、各类消费场所以及电视上都可以发现二维码的身影。许多企业看好二维码的应用前景,纷纷投入到二维码的应用中。对于中小企业而言,在营销费用短缺的情况下,二维码可以作为企业的基础营销工具。可以将二维码置于企业网站、营业场所中的海报、杂志、水牌、桌贴以及 DM 单(直邮广告 / 直投杂志广告)上,甚至可以置于户外广告牌和公交、地铁等载体上,消费者打开任何二维码扫描软件扫描特定的二维码,即可快速与企业互动,建立与企业的直接联系通道,图 2-1 所示的是二维码扫码购物场景。

图 2-1 二维码扫码购物场景

2. 二维码的原理

二维码可以分为矩阵式二维码和层排式二维码两种。

(1)矩阵式二维码。矩阵式二维码又称棋盘式二维码,是在一个矩形空间通过黑、白像素在矩阵中的不同分布进行编码,如图 2-2 所示。在矩阵元素位置上,出现方点、圆点或其他形状点表示二进制的"1",不出现点则表示二进制的"0",点的排列组合确定了矩阵式二维码所代表的意义。矩阵式二维码是建立在电脑图像处理技术、组合编码原理等基础上的一种新型图形符号自动识读处理码制。具有代表性的矩阵式二维码有 Code one、Maxi code、QR code 和 Data Matrix code 等。

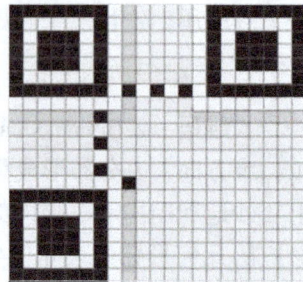

图 2-2 矩阵式二维码

在图 2-2 所示的 21×21 的矩阵中,黑白的区域在 QR code 规范中被指定为固定的位置,称为寻像图形(Finder Pattern)和定位图形(Timing Pattern)。寻像图形和定位图形用来帮助解码程序确定图形中具体符号的坐标。

（2）层排式二维码。层排式二维码又称堆积式二维码或行排式二维码，其编码原理是建立在一维码基础之上的，按需要堆积成两行或多行。它在编码设计、校验原理和识读方式等方面继承了一维码的一些特点，识读设备和条码印刷与一维码技术兼容。但由于行数的增加，需要对行进行判定，同时，其译码算法与软件也不完全相同于一维码。有代表性的层排式二维码有 Code 49、Code 16K 和 417 bar code 等。其中的 Code 49，是 1987 年由戴维·阿利尔博士研制，Intermec 公司推出的第一个二维码。

3. 二维码制作

二维码制作技术已经成熟。目前可以在线制作二维码，也可以下载安装使用专门的二维码制作软件。

（1）在线二维码制作平台。在线二维码制作平台有联图网、草料二维码等，这些在线二维码制作网站可以快速将文本、网址、名片、Wi-Fi 账号、邮箱、电话、地图等信息生成二维码，并能进行美化修饰。

（2）二维码制作软件。二维码制作软件有二维码大师、PsQREdit、Barcode Generator、创易二维码生成器等。

二、射频识别技术

自动识别技术是以电脑技术和通信技术的发展为基础的综合性科学技术，它是信息数据自动识读、自动输入电脑的重要方法和手段，是一种高度自动化的信息或数据采集技术。自动识别技术近几十年在全球范围内得到了迅猛发展，初步形成了一个包括条码技术、磁卡技术、IC 卡技术、光学字符识别、射频识别（RFID）和声音识别及视觉识别等集电脑、光、磁、物理、机电、通信技术为一体的高新技术学科。其中，射频识别技术是一种典型的自动识别技术，其对于移动电子商务具有重要意义。

1. RFID 系统组成

RFID 是 Radio Frequency Identification 的缩写，即射频识别，俗称电子标签。RFID 是一种非接触式的自动识别技术，它通过射频信号自动识别目标对象并获取相关数据，实现对静止或移动中的物品的识别。作为条码的无线版本，RFID 技术具有防水、体积小、使用寿命长及存储数据容量大等优点。最基本的 RFID 系统由三部分组成，即标签（Tag）、阅读器（Reader）和天线（Antenna）。

电子标签是 RFID 系统的数据载体，由标签天线和标签专用芯片组成。每个标签具有唯一的电子编码，实现被识别物体信息的存储。RFID 阅读器（读写器）通过天线读取和写入RFID 电子标签上的信息。天线负责在标签与阅读器之间传输数据和信号。

2. RFID 的技术标准

为了能够被广泛接受，任何技术都需要标准和规范，以提供设计、制造和使用这项技术的指南。目前，RFID 技术存在两个标准体系：ISO 标准体系和 EPCglobal 标准体系。

（1）ISO 标准体系。国际标准化组织（ISO）制定的 RFID 标准是用于读写器和标签通信的频率与协议标准。RFID 领域的 ISO 标准可以分为技术标准（如符号、RFID 技术、IC卡标准等）、数据内容标准（如编码格式、语法标准等）、一致性标准（如测试规范、印刷质量等标准）和应用标准（如船运标签、产品包装标准等）四大类。

（2）EPCglobal 标准体系。EPCglobal 是由美国统一代码协会（UCC）和国际物品编码协会（EAN）共同成立的标准组织，是目前全球实力最强的 RFID 标准组织。RFID 典型应用系统的一种抽象模型包含三种主要活动：EPC 数据交换（提供了用户访问 EPCglobal 业务的方法）、EPC 基础设施（用来收集和记录 EPC 数据）和 EPC 物理对象交换（用户能与 EPC 编码的物理对象进行交互，并能方便地获得相应的物品信息）。

3. 其他自动识别技术

常用的自动识别技术除了有条码和 RFID 技术外，还包括语音识别、生物识别、磁卡和接触 IC 卡。表 2-1 对这几种常用的自动识别技术进行了比较。

表 2-1　几种常用自动识别技术的比较

	信息容量	读写性能	保密性	环境适应性	成本	通信速度	识别速度	多标签识别
条码	小	R	无	不好	最低	低	低	不能
语音识别	大	R	无	一般	较高	较低	很低	不能
生物识别	大	R	好	一般	较高	较低	很低	不能
磁卡	较小	R/W	一般	一般	低	快	低	不能
接触 IC 卡	大	R/W	好	一般	较高	快	低	不能
RFID	大	R/W	好	好	较高	很快	很快	能

4. RFID 技术的应用

自 20 世纪 90 年代以来，RFID 技术在全世界范围内快速发展。经过十几年的发展，RFID 技术在各行各业都得到了广泛的应用，具体见表 2-2。

表 2-2　RFID 技术应用

应用领域	具体应用
物流行业	包括运输业、仓储业、包装业、装卸业、物流信息业和加工配送业等。根据物流供应链管理的需要，在仓储、运输、装卸、包装、配送等应用场景，应用 RFID 技术进行运输管理、货物跟踪以及物流数据交换等，实现物流企业的 RFID 信息服务系统
公共管理	包括医药业、人员管理、门禁管理和交通领域等。药品上的电子标签能防范假药和降低处方误差等；RFID 与车牌识别技术的有效结合能对所有车辆实现高度自动化检查
生产领域	包括制造业、汽车业、农业等。生产领域使用电子标签，可以全面提高生产、制造和加工产业的管理效率
政府应用	包括电子政务和国防与安全等。RFID 可以使电子政府服务更灵活、有效和安全，而且在政府增强国防和安全体系方面发挥了重要的作用
消费者应用	包括图书馆和影视出租商店、个人福利与安全、体育与休闲、购物与餐饮和智能家居等。RFID 技术可以使图书馆管理员更方便地管理借书和控制借出的书籍，使用户在购物与餐饮时能快速结账付款，还可以方便人们的日常生活

随着技术的不断进步，RFID 产品的种类会越来越多，应用也会更加全球化。相信在未来的几年里，RFID 技术会越来越完善。

三、NFC 技术

NFC 是 Near Field Communication 的缩写，即近距离无线通信。由飞利浦公司和索尼公司共同开发的 NFC 是一种非接触式识别和互联技术，可以在消费类电子产品和智能控件工具间进行近距离无线通信。NFC 提供了一种简单、触控式的解决方案，可以让消费者简单直观地交换信息、访问内容与服务。NFC 技术允许电子设备之间进行非接触式点对点数据传输，在 10 厘米内交换数据，其传输速度有 106Kbit/ 秒、212Kbit/ 秒和 424Kbit/ 秒三种。NFC 工作模式有卡模式（Card emulation）、点对点模式（P2P mode）和读卡器模式（Reader/writer mode）。虽然 NFC 和蓝牙都是短程通信技术，而且都被集成到移动电话，但 NFC 不需要复杂的设置程序，并且 NFC 也可以简化蓝牙连接。NFC 技术不需要电源，对于移动终端或是其他移动消费性电子产品来说，NFC 的使用比较方便。图 2-3 为 NFC 典型应用场景。

图 2-3　NFC 典型应用场景

　　首先，NFC 是一种提供轻松、安全、迅速通信的无线连接技术，其传输范围比 RFID 小，RFID 的传输范围可以达到几米，甚至几十米，但由于 NFC 采取了独特的信号衰减技术，相对于 RFID 来说，NFC 具有距离近、带宽高、能耗低等特点。其次，NFC 与现有非接触智能卡技术兼容，目前已经得到越来越多主要厂商的支持。再次，NFC 还是一种近距离连接协议，提供各种设备间轻松、安全、迅速而自动的通信。与无线世界中的其他连接方式相比，NFC 是一种近距离的私密通信方式。最后，RFID 更多地被应用在生产、物流、跟踪、资产管理上，而 NFC 则在门禁、公交、手机支付等领域内发挥着巨大的作用。手机内置 NFC 芯片成为组成 RFID 模块的一部分，可以当作 RFID 无源标签使用——用来支付费用，也可以当作 RFID 读写器——用作数据交换与采集。NFC 技术支持多种应用，包括移动支付与交易、对等式通信及移动中信息访问等。通过 NFC 手机，人们可以在任何地点、任何时间，通过任何设备，与他们希望得到的娱乐服务与交易联系在一起，从而完成付款、获取海报信息等。NFC 设备可以用作非接触式智能卡、智能卡的读写器终端以及设备对设备的数据传输链路，其应用主要可分为以下四个基本类型：用于付款和购票、用于电子票证、用于智能媒体以及用于交换、传输数据。

四、移动传感器技术

　　感知是物联网的先行技术，要确保物联网的稳定运行，离不开众多传感技术的支持，也离不开传感器的支持。传感器是一类检测装置，能接收到被测量的信息，并能将接收到的信息按一定规律转变为电信号或其他所需形式的信息进行输出，以满足信息的处理、存储、显示、记录、传输和控制等要求。作为物联网的"触手"，智能传感器、无线传感器网络对当今信息时代有着至关重要的作用，它们已经渗透到工业生产、环境保护、生物工程、医疗检测、家庭自动化和智能交通等众多民用领域之中，并日益趋于智能化、微型化、数字化。作为信息获取的重要手段，传感技术与网络通信技术、计算机技术共同构成信息技术的三大支柱。

　　智能手机给用户带来的体验绝对不仅仅是第三方扩展功能，还有它依靠硬件基础所实现的人机交互体验，如屏幕旋转、甩动手机切换壁纸等。在使用智能手机过程中，人们往往不清楚听筒旁边的几个小黑点是做什么用的，其实它们就是传感器。它们感知着光线、距离、重力、方向等方面的变化，并能让我们获得更加智能化、人性化的手机使用体验。据统计，智能手机内的平均传感器数量为 20 个，除了一些必要的普通传感器外，也有不少针对专业领域的机型会考虑搭载一些专用传感器。

1. 移动设备常见的传感器

　　常见的智能手机传感器有光线传感器、距离传感器、重力传感器、加速度传感器、磁场传感器、紫外线传感器、血氧传感器、指纹传感器、心率传感器、气压传感器、霍尔传感器、GPS、陀螺仪，如图 2-4 所示。各类运动 App 就是每天接收来自陀螺仪和加速度传感器等的数据，再将数据进行分析处理得出用户的健康数据报告。

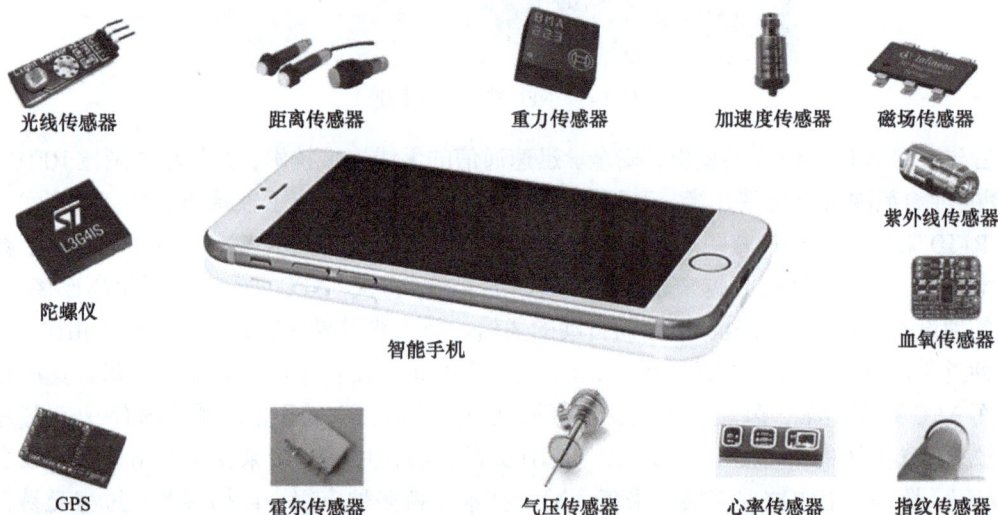

图 2-4　智能手机内置的传感器

2. 陀螺仪

　　陀螺仪又叫角速度传感器，不同于加速度计，其测量物理量是偏转、倾斜时的转动角速度。陀螺仪的基本原理是，一个旋转物体的旋转轴所指的方向在不受外力影响时是不会改变的，可以用它来保持物体方向。物体绕一个支点高速转动的刚体称为陀螺。通常所说的陀螺是特指对称陀螺，它是一个质量均匀分布的、具有轴对称形状的刚体，其几何对称轴就是它的自转轴。人们利用陀螺的力学性质所制成的各种功能的陀螺装置称为陀螺仪，它在科学、技术、军事等各个领域有着广泛的应用。在现实生活中，陀螺仪发生的进给运动是在重力的作用下发生的，如回转罗盘、定向指示仪、炮弹的翻转、陀螺的章动、地球在太阳（月球）引力作用下的旋进（岁差）等。

　　陀螺仪传感器是一个简单易用的基于自由空间移动和手势的定位和控制系统，原本是运用到直升机模型上的，现在已经被广泛运用于手机这类移动便携设备。手机陀螺仪又叫手机角速度传感器，手机的加速度计只能检测轴向的线性动作，但手机的陀螺仪可以对转动、偏转的动作做很好的测量，可以精确分析判断出使用者的实际动作进而对手机做相应的操作。手机陀螺仪配合手机加速度计能够测量手机偏转、倾斜时的转动角速度，并且可以测量或重构出手机完整的三维动作和手机转动的动作、手机轴向的线性动作。

3. 摇一摇实现过程

摇一摇应用是基于陀螺仪技术而设计出的，在微信、支付宝、360 手机卫士等手机应用软件中都引入了摇一摇技术。例如，微信摇一摇周边服务（简称摇周边）可以发现附近展馆、景区、博物馆、餐馆等信息；用户也能通过摇周边享受定位导航、随身讲解服务；在展会、会议、公关活动等现场，用户可通过摇周边与主办方进行签到、投票、提问、发言、游戏等互动；在广告箱和指示牌中放置设备后，用户可实时查询附近门店、导航，进行延伸浏览、领取优惠券等。

摇一摇的应用实现包括摇一摇动作、定位和匹配三个过程。

（1）摇一摇动作。手机摇一摇主要运用手机陀螺仪、加速度计和传感器技术。当传感器检测到手机正在摇动，就会向附近的手机基站发出请求。用户仅仅是通过摇一摇动作触发了一个程序（该程序上传用户的所在位置，并匹配其他用户）。

（2）定位。目前移动互联网的定位一般使用 GPS+ 基站 +Wi-Fi 热点综合技术。通过 GPS 卫星确定用户位置，误差最小可以到几米；通过基站定位（或者叫小区定位），用手机和几个附近的基站确定用户位置，用信号来回的速度来确定距离，几个距离取交点，误差在大城市中可以到几十米；Wi-Fi 热点定位具有唯一 ID，采集 Wi-Fi 接入点的位置信息，实现较为精确的定位。

（3）匹配。手机及其他移动终端如果具备摇一摇功能的客户端，如微信、支付宝、360 手机卫士等，就可以触发摇一摇动作；而在遥远的机房，还有一个云服务器端。所有人的移动终端"摇一摇"之后，他们的位置信息就全部上传到云服务器端，然后把和用户处在一定距离内的、在短时间内也摇过的人的信息，推送给用户。

五、LBS 技术

在移动互联网高速发展的信息时代，人们不仅希望能获得关于某些事件的信息，还希望能知道自己所处的位置，并获取与自身位置相关的感兴趣的信息。目前，无论是公众用户还是行业用户，对于获得位置及其相关服务都有着广泛的需求，包括移动电子商务、娱乐消息、交通报告、地图和向导、目标广告、交互式游戏、车辆跟踪等众多领域。

1. LBS 简介

基于位置的服务（Location Based Services，LBS）又称为定位服务，另外一种叫法为 MPS（Mobile Position Services），也称为移动定位服务，是一种为使用者提供与其位置相关信息的服务类型，是移动通信网络和卫星定位系统结合在一起提供的一种增值业务。它通过一组定位技术获得移动终端的位置信息（如经纬度坐标数据），提供给移动用户本人或他人以及通信系统，实现各种与位置相关的业务。基于位置的服务也是一项集成系统，是地理信息系统、空间定位、移动通信和无线互联网等技术的综合体，是通过无线通信网络来获取无线用户的位置信息（经纬度坐标或高程数据），在地理信息平台的支持下提供相应服务的一种无线增值服务。LBS包括两层含义：首先是确定移动设备或用户所在的地理位置；其次是提供与位置相关的各类信息服务。

2. 网格计算

LBS面向大众用户，如果只靠单个站点，那么无论建立多么庞大的服务器，其计算能力和信息都是有限的，而且系统过于庞大，会影响效率，管理也不方便。解决方案是在互联网上根据需要，建立主题LBS站点，然后把这些分散的主题站点资源集成起来，形成超级计算能力的系统。这种集成可以用网格模型来描述，每个站点负责特定区域的空间信息服务。当移动用户跨区域移动时，如从站点1负责的区域移动到站点3负责的区域，则用户可以继续获取与当前地理位置相关的空间信息服务，而不必重新申请。

3. LBS空间数据库的内容与管理方法

在LBS系统中，用户请求和用户当前位置通过空间数据引擎上传到数据层空间数据库（Oracle Spatial），然后利用空间数据库对数据进行存储、管理和处理后，将结果通过网关返回给用户。在这个过程中，LBS空间数据库表现出了巨大的作用，是整个过程的核心。

（1）LBS空间数据库的内容。LBS空间数据库是一个综合的数据集，包括空间要素的几何信息、要素的基本属性、要素的增强属性和交通导航信息等。它着重表达道路及其属性信息，以及LBS应用所需的其他相关信息，如地址系统信息、地图显示背景信息、用户所关注的公共机构及服务信息等。LBS系统根据用户的需求，通过信息提取、数据抽取与清理等方法来调取城市空间数据库的数据为用户服务。

（2）LBS空间数据的存储与管理。空间数据库能对LBS空间数据进行管理和存储，是关系数据库管理方式中的一种。这种方式是在传统关系数据库管理系统之上进行扩展，使之能够同时管理矢量图形数据和属性数据；效率较高，同时具有数据的安全性、一致性、完整性、并发控制以及数据损坏后的恢复等基本功能，支持海量数据管理。

（3）LBS空间数据上传空间数据库方法。LBS空间数据通过空间数据引擎上传到空间数据库。空间数据引擎（Spatial Data Engine）是指提供存储、查询和检索空间地理数据，以及对空间地理数据进行空间关系运算和空间分析的程序功能集合，是一种处于应用程序和数据库管理系统之间的中间件技术，在用户和空间数据库之间提供一个开放接口，功能类似于ODBC或ADO。

空间数据引擎的工作原理为：数据通过空间数据引擎上传到数据层空间数据库中，利用空间数据库对数据进行存储、管理和处理，并将结果通过网关返回给用户。根据业务的需要，可以返回空间信息关联到的所有信息，此信息可以是当前位置的地名、城市地标、自定义地标、道路名称等位置信息；也可以是当前位置的周边信息，如医院、宾馆、加油站和公交车站等。

单元三　移动终端设备与移动软件

手机和平板电脑等移动终端设备就是能接受移动通信服务的机器，是移动通信系统的重要组成部分，移动用户可以通过移动通信终端接触移动通信系统，使用所有移动通信服务业务，由此可见移动终端的重要性。现阶段，移动终端设备实际上是带无线通信功能的轻便型的微型电脑，也必须有极其关键的支撑系统——移动设备操作系统才能发挥作用。

一、移动终端设备

移动终端设备产品现在非常多，个人移动终端设备主要包括手机、掌上电脑、平板电脑、笔记本电脑、车载智能终端和可穿戴设备等。按照网络的不同，有 GSM、CDMA、WCDMA、TD-SCDMA、LTE、WiMax 等；各种终端产品对使用者来说没有太大的区别，主要是运营商不同，包括中国移动、中国联通和中国电信；功能上大同小异，但外观上千差万别。

1. 手机

手机通常被视为集合了个人信息管理和移动电话功能的手持设备。日本及我国港台地区通常称为手提电话、携带电话或移动电话，早期也有"大哥大"的俗称，是可以在较广范围内使用的便携式电话终端。手机按性能不同分为智能手机和非智能手机。目前手机已发展至 5G 时代，智能手机占绝对主导地位。

2. 掌上电脑

掌上电脑也称个人数字助理（Personal Digital Assistant，PDA），正如"掌上电脑"这个名字一样，它实际上也是"微型化"的电脑。例如，它同样有 CPU、存储器、显示芯片以及操作系统等。掌上电脑和一般电脑的区别有两点：①可以在移动中进行个人数据处理；②在固定点进行特殊场景应用。这种手持设备集中了存储、办公、电话、传真和网络等多种功能，不仅可用来管理个人信息，还可以上网浏览、收发 E-mail、发传真。工业级 PDA 还在特殊领域发挥作用，如智能条码扫描仪、RFID 读写器、手持 POS 机等，广泛应用于鞋帽服装、快速消费品、快递、仓储、移动医疗等领域。

3. 平板电脑

平板电脑（Tablet Personal Computer，简称 Tablet PC、Flat PC、PAD 等）是一种小型且方便携带的个人电脑，以触摸屏作为基本的输入设备。它拥有的触摸屏（也称为数位板技术）允许用户通过手指、触控笔或数字笔来进行操作控制而不是传统的键盘或鼠标。用户可以使用内建的手写识别、屏幕上的软键盘、语音识别或一个真正的键盘（如蓝牙键盘）来进行信息输入。平板电脑的概念是由微软创始人比尔·盖茨在 2002 年提出的，微软在这一年发布了基于平板电脑的系统，并且宣布了其 Windows 系统进军平板电脑业的计划。但由于受当时硬件技术的制约，微软的平板电脑计划最终搁浅，没能开启平板电脑时代。现在，在苹果、三星、华为等企业的带动下，平板电脑快速普及。目前的平板电脑分为 ARM 架构（代表产品为苹果 iPad 和安卓平板电脑）与 X86 架构（代表产品为 Surface Pro 和 Wbin Magic）两种。X86 架构平板电脑一般采用 Intel 处理器及 Windows 操作系统，具有完整的电脑及平板功能，支持 .exe 程序。

4. 笔记本电脑

笔记本电脑也称便携式电脑，是台式电脑的微缩与延伸产品，也是用户对电脑产品更高需求的必然产物。其发展趋势是体积越来越小，重量越来越轻，而功能却越发强大，其便携性和备用电源使移动办公成为可能，因此其市场容量迅速扩展。笔记本电脑一般都集成了无线网卡，具备无线上网的功能，因此也属于移动终端。现阶段较为流行的超极本实际上就是超轻薄、超便携的笔记本电脑。

5. 车载智能终端

车载智能终端是当前快速发展中的车联网（Internet of Vehicles）的移动终端，车联网是由车辆位置、速度和路线等信息构成的巨大交互网络。通过 GPS、RFID、传感器、摄像头图像处理等装置，车辆可以完成自身环境和状态信息的采集；通过互联网技术，所有的车辆可以将自身的各种信息传输汇聚到中央处理器；通过电脑技术，这些车辆信息可以被分析和处理，从而计算出不同车辆的最佳路线，并为其及时汇报路况以实现智能交通和移动互联网的一般功能。

6. 可穿戴设备

可穿戴设备即直接穿在身上，或是整合到用户的衣服或配件的一种便携式移动终端设备。可穿戴设备不仅仅是一种硬件设备，更是通过软件支持以及数据交互、云端交互来实现强大的功能，它将会对我们的生活、感知带来很大的转变。可穿戴设备多以具备部分计算功能、可连接手机及各类终端的便携式配件形式存在，主流的产品形态包括以手腕为支撑的 Watch 类（包括手表和腕带等产品），以脚为支撑的 Shoes 类（包括鞋、袜子或者其他腿上佩戴产品），以头部为支撑的 Glass 类（包括眼镜、头盔、头带等），以及智能服装、书包、拐杖、配饰等各类非主流产品形态。

二、移动终端的技术特征

移动终端不同于传统的固定办公设备，它有许多特殊的技术特征。典型的移动终端一般包括输入工具、一个以上的显示屏幕、一定的计算和存储能力以及独立的电源。移动终端的主要特性如下：

（1）移动终端的显示屏幕小，而大多数设备使用多义键盘，通过按键来确定具体语义，操作起来比较麻烦，可操作性差。

（2）移动终端都是依靠电池来维持的，而电池的使用期限很短。电池技术尽管一直在不停地发展，但容量还是一个限制因素。

（3）移动终端内存和信息存储芯片的容量比传统的台式电脑要小很多。

（4）移动终端的安全性较差。

移动终端正逐渐向智能化方向发展，终端不仅是通信的工具，更是技术发展、市场策略和用户需求的体现，因此，受到移动互联网和物联网等大的战略发展方向的影响，移动终端将向通信终端融合化和各类物品通信化方向发展。

三、移动操作系统

操作系统是对电脑系统内各种硬件和软件资源进行控制和管理、有效地组织多道程序运行的系统软件，是用户与电脑之间的接口。以前人们广泛认为操作系统就是电脑所拥有的，现在移动终端也有了操作系统，主要有以下几种：

1. Android 操作系统

Android（安卓）是谷歌于 2007 年 11 月 5 日宣布的基于 Linux 平台的开源手机操作系统，该平台由操作系统、中间件、用户界面和应用软件组成。Android 系统架构由五部分组成，分别是 Linux Kernel、Android Runtime、Libraries、Application Framework 和 Applications。

（1）Linux Kernel（Linux 内核）。Android 的核心系统服务依赖于 Linux 内核，如安全性、内存管理、进程管理和驱动模型。Linux 内核也同时作为硬件和软件栈之间的抽象层。除了标准的 Linux 内核外，Android 还增加了内核的驱动程序：Binder（IPC）驱动、显示驱动、输入设备驱动、音频系统驱动、摄像头驱动、Wi-Fi 驱动、蓝牙驱动和电源管理。

（2）Android Runtime（Android 运行库）。Android 的核心类库提供 Java 编程语言核心库的大部分功能。每个 Android 应用都运行在自己的进程上，享有 Dalvik 虚拟机为它分配的专有实例。Dalvik 虚拟机依赖于 Linux 内核的一些功能。

（3）Libraries（程序库）。Android 包含一套 C/C++ 库，Android 系统的各式组件都在使用这些库。这些功能通过 Android 应用框架为开发人员提供服务。

（4）Application Framework（应用框架）。在 Android 系统中，开发人员也可以完全访问核心应用程序所使用的 API 框架，其中包括视图（Views）、内容提供器（Content Provider）、资源管理器（Resource Manager）、通知管理器（Notification Manager）和活动管理器（Activity Manager）等。

（5）Applications（应用程序）。Android 会和一系列核心应用程序包一起发布，该应用程序包包括 E-mail 客户端、SMS 短消息程序、日历、地图、浏览器和联系人管理程序等。所有的应用程序都是使用 Java 语言编写的。

小米、华为、联想、三星等大企业纷纷使用了 Android 操作系统，而且 Android 手机系统是开放的，服务是免费的，使用 Android 手机的人也就越来越多，Android 在中国的前景十分广阔。

2. iOS 操作系统

iPhone OS 或 OS X iPhone 是由苹果公司为 iPhone 开发的操作系统。它主要是给 iPhone 和 iPod Touch 使用的。原本这个系统名为 iPhone OS，直到 2010 年 6 月 7 日在 WWDC 大会上宣布改名为 iOS。iOS 的系统架构分为四个层次：核心操作系统层（the Core OS Layer）、核心服务层（the Core Services Layer）、媒体层（the Media Layer）和可轻触层（the Cocoa Touch Layer）。

（1）核心操作系统层。提供了整个 iOS 的一些基础功能。

（2）核心服务层。为所有应用提供基础系统服务，提供了日历和时间管理等功能。

（3）媒体层。提供了图像、音频和视频等多媒体功能。

（4）可轻触层。开发 iPhone 应用的关键框架，呈现应用程序界面上的各种组件。

从最初的 iPhone OS，演变至最新的 iOS 系统，横跨 iPod Touch、iPad 和 iPhone，成为苹果最强大的操作系统，给用户带来了极佳的使用体验。

3. Windows 10 Mobile 操作系统

Windows 10 是微软为台式电脑、手机和平板电脑开发的跨平台操作系统。早期微软的移动操作系统有 Windows CE、Windows Mobile 和 Windows Phone 几个版本。Windows 10 Mobile 面向尺寸较小、配置触控屏的移动设备，如智能手机和小尺寸平板电脑，集成有与 Windows 10 家庭版相同的通用 Windows 应用和针对触控操作优化的 Office。部分新设备可以使用 Continuum 功能，因此连接外置大尺寸显示屏时，用户可以把智能手机用作电脑。在 Windows 10 Mobile 系统中，开始屏幕和锁屏界面形式更加丰富，个性化大大增强，可以通过调节动态磁贴或透明动态磁贴，布置更加美观的 Windows 10 Mobile 用户界面。开始屏幕可以设置磁贴图片，也可以设置全屏显示图片，并且支持动态磁贴的透明度选择。针对屏幕大小的不同还可以显示更多磁贴。开始屏幕动态磁贴的主题色也进一步增加。

在 Windows 10 Mobile 中，微软颠覆了之前 Windows Phone 8.1 的设置管理，Windows 10 Mobile 中的设置选项已经涉及方方面面，并且分组显示更加直观。另外值得注意的是，Windows 10 Mobile 中的设置也是通用应用，与 Windows 10 桌面版保持一致。在 Windows 10 Mobile 中，微软加入了全新的 Microsoft Edge 浏览器，兼容 Webkit 网页显示标准，不论是浏览性能还是网页呈现排版等，体验均有大幅度提升。

4. HarmonyOS 系统

HarmonyOS 系统又称鸿蒙系统，是华为公司发布的一款"面向未来"，基于微内核的面向全场景的分布式操作系统。

华为 HarmonyOS 系统问世，在全球引起反响。人们普遍相信，这款中国电信巨头打造的操作系统在技术上是先进的，并且具有逐渐建立起自己生态的成长力，从而拉开永久性改变操作系统全球格局的序幕。

5. 其他移动操作系统

除了上述四大移动操作系统外，市场上还存在其他份额较小的移动操作系统，如黑莓的 BlackBerry OS、诺基亚的 Symbian、三星的 Bada、阿里巴巴的 YunOS 等。

四、移动 App 技术

移动互联网的发展和智能手机的普及，带来了活跃的 App（Application）经济。移动应用服务是针对手机这种移动智能终端连接到互联网的业务或者无线网卡业务而开发的应用程序服务。更通俗地说，移动应用服务指的是智能手机的第三方应用程序。当前，随着移动互联网的兴起，越来越多的互联网企业、电商平台将应用作为销售的主战场之一，均拥有自己的移动应用服务，这标志着移动应用服务的商业使用已经初步成熟。数据表明，移动应用服务给手机电商带来的流量远远超过传统互联网的流量，通过移动应用服务进行盈利也是各大电商平台的发展方向。比较著名的应用商店有苹果公司的 App Store、谷歌公司的 Google Play Store、微软公司的 Marketplace，以及华为公司和小米公司的应用商店等。

事实表明，各大互联网企业向移动应用服务的倾斜也十分明显，原因不仅仅是每天增加的流量，更重要的是手机移动终端的便捷性，为企业积累了更多的用户，更有一些用户体验良好的应用使用户的忠诚度、活跃度都得到了很大程度的提升，从而在企业的创收和未来的发展方面发挥了关键性的作用。

单元四　云计算、大数据、物联网、人工智能、区块链

云计算的概念是 2006 年谷歌首席执行官埃里克·施密特提出的。从被提出之日起，云计算便因其极具革新性的理念而被业界广泛地关注，因而成为整个 IT 行业中最为热门的核心话题之一。大数据时代的到来，是全球知名咨询公司麦肯锡最早提出的。麦肯锡称："数据，已经渗透到当今每一个行业和业务职能领域，成为重要的生产因素。人们对于海量数据的挖掘和运用，预示着新一波生产率增长和消费者盈余浪潮的到来。"近几年，大数据一词的持续升温也带来了大数据泡沫的疑虑，大数据的前景与目前云计算、物联网、移动互联网等是分不开的。《互联网进化论》一书中提出"互联网的未来功能和结构将与人类大脑高度相似，也将具备互联网虚拟感觉、虚拟运动、虚拟中枢、虚拟记忆神经系统"，并绘制了一幅互联网虚拟大脑结构图，如图 2-5 所示。从这幅图中可以看出：物联网对应了互联网的感觉和运动神经系统；云计算是互联网的核心硬件层和核心软件层的集合，也是互联网中枢神经系统的萌芽；大数据代表了互联网的信息层（数据海洋），是互联网智慧和意识产生的基础。物联网、传统互联网、移动互联网在源源不断地向互联网大数据层汇聚数据和接收数据。随着博客、社交网络以及云计算和物联网等技术的兴起，互联网上的数据正以前所未有的速度增长和累积，学术界、工业界甚至政府机构都已经开始密切关注大数据问题，应该说大数据是互联网发展到一定阶段的必然产物，互联网用户的互动，企业和政府的信息发布，物联网传感器感应的实时信息每时每刻都在产生大量的结构化和非结构化数据，这些数据分散在整个网络体系内，体量极其巨大。这些数据中蕴含了对经济、科技、教育等领域非常宝贵的信息，大数据的研究就是通过数据挖掘、知识发现和深度学习等方式将这些数据整理出来，形成有价值的数据产品，提供给政府、行业企业和互联网个人用户使用和消费。

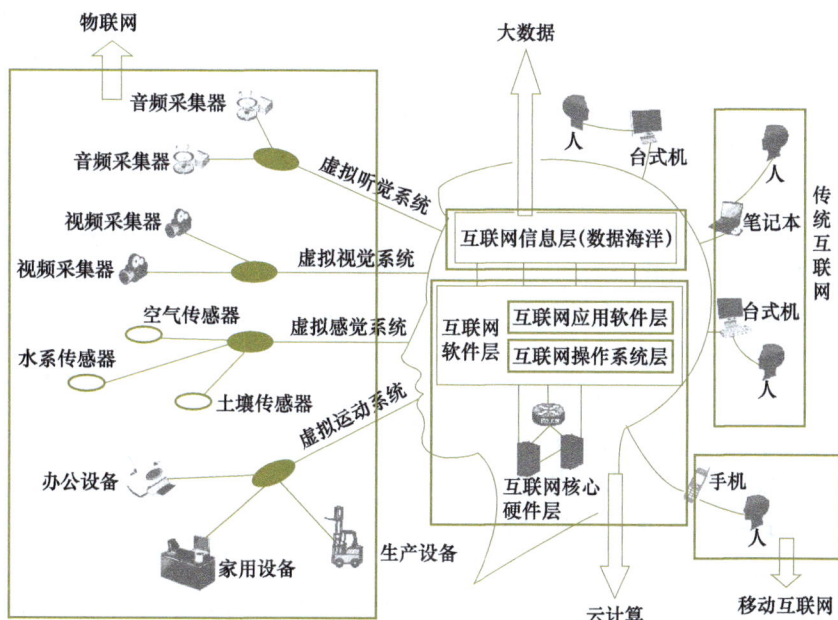

图 2-5　移动互联网、云计算、大数据、物联网关系图

区块链技术在移动互联网时代掀起了巨大的波澜，其也必将对移动电子商务带来巨大的变革。

一、云计算

云计算是指服务的交付和使用模式，通过网络以按需、易扩展的方式获得所需的服务。这种服务可以是IT和软件或与互联网相关的内容，也可以是任意其他的服务，它具有超大规模、虚拟化、可靠安全等优点。

1. 云计算简介

云计算是一种按使用量付费的模式，这种模式提供可用的、便捷的、按需的网络访问，进入可配置的计算资源共享池，资源包括网络、服务器、存储、应用软件、服务，这些资源能够被快速提供，只需投入少量的管理工作，或与服务供应商进行少量的交互。云计算有广义与狭义之分。

（1）狭义的云计算。提供资源的网络被称为"云"。"云"中的资源在使用者看来是可以无限扩展的，并且可以随时获取，按需使用，随时扩展，按使用付费。这种特性经常被称为像水电一样使用的IT基础设施。

（2）广义的云计算。"云"是一些可以自我维护和管理的虚拟计算资源，通常为一些大型服务器集群，包括计算服务器、存储服务器和宽带资源等。云计算将所有的计算资源集中起来，并由软件实现自动管理，无须人为参与。这使得应用提供者无须为烦琐的细节而烦恼，能够更加专注于自己的业务，有利于创新和降低成本。

云计算的基本理念是"一切皆是服务"（Everything as a Service）。任何通过网络能够提供给用户的服务都可以成为云计算的应用形式，而用户在使用这些服务时采取"租用"（Pay Per Use）的形式进行付费。从形式上看，"云"以数据中心的形式存在，而数据中心由大规模电脑集群、管理这些电脑集群的软件、海量数据以及能够为用户提供特定计算服务的软件组成。在"云"中，所有的资源，包括构架、平台和软件都可以作为服务来提供。由于用户可以租用服务，因此节省了购买机器、平台和开发软件的费用，所以云计算有着节省成本、快速服务和提高管理效率等优势。

从技术层面看，云计算是分布式处理（Distributed Computing）、并行处理（Parallel Computing）和网格计算（Grid Computing）几种技术的进一步深入发展和综合的结果。同时，Intel、AMD等芯片公司在硬件虚拟化层面技术的进步，Vmware、KVM等在软件层面上虚拟化技术的发展，Web2.0的出现，以及数据中心虚拟管理技术的成熟，都是推动云计算出现的必要因素。典型的云计算架构如图2-6所示。

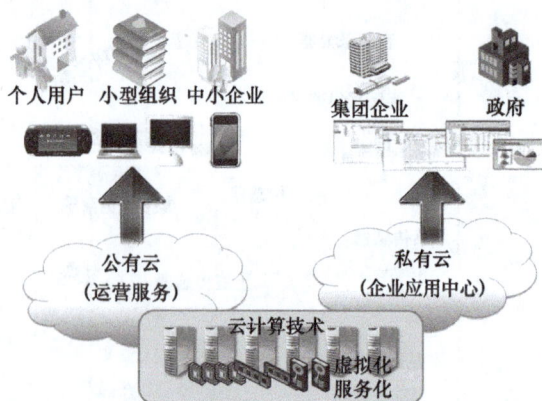

图2-6 典型的云计算架构

其中，公有云通常指第三方提供商为用户提供的能够使用的云，公有云一般可通过互联网使用，可能是免费或成本低廉的，公有云的核心属性是共享资源服务。这种云有许多实例，可在当今整个开放的公有网络中提供服务。私有云是为一个用户单独使用而构建的，提供对数据、安全性和服务质量的最有效控制。该用户拥有基础设施，并可以控制在此基础设施上部署应用程序的方式。私有云可以部署在企业数据中心的防火墙内，也可以部署在一个安全的主机托管场所。私有云的核心属性是专有资源。

目前，谷歌、微软、IBM、阿里巴巴等一些国内外大公司都已建立了自己庞大的云计算中心，在这些 IT 巨头的推动下，云计算正在以空前的态势迅速发展，并已经成为很多企业增长最快的业务之一。而亚马逊、Youtube、Facebook 等这些著名的电子商务公司的积极参与，也进一步推动着云计算的发展。在可预见的未来，云计算将持续出现蓬勃发展的局面。

2. 云计算的服务模型

云计算的核心是提供服务，因此，云计算也称作"云计算服务"。目前，学术界和企业界提出的云计算服务包罗万象，有 AaaS（Architecture as a Service，体系结构即服务）、CaaS（Computing as a Service，计算即服务）、DaaS（Data as a Service，数据即服务）、DBaaS（Database as a Service，数据库即服务）、HaaS（Hardware as a Service，硬件即服务）、IaaS（Infrastructure as a Service，基础设施即服务）、OaaS（Organization as a Service，组织即服务）、SaaS（Software as a Service，软件即服务）、PaaS（Platform as a Service，平台即服务）和 TaaS（Technology as a Service，技术即服务）等。但根据云计算的发展来看，目前云计算提供的服务主要有 SaaS、PaaS 和 IaaS 等。

（1）SaaS。这种类型的云计算服务通过 Web 浏览器向用户提供软件应用。从用户的角度看，用户根据软件使用流量或时间来进行付费，无须购买软件，可以节省高昂的购买费用；对于 SaaS 提供商来说，其软件维护和更新都可以集中进行，无须面对各种不同的电脑设备和操作系统，变得更加简单方便，能够节省大量的运营和维护成本。SaaS 主要通过 Web 的形式向用户提供服务。目前，SAP、微软和 Oracle 等公司都已经建立了自己的 SaaS 云计算服务中心。

（2）PaaS。PaaS 主要针对软件开发人员，将软件开发平台作为云计算服务提供给用户。PaaS 为软件开发人员提供软件平台层面的应用服务引擎，包括应用服务平台和应用服务开发接口，要求较强的横向扩展能力和高可用性能力，同时要求配置维护管理透明化。这类云计算服务的典型代表是 Salesforce。从 2007 年开始，Salesforce 提供 SaaS 的系统对外公开，用 Force 这个名称开始进入 PaaS 业务。在它所提供的 PaaS 服务里，采用与 Java 类似的语言 Apex 以及 Eclipse 开发平台，将整合的开发环境作为服务进行提供。

（3）IaaS。IaaS 是将基础设施作为一种服务提供给用户使用，包括处理器计算能力、存储空间、网络带宽和其他基本的计算资源。用户无须购买服务器、网络设备和存储设备，只需租用 IaaS 服务，即可部署和运行应用程序，其中包括用户的操作系统和各种应用软件。这些具体的基础设施的运行和维护由提供商进行，用户只需付费使用即可。IaaS 的典型代表有亚马逊的 EC2/S3 服务和 IBM 的 Blue Cloud。

目前，各大 IT 企业和电子商务企业都推出了或正在酝酿推出自己的云计算服务，较为成熟和应用较为广泛的主要有谷歌的云计算平台、微软的 Azure 服务平台、亚马逊的弹性计算云（Amazon EC2）以及 IBM 的 Blue Cloud 和 Sun Cloud 等。

3. 云计算的优点

云计算能够达到目前的热度，被各大企业和政府机构关注，并投入大量的人力、物力进行开发和利用，被视为科技界的下一次革命，与其具有的巨大优势和特点是分不开的。

云计算的优点主要体现在以下六个方面：

（1）经济实惠。因为数据计算、数据维护和数据存储都在云端进行，所以对于租用云计算服务的企业和用户来讲，无须再花大量的成本来建设和维护自己的数据中心，节约了一大笔高昂的设备购置费用，并且不用担心设备的淘汰和升级问题。

（2）方便易用。在云模式下，用户可以根据自己的需求和喜好来定制服务、应用和平台，而不必记住资源的具体位置，相关的资源存储在"云"中，用户在任何时间、任何地点都能以某种便捷、安全的方式获得"云"中的相关信息或服务。虽然"云"由大量的电脑组成，但对用户来说，只看到一个统一的"服务"界面，感觉就像使用本地电脑一样方便。

（3）资源整合。在传统模式下，各个企业和政府机构的信息化建设都是自己开发程序、购买服务器和建设计算中心，而这些设备往往大部分时间都是闲置的，且数字资源难以共享。而云计算本身就是对大量IT资源的整合，构成庞大的资源池，资源统一灵活调配。在云模式下，通过租用云计算服务，各自为政的信息资源建设模式将会彻底改变，全球资源可以高度整合，可以实现真正意义上的共享。不管是物理意义上的电脑资源还是数字信息资源，云计算对资源整合后再进行重新配置，发挥了更大的经济效益和社会效益。

（4）安全性更高。由于云计算服务商都是大型企业，因此有专业的团队来维护数据安全，比起以往中、小企业及个人用户自己维护数据安全，大大增强了资源的安全性和可靠性。同时，云计算使用数据多副本容错和计算节点同构技术，保障了服务的高可靠性，因此使用云计算比使用本地电脑更可靠。

（5）超强的计算能力。云计算服务商都具有相当大的规模，亚马逊、谷歌、IBM、微软、阿里巴巴和腾讯等公司的"云"均拥有数百万台服务器。云计算的这种大规模使其具有超强的计算能力，而用户通过租用这些云计算服务，也就相当于拥有了具备超强计算能力的计算中心。

（6）绿色环保。云计算的出现，将使无数企业不再需要建设自身的信息中心，完成一定量的计算任务所需使用的服务器数量比以前大大减少，为实现低碳经济和节能减排发挥了很大的作用。同时，通过虚拟机技术和虚拟化资源管理技术，实现了计算能力的自动伸缩扩展，对于无须使用的服务器，可以使其自动处于休眠状态，意味着减少热量的产生，节约电能，降低污染。因此，云计算拥有低能耗、低污染、高性能、高效益的品质，在全球倡导低碳经济之时，云计算成了"绿色"IT技术。

4. 云计算的关键技术

云计算的目标是以低成本的方式提供高可靠、高可用、规模可伸缩的个性化服务。为了达到这个目标，需要数据中心管理、虚拟化、海量数据处理、资源管理与调度、QoS（Quality of Service）保证、安全与隐私保护等关键技术加以支持。

5. 云计算开发语言与技术

云计算开发并没有新的专用语言，仍然使用C++、Java等面向对象程序设计语言。在云计算开发中一般会用到 Hadoop、OpenStack、Cloud Foundry 和 NoSQL 四项技术。

（1）Hadoop。Hadoop 是目前主流的大数据处理技术，并不是专门的云计算技术。但是云计算与大数据本身是分不开的，云计算技术必然产生大数据，因此在云计算中也常用 Hadoop 技术。

（2）OpenStack。OpenStack 是一个开源的云计算管理平台，是多个云计算虚拟化集群管理框架。由此，OpenStack 成为搭建云平台的重要技术，可以用来搭建公有云、私有云和混合云。

（3）Cloud Foundry。Cloud Foundry 也是一个开源平台，用来让云计算开发者选择云计算平台、云计算开发框架和应用服务。Cloud Foundry 最初由 WMware 发起，得到了业界的广泛支持，这使得云计算开发者能够更容易开发、测试、部署和扩展云应用。

（4）NoSQL。NoSQL 是 Not Only SQL 的简写，是较为低级的数据库管理系统。当下普遍使用的关系数据库管理系统是由 NoSQL 发展而来的。NoSQL 是数据关系不严谨的数据库管理系统，适应云计算和大数据的处理。

6. 云计算与移动电子商务

（1）云计算带来的新机遇。云计算应用于移动电子商务领域，将为众多移动电子商务企业的发展提供全新的技术基础和服务模式，尤其是中小企业将获得更廉价的资源、更广阔的发展机遇和更完善的服务。前瞻产业研究院的报告显示：云计算在我国尚处于市场导入阶段，但其发展的速度及影响力惊人。近年来云计算快速发展，艾媒咨询数据显示，2020 年全球云计算市场规模达到 2 245 亿美元。全球云计算市场空间巨大，且长期呈现稳定增长的趋势。云计算将给移动电子商务带来全面的历史发展机遇，主要体现在以下几个方面：

1）打破移动终端性能瓶颈。移动电子商务对终端的运算能力、信息传递和处理能力都有较高的要求，如果移动终端和移动通信网络无法可靠、安全地完成信息的传递和运算，那么移动电子商务就只是空谈。云计算恰恰解决了这些困扰，只要所有的移动终端都能顺利地接入"云"，移动终端之间的信息处理及传递、信息安全等问题都将迎刃而解。运用云计算的强大计算、处理和传输能力，移动终端的性能瓶颈将被彻底打破。

2）提供全新的 IT 资源部署模式。云计算移动电子商务模式将涵盖信息技术服务、营销和管理等各个业务领域，成为提供移动电子商务交易和移动电子商务服务的综合性平台。云计算下的 IaaS、PaaS、SaaS 服务模式，让企业不再需要建设自身的信息中心，无须再投入大量的资金和人力、物力来进行信息中心的开发和维护。这些工作都将交给云计算服务商来为企业量身定制，企业因此可以专注于自身的核心业务。此外，云计算让移动电子商务企业的核心数据也能得到更妥善、更完整、更安全的保存。

3）更加安全的数据存储模式。任何从事移动电子商务的中小企业都会为保证后台海量数据的安全而煞费苦心，但由于自身专业技术团队力量的薄弱，仍会频繁出现服务器被攻击、信息被窃取、数据被篡改等问题。而在云计算模式下，其数据存储的高度分散性、数据管理的高度集中性以及数据服务的高度虚拟化，将提供更加安全的数据服务。与此同时，云计算服务还会自动对数据进行统一管理、分配资源、均衡负载、控制安全，并进行可靠的安全实时监测。在某台服务器出现故障时，管理监测软件将利用克隆技术或在线数据迁移技术，将数据快速复制到其他服务器上，并启动新的服务器继续提供服务，以保证服务的高可用性、完整性和安全性。

4）提供商业智能级的经营决策模式。所谓商业智能（BI），是指利用相关决策分析工具，将企业中现有的数据转换为知识，帮助企业做出明智的业务经营决策。目前，大多数电子商务，包括移动电子商务企业，在商业智能领域遇到的困难主要来自以下几个方面：①随着用户数量的增加，产生的海量数据要求有更强大的数据存储和管理能力，同时需要更强大的数据挖掘能力，这样才能帮助企业做出明智的商业决策。②随着需求的不断变化和应用的复杂化、多样化，对商业智能的实时性要求也越来越高。这就需要移动电子商务企业后台具有更加快速、高效、稳健的运行性能，同时还应具有良好的扩展性。③高成本也是制约移动电子商务企业，尤其是中小移动电子商务企业发展商业智能的一个重要因素。

云计算所提供的大型数据中心，以及海量的数据存储、运算、分析、挖掘能力，为移动电子商务企业发展商业智能提供了良好的基础。而"租赁＋服务"的资源分配和交付模式，也为中小移动电子商务企业发展商业智能提供了巨大的成本优势。

（2）全新的移动电子商务模式构建。现阶段，将云计算运用于移动电子商务环境，构建新型的商务模式，其主要思想还是基于移动外包服务的应用。利用移动外包服务所提供的"按需分配"的能力，移动电子商务企业可以在需要的时候快速获得相关资源和服务，不但免去了移动电子商务企业自身前期建设和后期维护等方面的烦恼，而且服务提供商也能利用"云"同时为众多用户提供服务，实现更深层次的资源共享和技术外包服务。从目前云计算的应用发展趋势进行分析，基于云计算的移动电子商务模式构建将朝着以下几个方向发展：

1）基于"供应链云"的全程移动电子商务模式。利用分布在全球范围内的"云"，可以构筑一个庞大的"供应链云"系统，利用这个系统可以实现以供应链管理为核心的全程移动电子商务模式。在这种模式下，利用云计算提供安全、可靠的数据存储服务和运算处理，极大地降低了对用户移动终端设备的要求，可以轻松实现所有用户的数据共享和资源合理分配，并能在用户有需要时，及时提供几乎无限制的空间和服务。这些优势都将为全程移动电子商务实现资源整合、提供优质服务打下坚实的基础，具体模型如图2-7所示。

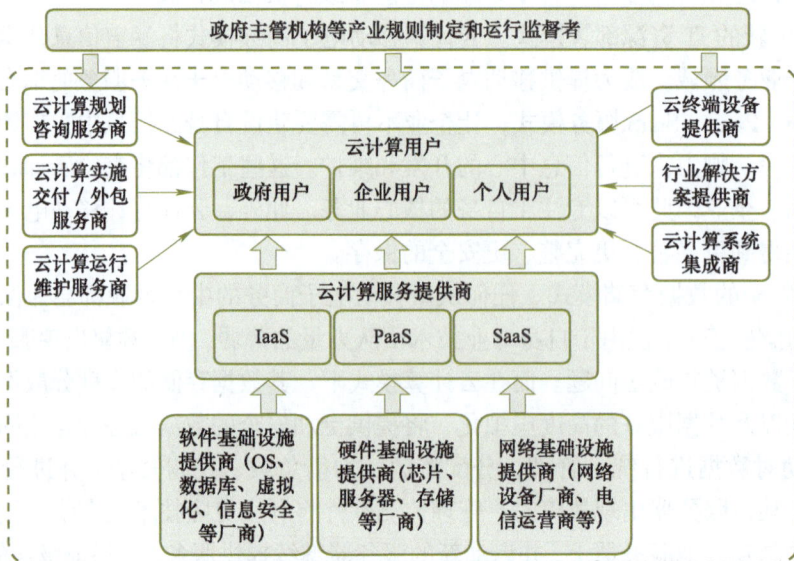

图2-7　基于"供应链云"的全程移动电子商务模式

在上述模型中，可将基于云计算的全程移动电子商务体系分为三层，分别为政府主管机构等产业规则制定和运行监督者；云计算用户（包括政府用户、企业用户、个人用户）；云计算服务提供商（IaaS、PaaS、SaaS）。供应链上下游企业产品或服务提供商分别为云计算用户和云计算服务提供商提供产品或支持服务，获得价值。

云计算服务提供商、云计算用户、政府主管机构及其各类产品及服务提供商（如云终端设备提供商、云计算系统集成商、软件基础设施提供商等）形成了一个全新的基于云计算的"供应链云"体系。该体系以整合企业资源为核心，以改善企业流程为焦点，以供应链和云计算管理为基本思想，在合理分工协作的基础上，充分使用已经建立的云计算平台服务，开展企业核心业务流程的建立与重组，利用强大的"供应链云"移动电子商务模式实现企业的战略目标。目前，如用友、金算盘、伟库等大型服务商都已经开始打造全程移动电子商务服务系统，基于"供应链云"的全程移动电子商务已经进入实践应用的阶段。

2）基于"移动云"的移动电子商务模式。随着"移动云计算""三网整合"等的发展，移动电子商务模式也将发生深刻变革。由于有了庞大的分布式"云"系统，其信息处理能力和运算效率等都会得到大幅度提高，而云计算为我们提供的"按需分配"的服务模式和4G/5G为我们带来的全新移动终端，将彻底打破移动电子商务存在的瓶颈。有了云计算，移动电子商务服务的安全将得到更好的保障，信息处理和数据传输也将变得更加简单。用户只要持有具备简单计算能力的移动终端，就可以随时随地接入为其提供服务的"云"，并及时、安全地获得移动电子商务平台的相关服务。

基于"移动云"的移动电子商务模式，不但解决了移动终端性能瓶颈的问题，还极大地提高了数据分享的便捷性和任务执行的高效性。在这种模式下，对手机等移动终端没有复杂的硬件性能要求，只要具备简单的跨系统平台就可以顺利连接"云端"，获取移动电子商务企业利用"移动云"所提供的信息和服务。

同时，移动电子商务企业自身也无须搭建复杂的移动电子商务平台，而只需要向云计算服务提供商申请租赁，就可以获取相应的"云服务"，从而快速实现其业务功能。"移动云"快捷高效的存储、运算、处理、共享能力，为移动电子商务的发展提供了全新的发展空间。

二、大数据

与云计算紧密相关的技术就是大数据技术。在互联网思维、互联网经济、移动互联和电子商务等新兴产业纷纷走上历史舞台的大背景下，越来越多的数据使得单纯扩展服务器硬盘容量、提升磁盘阵列性能等传统的存储数据的方式越来越不适应企业的实际需求，分布式计算平台也必然成为时代的新宠，大数据时代来临了，大数据分析行业也应运而生。

1. 大数据的概念

大数据（Big Data）又称为巨量资料，指的是所涉及的资料量规模巨大到无法透过目前主流软件工具，在合理时间内达到撷取、管理、处理并整理成为帮助企业经营决策的量化信息。大数据有4V特点，即Volume、Variety、Velocity、Veracity。大数据首先是指数据体量（Volume）大，指大型数据集，一般达到或超过10TB容量规模。但在实际应用中，很多企业用户把多个数据集合放在一起，已经形成了PB甚至EB、ZB级的数据量；其次是指数据类别（Variety）多，数据来自多种数据源，数据种类和格式日渐丰富，已冲破了以前所限定的结构化数据范畴，囊括了半结构化和非结构化数据；接着是数据处理速度（Velocity）快，在数据量非常庞大的情况下，也能做到数据的实时处理；最后一个特点是指数据的真实性（Veracity）高，随着社交数据、企业内容、交易与应用数据等新数据源成为移动电子商务时代企业的兴奋点，传统数据源的局限被打破，企业越发需要有效的数据信息，以确保其真实性和安全性。

2. 大数据技术

（1）数据采集。ETL 工具负责将分布的、异构数据源中的数据，如关系数据、平面数据文件等，抽取到临时中间层后进行清洗、转换和集成，最后加载到数据仓库或数据集市中，成为联机、分析处理和数据挖掘的基础。

（2）数据存取。关系数据库、NoSQL 和 SQL 等。

（3）基础架构。云存储和分布式文件存储等。

（4）数据处理。自然语言处理（Natural Language Processing，NLP）是一门研究人与电脑交互的语言问题的学科。自然语言处理的关键是要让电脑"理解"自然语言，所以自然语言处理又叫作自然语言理解（Natural Language Understanding，NLU），也称为计算语言学（Computational Linguistics）。一方面，它是语言信息处理的一个分支；另一方面，它是人工智能（Artificial Intelligence，AI）的核心课题之一。

（5）统计分析。假设检验、显著性检验、差异分析、相关分析、T 检验、方差分析、卡方分析、偏相关分析、距离分析、回归分析、简单回归分析、多元回归分析、逐步回归、回归预测与残差分析、岭回归、Logistic 回归分析、曲线估计、因子分析、聚类分析、主成分分析、因子分析、快速聚类法与聚类法、判别分析、对应分析、多元对应分析（最优尺度分析）和 Bootstrap 技术等。

（6）数据挖掘。分类（Classification）、估计（Estimation）、预测（Prediction）、相关性分组或关联规则（Affinity Grouping or Association Rules）、聚类（Clustering）、描述和可视化（Description and Visualization），以及复杂数据类型挖掘（Text、Web、图形图像、视频和音频等）。

（7）模型预测。预测模型、机器学习、建模仿真。

（8）结果呈现。云计算、标签云和关系图等。

3. 大数据分析技术

众所周知，大数据已经不简单是数据大的事了，而最重要的事是对大数据进行分析，只有通过分析才能获取很多智能的、深入的、有价值的信息。现在，越来越多的应用涉及大数据，而这些大数据的数量、速度、多样性等都在不断增长，呈现出复杂性，所以大数据的分析方法在大数据领域就显得尤为重要，可以说是决定最终信息是否有价值的决定性因素。基于此认识，大数据分析普遍存在的方法理论涉及以下五个方面：

（1）可视化分析（Analytic Visualizations）。大数据分析的使用者有大数据分析专家，同时还有普通用户，但他们二者对于大数据分析最基本的要求就是可视化分析，因为可视化分析能够直观地呈现大数据的特点，同时也非常容易被用户接受。

（2）数据挖掘算法（Data Mining Algorithms）。大数据分析的理论核心就是数据挖掘算法，各种数据挖掘的算法要基于不同的数据类型和格式，才能更加科学地呈现数据本身具备的特点。也正是因为有了这些被全世界统计学家所公认的各种统计方法，才能深入数据内部，挖掘公认的价值。另外，因为有这些数据挖掘的算法，才能更快速地处理大数据，如果一个算法得花上好几年才能得出结论，那大数据的价值也就无从说起了。

（3）预测性分析能力（Predictive Analytic Capabilities）。大数据分析最重要的应用领域之一就是预测性分析。从大数据中挖掘特点，通过科学地建立模型，然后便可以通过模型代入新的数据，从而预测未来的数据。

（4）语义引擎（Semantic Engines）。大数据分析广泛应用于网络数据挖掘。通过大数据分析，可以根据用户的搜索关键词、标签关键词或其他输入，分析并判断用户的潜在需求，从而实现更好的用户体验和广告匹配。

（5）数据质量和主数据管理（Data Quality and Master Data Management）。大数据分析离不开数据质量和主数据管理，高质量的数据和有效的数据管理，无论是在学术研究还是在商业应用领域，都能保证分析结果的真实性和价值性。

4. 大数据分析的作用

现阶段已经进入大数据时代初期，那么大数据意味着什么？它到底会改变什么？仅仅从技术角度来回答，已不足以解惑。大数据只是宾语，离开了人这个主语，它再大也没有意义。我们需要把大数据放在人的背景中加以透视，理解它作为时代变革力量的原因。

（1）大数据是变革价值的力量。一是体现在民生上，通过大数据让有意义的事变得透明，看我们在人与人的关系上，做得是否比以前更有意义；二是体现在生态上，通过大数据让有意义的事变得透明，看我们在自然与人的关系上，做得是否比以前更有意义。

（2）大数据是变革经济的力量。生产者是有价值的，消费者是价值的意义所在。有意义的才有价值，消费者不认同的，就卖不出去，就实现不了价值；只有消费者认同的，才卖得出去，才可以实现价值。大数据帮助我们从消费者这个源头识别意义，从而帮助生产者实现价值。这就是启动内需的原理。

（3）大数据是变革组织的力量 随着具有语义网特征的数据基础设施和数据资源发展起来，组织的变革就越来越显得不可避免。大数据将推动网络结构产生无组织的组织力量。最先反映这种结构特点的，是各种各样去中心化的 Web 2.0 应用，如 RSS、维基和博客等。大数据之所以成为时代变革的力量，在于它通过追随意义而获得智慧。

5. 大数据处理及开发技术简介

目前大数据处理的主流技术是 Hadoop、Spark 和 Elastic Stack。

（1）Hadoop。Hadoop 是一种分布式的数据基础设施，将巨大的数据分派到一个由多台电脑组成的集群的多个节点中进行存储，因此开发者不需要购置昂贵的服务器及存储设备。并且，Hadoop 具备索引和跟踪这些数据的能力，具有强大的大数据处理和分析效率。

（2）Spark。Spark 是专门对分布式存储的大数据进行处理的工具。它直接从集群中读取数据并进行处理，然后将结果写入集群，可以以接近实时的时间完成数据分析。

（3）Elastic Stack。Elastic Stack 致力于将结构化和非结构化数据实时用于搜索、日志记录和分析等用例。Elastic Stack 是开源日志处理平台，包含 Beats、Logstash、Kibana 和 Elastic Search 子框架，可配置 Elastic Search 和 Logstash 集群用于支持大集群系统的运维日志数据监控和查询。自诞生之日起，Elastic Stack 因处理速度快、实时而被迅速发展起来，如今已成为大数据日志处理的标准解决方案。

在进行大数据处理时，一般是 Hadoop、Spark 与 Elastic Stack 结合使用。尽管 Hadoop 自身提供 Map Reduce 的数据处理功能，但处理速度远不及 Spark。因此在大数据应用开发时，三者结合可以提高开发效率。

三、物联网

物联网概念的问世，打破了之前的传统思维。过去的思路一直是将物理基础设施和 IT 基础设施分开，一方面是机场、公路和建筑物，另一方面是数据中心、个人电脑和宽带等。而在物联网时代，钢筋、混凝土和电缆将与芯片和宽带整合为统一的基础设施，在此意义上，基础设施更像是一个新的地球，所以也有业内人士认为物联网与智能电网均是智慧地球的有机构成部分。

1. 物联网的概念

物联网（Internet of Things，IoT）也称为 Web of Things，是指通过各种信息传感设备或技术，如传感器、RFID 技术、GPS、红外感应器、激光扫描器、气体感应器等，实时采集任何需要监控、连接和互动的物体或过程，采集其声、光、热、电、力学、化学、生物和位置等各种需要的信息，与互联网结合而形成的一个巨大网络。其目的是实现物与物、物与人，所有的物品与网络的连接，方便识别、管理和控制，提供安全可控乃至个性化的实时在线监测、定位追溯、报警联动、调度指挥、预案管理、安全防范、远程维保、在线升级、统计报表、决策支持和领导桌面等管理和服务功能，实现对"万物"的"高效、节能、安全、环保"的"管、控、营"一体化。

物联网把新一代 IT 技术充分运用到各行各业之中，具体来说，就是把感应器嵌入和装备到电网、铁路、桥梁、隧道、公路、建筑、供水系统、大坝、油气管道等各种物体中，然后将物联网与现有的互联网整合起来，实现人类社会与物理系统的整合。在这个整合的网络中，存在能力超级强大的中心电脑群，能够对整合网络内的人员、机器、设备和基础设施实施实时的管理和控制。在此基础上，人类可以以更加精细和动态的方式管理生产和生活，达到"智慧"状态，提高资源利用率和生产力水平，改善人与自然间的关系。

毫无疑问，如果物联网时代来临，那么人们的日常生活将发生翻天覆地的变化。然而，若不谈隐私权和辐射问题，单把所有物品都植入识别芯片这一点现在看来还不太现实。人们正走向物联网时代，但这个过程可能需要很长的时间。

2. 物联网的关键技术

物联网是继互联网后又一次技术的革新，代表着未来电脑与通信的发展方向。这次革新也取决于一些重要领域的动态技术创新，从 RFID、EPC、传感技术到认知网络和云计算等。

（1）RFID、EPC 和传感技术。RFID 技术在前文已经介绍，这里不再赘述。EPC（Electronic Product Code）是一种编码及接口标准，专用于 RFID。传统的观点认为 EPC 是 RFID 中的一种技术标准，即 EPC 的载体是 RFID 电子标签。现今提到的 EPC 系统是在互联网、射频（RF）技术的基础上，利用 RFID 和无线数据通信等技术构造一个物品信息实时共享的网络。

传感器在弥合物理和虚拟世界差距方面发挥了关键作用，使得物体可以对自身环境的改变做出反应。一般认为，短距离的无线低功率通信技术最适合传感网络使用，称为无线传感网络（WSN）。无线传感网络具有无须固定设备支撑的特点，可以快速部署，同时具有易于组网和不受有线网络约束等特点。在无线传感器系统中，单个节点能够感应其环境，然后在本地处理信息，或通过无线链路将信息发送到一个或多个集结点。由于射频发射功率较低，因此每个节点的传输距离比较近。短距离传输使传输信号被窃听的可能性降到最低，同时还延长了电池的寿命，适用于物与物之间的联系。

（2）认知网络。物体本身加入智能化，通过下放信息处理能力给网络边缘来增强网络的功能，这样为数据处理和增加网络弹性提供了更大的可能性；赋予网络边缘事物独立处理和决定的能力；智能意味着机器能对外界的刺激信息做出反应并通过学习和规划做出决策来应对外界的变化，即能够模拟人类的一些智能活动，感知当前网络条件，然后依据这些条件做出规划和决策，并采取动作。

（3）云计算。物联网要求每个物体都与它唯一的标示符相关联，这样就可以在数据库中检索信息。因此需要一个海量的数据库和数据平台，以把数据信息转换成实际决策和行动。若所有的数据中心都"各自为政"，数据中心的大量有价值的信息就会形成信息孤岛，无法被有需求的用户有效使用。云计算试图在这些孤立的信息孤岛之间通过提供灵活、安全、协同的资源共享来构造一个大规模的、地理上分布的、异构的资源池。云计算是由软件、硬件、处理器加存储器构成的复杂系统。它按需进行动态部署、配置、重配置以及取消服务。在云计算平台中的服务器可以是物理的服务器或虚拟的服务器，其本质是由远程运行的应用程序（在"云"中）驻留在个人电脑和局部服务器。

物联网的实现还需要很多关键技术的支持，如接入网技术、体系结构、纳米技术、PAI技术、公共服务软件技术、寻址技术和路由技术等。互联网把人与所有的物体连接起来，物联网将人与人、人与物、物与物连接起来。虽然物联网的概念早在20多年前就有了雏形，但想要建立理想中的物联网还有很多技术需要完善，如安全、寻址、标准、接入方式和生物工程等。只有通过这些技术进步和出台统一的规范，才能获取一个公平和以用户为中心的物联网。

四、人工智能

1. 人工智能的概念

人工智能（Artificial Intelligence，AI）是研究、开发用于模拟、延伸和扩展人的智能的理论、方法、技术及应用系统的一门新的技术科学。人工智能是电脑科学的一个分支，它企图了解智能的实质，并生产出一种新的能以人类智能相似的方式做出反应的智能机器，该领域的研究包括机器人、语言识别、图像识别、自然语言处理和专家系统等。

人工智能的定义可以分为两部分，即"人工"和"智能"。"人工"比较好理解，有时我们会考虑什么是人力所能及制造的，或人自身的智能程度有没有高到可以创造人工智能的地步等；"智能"涉及其他诸如意识、自我、思维（包括无意识的思维）等问题。人工智能目前在电脑领域内得到了愈加广泛的重视，并在机器人、经济政治决策、控制系统、仿真系统中得到应用。2015年10月，谷歌旗下的深度学习团队Deepmind开发的人工智能围棋软件 AlphaGo，以 5:0 战胜了围棋欧洲冠军樊麾。这是人工智能第一次战胜职业围棋手。

在电子商务领域，导购服务、仓储物流往往需要耗费大量的人力、物力，由此带来的成本不容忽视。要想对这部分成本进行压缩，就必须大量使用机器来替代人工，而时下如火如荼的人工智能将会成为解决此问题的关键。当然，人工智能的应用不会局限于上述层面，它对电商行业的价值将是全方位的。

2. 人工智能应用于电商领域的价值

（1）人工智能有助于提升服务品质，降低人工成本。在行业日趋成熟的背景下，电商对服务体系的要求越来越高。举个简单的例子，用户在网购某些家电产品时，总希望能得到详尽、专业的解答，这一点正是传统实体店的优势，而如果人工智能足够强大，可以用智能客服替代人工客服来完成相关问题的解答，那么这必然会优化用户体验，实现服务品质的提升，因为这种服务方式不受时间、空间的限制，同时，也会降低相应的人工成本。

（2）仓储物流方面，人工智能大有用武之地。现如今，诸如阿里、京东等巨头正在加快无人机、无人仓的应用，这一点也符合人工智能的理念。在过去，仓储物流主要靠人来做，而现在，无人机可以根据提前设置好的路线智能运输货物，无人仓可以科学、合理地对包裹进行管理、分拣。这不仅降低了错误率，而且也节约了人力资源成本。

（3）人工智能有助于满足日益复杂的电商应用场景。当然，上面说的仓储物流属于相对单一的电商应用场景。实际上在电商运营的整个流程中，"最后一公里"的服务尤其重要，而且所面临的应用场景更为多元化。例如，在小区、写字楼、商场等不同的区域，"最后一公里"的服务性质、内容也截然不同。而在人工智能的帮助下，电商企业通过科学合理的分析、计算，有望推出适用于不同场景的解决方案，实现效率和成本的平衡。

（4）人工智能将"镜像"消费者喜好。人工智能对电子商务还有一个重要价值，就是"镜像"消费者喜好。简单来说，人工智能的相关技术就像是一面镜子，对于海量消费者的喜好、反馈等信息进行汇总、统计，然后进行画像。和一般的大数据分析所不同的是，人工智能具备一定的学习能力和思考能力，其分析出的结果往往更接近消费者的真实想法。这样，无论是商品的改进，还是服务的优化，都变得有迹可循。

现如今，人工智能已经步入快车道，而随着技术越来越成熟、应用越来越广泛，未来对电子商务的拉动作用也不容小觑，相信人工智能将成为电商变革的重要助推力。

五、区块链

2008 年 11 月 1 日，一个自称中本聪（Satoshi Nakamoto）的人在一个隐秘的密码学评论组上贴出了一篇研讨陈述，称为"区域链"，当时也称为"创世区块"。2009 年 1 月 3 日，中本聪在"创世区块"里留下一句永不可修改的话："The Times 03/Jan/2009 Chancellor on brink of second bailout for banks"（当时正是英国的财政大臣达林被迫考虑第二次出手缓解银行危机的时刻，因为英国正处于实施第二轮银行紧急援助的边缘）。这句话就是《泰晤士报》当天的头版文章标题。上面的语句包括当时正在发生的时间及其时间信息，这些信息就是因为运用区块链的时间戳服务和存在证明技术而被永久性地保留了下来。比特币公司 BTCC

于 2015 年推出了一项服务——"千年之链"，就是采用区块链原理进行刻字服务，用户可以通过这项服务将文字刻在区块链上，永久保存。

1. 区块链概述

广义来讲，区块链技术是利用块链式数据结构来验证与存储数据，利用分布式节点共识算法来生成和更新数据，利用密码学的方式保证数据传输和访问的安全，利用由自动化脚本代码组成的智能合约来编程和操作数据的一种全新的分布式基础架构与计算范式。狭义来讲，区块链是一种按照时间顺序将数据区块以顺序相连的方式组合成的一种链式数据结构，并以密码学方式保证的不可篡改和不可伪造的分布式账本。

区块链系统由数据层、网络层、共识层、激励层、合约层和应用层组成。

1）数据层封装了底层数据区块以及相关的数据加密和时间戳等技术。

2）网络层则包括分布式组网机制、数据传播机制和数据验证机制等。

3）共识层主要封装网络节点的各类共识算法。

4）激励层将经济因素集成到区块链技术体系中来，主要包括经济激励的发行机制和分配机制等。

5）合约层主要封装各类脚本、算法和智能合约，是区块链可编程特性的基础。

6）应用层则封装了区块链的各种应用场景和案例。

该模型中，基于时间戳的链式区块结构、分布式节点的共识机制、基于共识算力的经济激励和灵活可编程的智能合约是区块链技术最具代表性的创新点。

2. 区块链基本特征

（1）去中心化。由于使用分布式核算和存储，不存在中心化的硬件或管理机构，任意节点的权利和义务都是均等的，系统中的数据块由整个系统中具有维护功能的节点来共同维护。

（2）开放性。系统是开放的，除了交易各方的私有信息被加密外，区块链的数据对所有人公开，任何人都可以通过公开的接口查询区块链数据和开发相关应用，因此整个系统信息高度透明。

（3）自治性。区块链采用基于协商一致的规范和协议（如一套公开透明的算法）使得整个系统中的所有节点能够在去信任的环境中自由安全地交换数据，使得对"人"的信任改成了对机器的信任，任何人为的干预不起作用。

（4）信息不可篡改。信息一旦经过验证并添加至区块链，就会永久存储起来，除非能够同时控制住系统中超过 51% 的节点，否则单个节点上对数据库的修改是无效的，因此区块链的数据稳定性和可靠性极高。

（5）匿名性。由于节点之间的交换遵循固定的算法，其数据交互是无须信任的（区块链中的程序规则会自行判断活动是否有效），因此交易对手无须通过公开身份的方式让对方自己产生信任，对信用的累积非常有帮助。

3. 区块链分类

区块链一般分为公有区块链、行业区块链和私有区块链三类。

（1）公有区块链（Public Blockchains）。公有区块链是指世界上任何个体或者团体都可以用该区块链发送交易，且交易能够获得该区块链的有效确认，任何人都可以参与其共识过程。公有区块链是最早的区块链，也是目前应用最广泛的区块链。

（2）行业区块链（Consortium Blockchains）。行业区块链由某个群体内部指定多个预选的节点为记账人，每个块的生成由所有的预选节点共同决定（预选节点参与共识过程），其他接入节点可以参与交易，但不过问记账过程（本质上还是托管记账，只是变成分布式记账，预选节点的多少，如何决定每个块的记账者成为该区块链的主要风险点），其他任何人可以通过该区块链开放的 API 进行限定查询。

（3）私有区块链（Private Blockchains）。私有区块链仅仅使用区块链的总账技术进行记账，可以是一个公司，也可以是个人，独享该区块链的写入权限，本链与其他的分布式存储方案没有太大区别。

随着区块链的深入研究，其社会价值得到广泛认可，区块链作为一个独立的技术解决方案，其应用已经从单一的数字货币延伸到经济社会的各个领域。美国区块链科学研究所的创始人梅兰妮·斯万在专著《区块链：新经济蓝图及导读》中指出，如果说区块链 1.0 指货币，即应用中与现金有关的加密数字货币，如转账、汇款和数字支付系统等，那么区块链 2.0 指合约，如股票、债券、期货、贷款、智能资产和智能合约等更广泛的非货币应用；而区块链 3.0 在应用范围上更为宽广，即在政府、健康、科学、文化和艺术等方面都能有所应用。

▌岗位介绍　移动前端开发工程师▐ ------------------------------------

→ 岗位职责

1. 负责公司移动端产品的前端页面和交互设计的实现。
2. 负责公司各个产品的浏览器兼容性调试。
3. 根据公司产品发展方向，负责、参与新产品的开发。
4. 负责产品的页面制作及维护，根据设计图完成页面 HTML5 应用的编码。
5. 根据产品设计，利用 HTML5 相关技术开发网站、手机、平板电脑等多平台上的前端应用。
6. 协助后台程序员完成功能镶嵌和调试。

→ 任职资格

1. 具有一年以上 HTML5 工作经验，三年以上前端工作经验，熟悉 HTML5 特性，了解 HTML5 最新规范，能够熟练运用 HTML5 特性构建移动端 App。
2. 熟悉 JavaScript、Json、XML 和 HTML 5 等 Web 前端技术，熟练使用 JQuery Mobile 框架。
3. 熟悉 PhoneGap 等跨平台移动应用中间件框架，有实际使用经验者优先。
4. 熟悉交互设计，对可用性和可访问性等用户体验知识有相当的了解和实践经验。
5. 具备良好的服务意识、责任心、较强的学习能力、优秀的团队沟通与协作能力，能承受一定的工作压力。
6. 有微信公众平台开发经验者优先。

实训项目三　二维码制作及应用

一、实训目标

（1）了解不同的二维码及其应用场景。

（2）掌握移动电子商务应用中不同种类的二维码制作方法。

（3）掌握二维码编辑及个性化方法。

（4）能够使用二维码进行移动营销。

二、实训环境

4G/5G Android 或 iOS 智能手机，开通 4G/5G 网络或连接 Wi-Fi。

三、实训背景知识

自从二维码出现以后，二维码似乎一夜之间渗透到了我们生活的方方面面，地铁广告、报纸、火车票、飞机票、快餐店、电影院、团购网站以及各类商品外包装上总能看到大量二维码。二维码的火爆预示着移动营销时代的到来，二维码营销是指通过对二维码图案的传播，引导消费者扫描二维码，来推广相关的产品资讯、商家推广活动，刺激消费者进行购买行为的一种新型营销方式，目前也是比较受欢迎的一项推广营销方式。因此，很多免费的二维码制作软件应运而生，图2-8所示的是草料二维码生成器界面。本实训旨在从二维码营销的角度出发，为读者深度解密二维码，并详细介绍二维码的具体实操方法，从中挖掘出二维码的真正潜能。

实训任务如下：

● 制作文本功能二维码。

● 制作网址二维码。

● 制作文件二维码。

● 制作图片二维码。

● 制作音视频二维码。

● 制作名片二维码。

● 制作微信二维码。

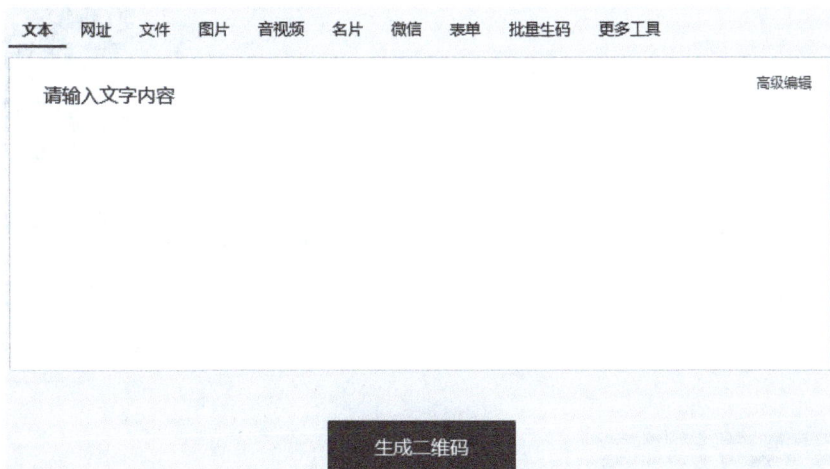

图2-8　草料二维码生成器界面

四、实训指导

1. 制作文本功能二维码

（1）输入网址"https://cli.im"进入"草料二维码"页面，在上面菜单栏单击"文本"，输入想要展示的内容，这里输入"移动电子商务发展趋势"，输入文字完成后，直接单击下方按钮"生成二维码"生成相应文本二维码，如图2-9所示。

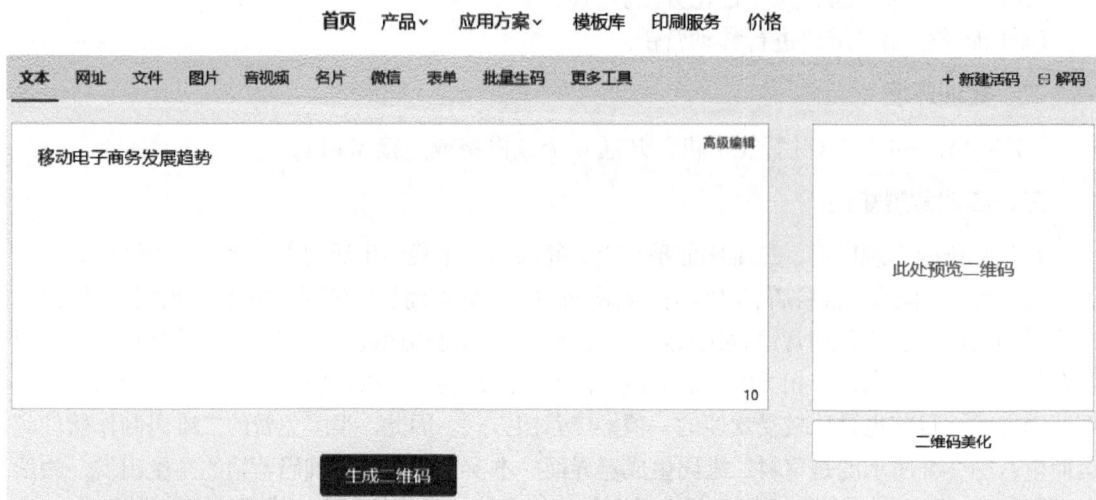

图2-9 制作文本二维码

（2）如果单击右边的"下载图片"按钮，可以将该二维码保存为图片形式，用于文本、海报和图片广告等营销设计中，如图2-10所示。当然，还可以再次对二维码进行美化，如图2-11所示。

图2-10 生成二维码

图 2-11　美化二维码

（3）用手机微信的"扫一扫"功能扫描该二维码，产生的扫描结果为"移动电子商务发展趋势"，如图 2-12 所示。

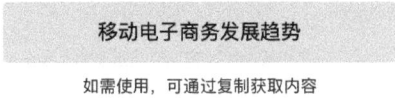

以下扫码的内容并非微信提供，请谨慎辨别信息

移动电子商务发展趋势

如需使用，可通过复制获取内容

图 2-12　手机扫描生成的文本二维码后还原的文本信息

2. 制作其他功能的二维码

按照"1. 制作文本功能二维码"的方法制作其他功能的二维码（网址二维码、文件二维码、图片二维码、音视频二维码），其中网址二维码制作效果如图 2-13 所示。

使用手机扫描该二维码，将打开该网站：https://www.wtc.edu.cn。

文件二维码、图片二维码、音视频二维码的制作和上述文本二维码和网址二维码类似。

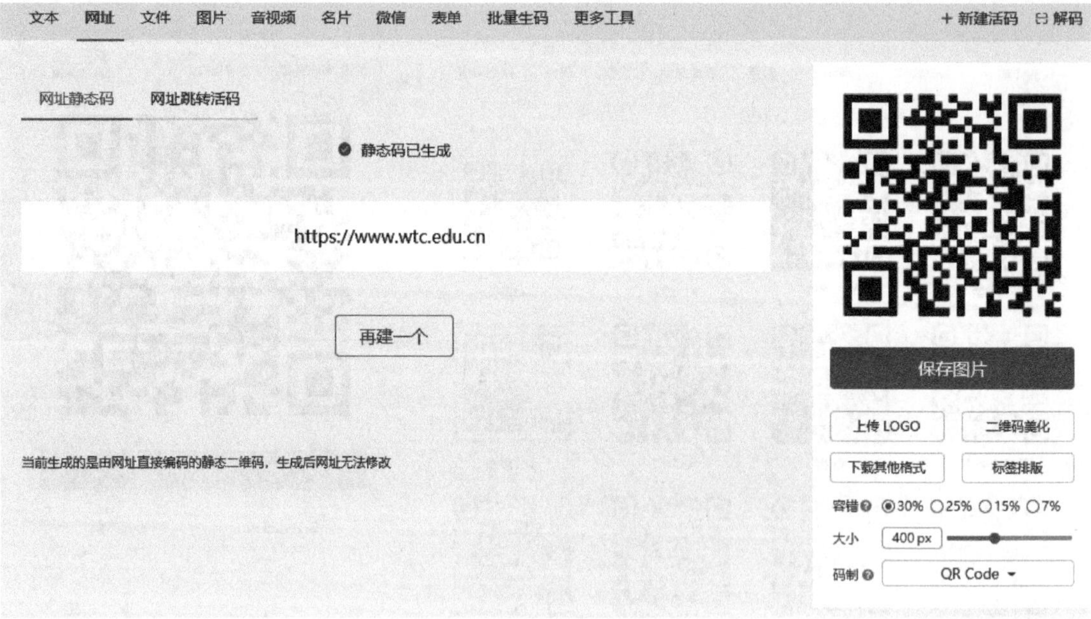

图 2-13　网址二维码制作效果

3．制作名片二维码

（1）单击名片菜单栏后，输入个人名片二维码的相关信息，如姓名、手机、头像等，如图 2-14 所示，然后单击生成二维码，如图 2-15 所示。

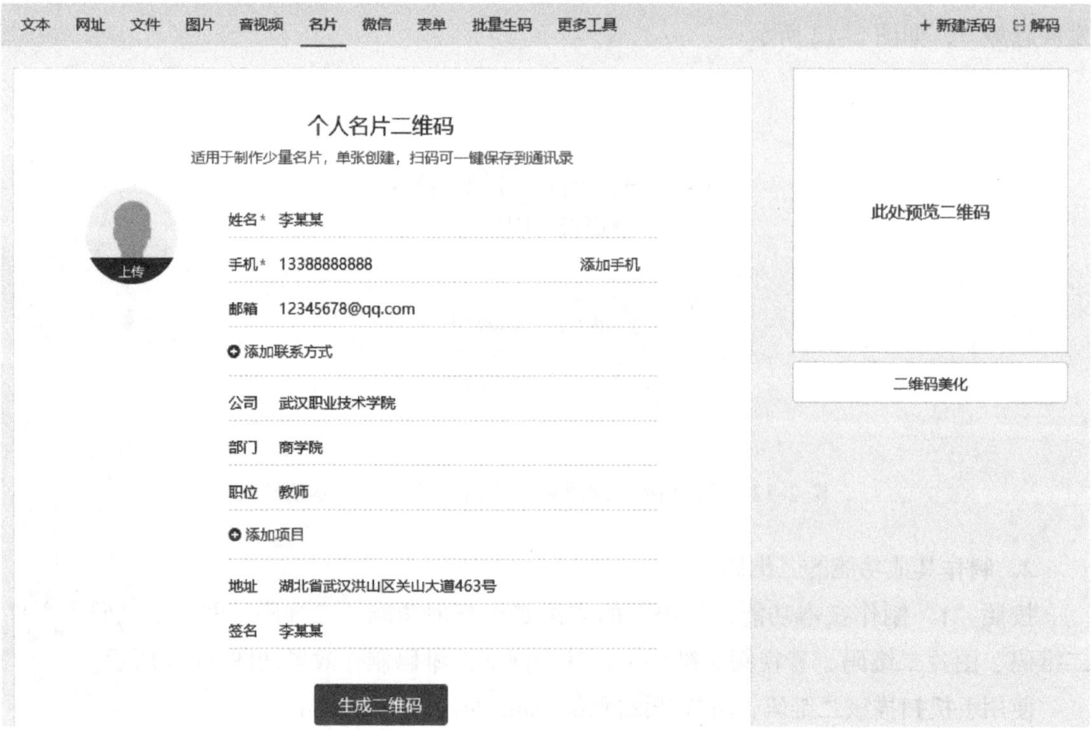

图 2-14　制作名片二维码

图 2-15　名片二维码生成

（2）使用手机扫描该二维码，将打开该名片，也可以保存到通讯录中，如图 2-16 所示。

图 2-16　手机扫描生成的二维码名片

4．制作微信二维码

（1）可以制作公众号二维码，也可以制作个人微信号的二维码。公众号二维码中可美化微信二维码样式，自定义添加 logo 和文字，修改颜色等，如图 2-17 所示。

图 2-17　生成公众号二维码

（2）个人账号二维码可以选择上传二维码图片，也可以摄像头扫描，如图 2-18 所示。生成二维码后也可以和公众号二维码一样美化个人账号二维码。

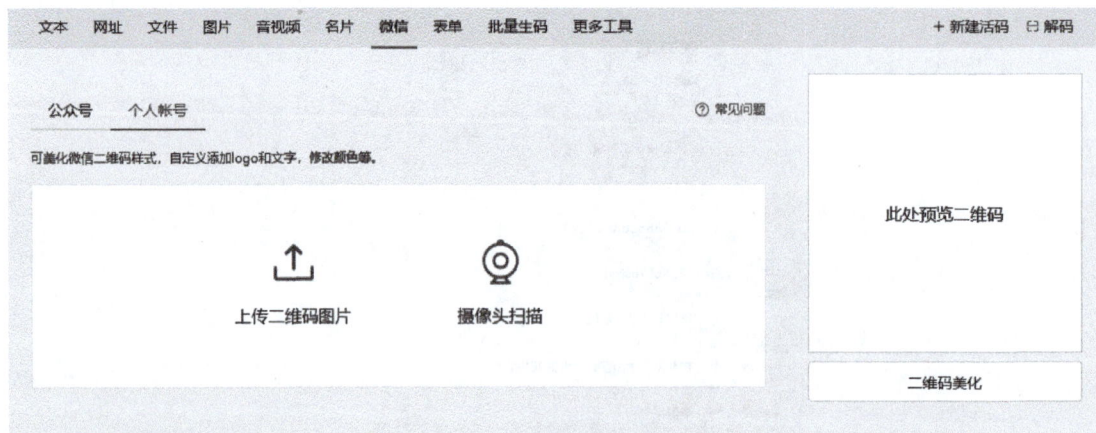

图 2-18　生成个人账号二维码

实训项目四　基本的移动 Web 网页制作

一、实训目标

（1）了解移动 Web 页面设计技术的发展现状。

（2）掌握 HTML5 和 CSS3 的新增标记及属性用法。

（3）能够使用 HTML5 和 CSS3 设计手机 Web 页面。

二、实训环境

（1）连接互联网的个人电脑，安装 Windows7 或 Windows10 操作系统，安装 Dreamweaver 和高版本浏览器。

（2）4G/5G Android 或 iOS 智能手机，开通 4G/5G 网络或连接 Wi-Fi。

三、实训背景知识

HTML5 技术已成为新一代的 Web 技术标准，在近几年改变了整个 Web 应用领域的游戏规则（如实现移动电子商务应用的本地化，摆脱对 Flash 和 Silverlight 等浏览器插件的依赖），它在给移动 Web 应用带来无限可能性的同时，还能带来更快、更好、更炫的用户体验。CSS3 也将为移动电子商务 Web 开发带来革命性的影响，很多以前需要 JavaScript 和 Ajax 框架才能实现的复杂效果（如多背景、圆角、3D 动画等），现在使用 CSS3 就能简单地实现，极大地提高了移动网页设计人员的开发效率。本实训项目是使用 HTML5 和 CSS3 技术设计简单的移动电子商务页面，并在手机中浏览，效果如图 2-19 所示。

图 2-19　手机页面设计参考效果

实训任务如下：
- 准备页面素材。
- 使用 HTML5 标记及属性设计手机页面结构。
- 使用 CSS3 设计页面效果。
- 在电脑和手机浏览器中进行浏览。

四、实训指导

1．准备页面素材

本实训中的手机网页素材包括页面描述文字、图片和视频三个部分，先建立一个站点文件夹 mobilepage，在 mobilepage 中再建立一个 images 文件夹，将上述准备好的文件都放在 images 文件夹中，如图 2-20 所示。

mobilepage ▸ images

body-bg.jpg   nav-bar-bg.png   takemetoyourh
eart.mp4   takemetoyourh
eart.webm   vv.jpg

图 2-20　准备页面素材

其中，body-bg.jpg 是页面背景图片；nav-bar-bg.png 是导航条分割线；takemetoyourheart.mp4 和 takemetoyourheart.webm 是视频文件；vv.jpg 是页面 banner。

2．使用 HTML5 标记及属性设计手机页面结构

建立一个 HTML5 网页文件，保存文件 index.html，使用 Dreamweaver 或记事本设计页面结构，代码如下：

```
<!doctype html>
<html>
<head>
<meta charset="utf-8">
<meta name="viewport" content="width=device-width; initial-scale=1.0">
<title> 手机网站首页示例 </title>
</head>
<body>
<div id="pagewrap">
<header id="header">
    <hgroup>
        <h1 id="site-logo"><a href="#"> &times; &times; 数码 </a></h1>
        <h2 id="site-description"> 站点描述 </h2>
    </hgroup>
    <nav>
        <ul id="main-nav" class="clearfix">
            <li><a href="#"> 首页 </a></li>
            <li><a href="#"> 数码商城 </a></li>
            <li><a href="#"> 技术服务 </a> </li>
            <li><a href="#"> 数码论坛 </a></li>
        </ul>
    </nav>
    <form id="searchform">
        <input type="search" id="s" placeholder=" 搜索 ">
    </form>
</header>
    <div id="content">
    <article class="post clearfix">
```

```
            <header>
                <h1 class="post-title"><a href="#">xxxx 介绍 </a></h1>
                <p class="post-meta">
                    <time class="post-date" datetime="2021-12-15" pubdate>
                        2021-12-16
                    </time> <a href="#"> 宝贝列表 </a>
                </p>
            </header>
            <figure class="post-image">
                <img src="images/vv.jpg" />
            </figure>
            <p>
```

　　xxxx 运动型摄像机为您提供专业的外观和拍摄风格，是婚礼、企业交流和教育机构的理想选择。这款摄录一体机重量轻，便于携带，其肩扛式整体设计意味着您的客户一眼就能看出您的专业精神。可以按高清和标清格式直接录制到可移动存储卡或 32GB 内置存储卡，从而增强工作流程灵活性。与内置存储卡和记忆卡相结合，支持 " 接力记录 " 和 " 同步记录 " 等录制功能。使用索尼的 L 系列 InfoLithium 电池 NP-F970（选配）时，该摄像机可连续记录长达 14 小时，非常适合婚礼或商务会议等想要一直录制的场合。xxxx 运动型摄像机是理想的入门级产品，适用于几乎任何类型的非线性工作流程。该流程是极为经济高效的 DVD 和蓝光内容生产套装，足以灵活地表达您的创意并满足客户的要求

```
            </p>
            <h3> 视频演示 </h3>
            <video class="video" controls>
                <source src="images/takemetoyourheart.mp4">
                    <source src="images/takemetoyourheart.webm">
            </video>
        </article>
    </div>
    <aside id="sidebar">
        <section class="widget">
            <h4 class="widgettitle"> 宝贝列表 </h4>
            <ul>
                <li><a href="#"> 数码相机 </a> (3)</li>
                <li><a href="#"> 数码摄像机 </a> (23)</li>
                <li><a href="#"> 数码配件 </a>(18)</li>
            </ul>
        </section>
        <section class="widget clearfix">
            <h4 class="widgettitle"> 店铺热销 </h4>
            <ul>
                <li><a href="#"> &times; &times; &times; &times; 相机 </a> </li>
                <li><a href="#"> &times; &times; &times; &times; 摄像机 </a> </li>
                <li><a href="#"> &times; &times; &times; &times; 存储卡 </a></li>
            </ul>
        </section>
    </aside>
    <footer id="footer">
      <p>2015-2021&copy; &times; &times; &times; &times; 数码版权所有
        <a href="#"> 公司介绍 </a>
      </p>
    </footer>
    </div>
    </body>
</html>
```

使用 Dreamweaver 建立 HTML5 手机页面结构，如图 2-21 所示。

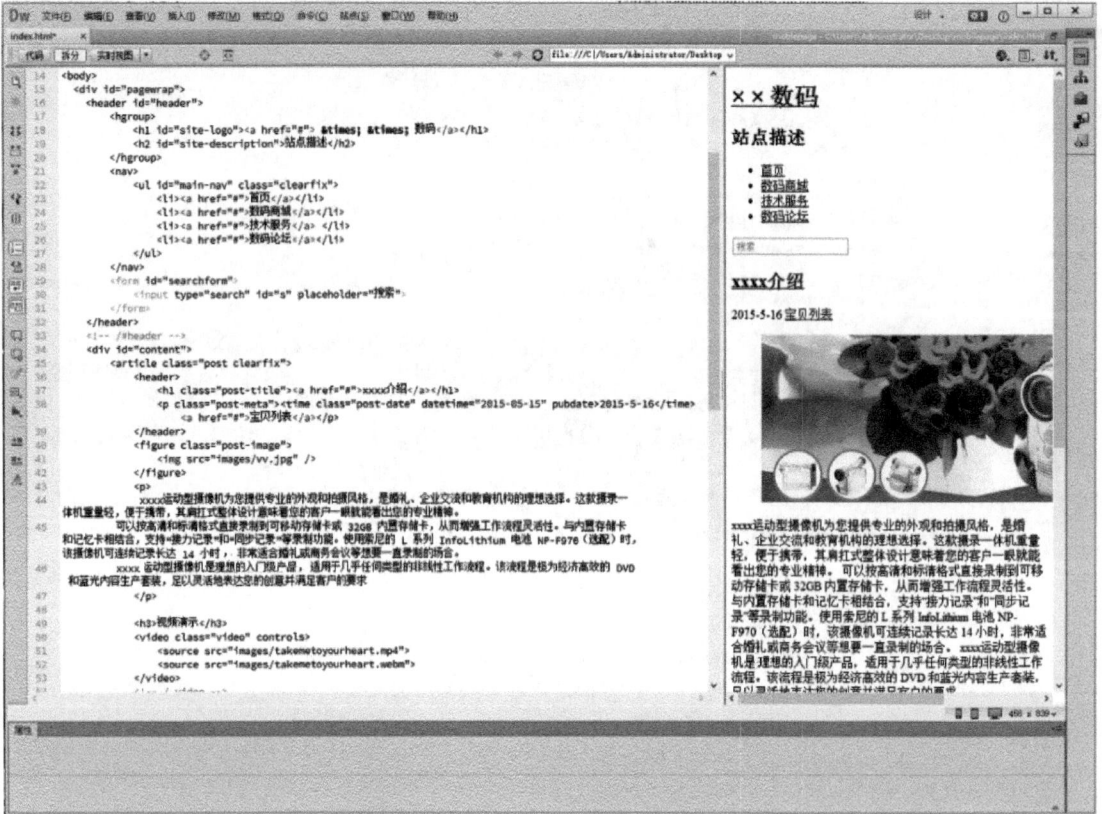

图 2-21 在 Dreamweaver 下设计手机页面

3. 使用 CSS3 设计页面效果

（1）建立样式表文件 style.css 和 media-queries.css，放在站点文件夹 mobilepage 中，如图 2-22 所示。

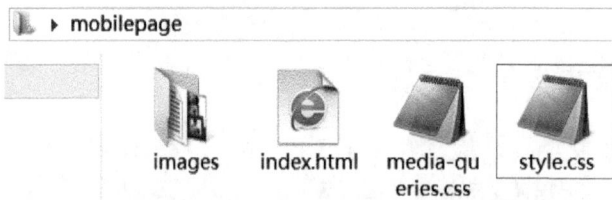

图 2-22 站点目录结构及 CSS 文件存放位置

（2）使用 Dreamweaver 或记事本设计 style.css，代码如下：

```
/***************************************************************
RESET
***************************************************************/
html, body, address, blockquote, div, dl, form, h1, h2, h3, h4, h5, h6, ol, p, pre, table, ul,dd, dt, li, tbody, td, tfoot,
th, thead, tr, button, del, ins, map, object,
a, abbr, acronym, b, bdo, big, br, cite, code, dfn, em, i, img, kbd, q, samp, small, span,
strong, sub, sup, tt, var, legend, fieldset {
  margin: 0; padding: 0;}
```

```
img, fieldset {border: 0;}
img {max-width: 100%; height: auto; width: auto\9; /* ie8 */ }
article, aside, details, figcaption, figure, footer, header, hgroup, menu, nav, section {
    display: block;}
/****************************************************************
GENERAL STYLING
****************************************************************/
body {
  background: #0d1424 url(images/body-bg.jpg) no-repeat center top;
  font: .81em/150% 微软雅黑 Light，宋体 ; color: #666;}
a { color: #026acb; text-decoration: none; outline: none;}
a:hover {text-decoration: underline;}
p { margin: 0 0 1.2em; padding: 0;}
ul, ol {margin: 1em 0 1.4em 24px; padding: 0; line-height: 140%;}
li {margin: 0 0 .5em 0; padding: 0;}
h1, h2, h3, h4, h5, h6 {line-height: 1.4em; margin: 20px 0 .4em;
    color: #000; font-family: 微软雅黑 Light;}
h1 {font-size: 2em; }
h2 {font-size: 1.6em; }
h3 {font-size: 1.4em; }
h4 {font-size: 1.2em; }
h5 {font-size: 1.1em; }
h6 {font-size: 1em;  }
input[type=search] {outline: none; }
input[type="search"]::-webkit-search-decoration,
input[type="search"]::-webkit-search-cancel-button {display: none; }
/****************************************************************
STRUCTURE
****************************************************************/
#pagewrap {width: 980px; margin: 0 auto; }
/****************************************************************
HEADER
****************************************************************/
#header {position: relative; height: 160px; }
/* site logo */
#site-logo {position: absolute; top: 10px; }
#site-logo a {font: 30px/100% 微软雅黑 ; color: #fff; text-decoration: none;}
#site-description {
  font: italic 100%/130% 宋体 ; color: #eee; position: absolute; top: 55px; }
#searchform { position: absolute;right:10px;bottom: 6px;z-index: 100;width: 160px;}
#searchform #s { width: 140px; float: right;background: #fff;border:none;padding: 6px 10px;
  border-radius: 5px; box-shadow: inset 0 1px 2px rgba(0,0,0,.2); transition: width .7s;
}
/****************************************************************
MAIN NAVIGATION
****************************************************************/
#main-nav { width: 100%;background: #ccc;margin: 0; padding: 0; position: absolute;
  left: 0; bottom: 0; z-index: 100;
  background: #6a6a6a url(images/nav-bar-bg.png) repeat-x;
  background: linear-gradient(-90deg, #b9b9b9, #6a6a6a);
  border-radius: 8px; box-shadow: inset 0 1px 0 rgba(255,255,255,.3), 0 1px 1px rgba(0,0,0,.4); }
#main-nav li { margin: 0; padding: 0; list-style: none; float: left; position: relative; }
```

```
#main-nav li:first-child { margin-left: 10px; }
#main-nav a { line-height: 100%;font-weight: bold;color: #fff;display: block;padding: 14px 15px;
  text-decoration: none;  text-shadow: 0 -1px 0 rgba(0,0,0,.5);
  font: 1em/110% 微软雅黑 Light; }
#main-nav a:hover {color: #fff;background: #474747;
  background: linear-gradient(-90deg, #282828, #4f4f4f); }
/*******************************************************************
CONTENT
*******************************************************************/
#content {
  background: #fff;margin: 30px 0 30px;padding: 20px 35px;width: 600px;float: left;
  border-radius: 8px; box-shadow: 0 1px 3px rgba(0,0,0,.4); }
.post {margin-bottom: 40px; }
.post-title { margin: 0 0 5px; padding: 0; font:  26px/120% 微软雅黑 ; }
.post-title a {text-decoration: none; color: #000; }
.post-meta {margin: 0 0 10px; font-size: 90%; }
.post-image { margin: 0 0 15px; }
/*******************************************************************
SIDEBAR
*******************************************************************/
#sidebar {width: 280px;float: right; margin: 30px 0 30px; }
.widget {background: #fff; margin: 0 0 30px; padding: 10px 20px;
  border-radius: 8px; box-shadow: 0 1px 3px rgba(0,0,0,.4); }
.widgettitle {margin: 0 0 5px;padding: 0; }
.widget ul { margin: 0; padding: 0; }
.widget li { margin: 0; padding: 6px 0; list-style: none;
  clear: both;border-top: solid 1px #eee; }
.widget .flickr_badge_image {margin-top: 10px; }
.widget .flickr_badge_image img {width: 48px;height: 48px;margin-right: 12px;
  margin-bottom: 12px;   float: left; }
/*******************************************************************
FOOTER
*******************************************************************/
#footer {clear: both;color: #ccc;font-size: 85%; }
#footer a {color: #fff;}
/*******************************************************************
CLEARFIX
*******************************************************************/
.clearfix:after { visibility: hidden; display: block; font-size: 0; content: " "; clear: both; height: 0; }
.clearfix { display: inline-block; }
.clearfix { display: block; zoom: 1; }
```

（3）使用 Dreamweaver 或记事本设计 media-queries.css，代码如下：

```
.video  { width: 100%; height: auto; min-height: 300px; }
#pagewrap {width: 95%;}
#header {height: auto; }
#searchform {position: absolute; top: 5px;right: 0; z-index: 100;height: 40px; }
#searchform #s {width: 70px; }
#searchform #s:focus {width: 150px; }
#main-nav {position: static; }
#site-logo {margin: 15px 100px 5px 0; position: static; }
#site-description {margin: 0 0 15px; position: static; }
```

```
#content {width: auto; float: none; margin: 20px 0; }
#sidebar {width: 100%; margin: 0; float: none; }
#sidebar .widget {padding: 3% 4%; margin: 0 0 10px; }
@media screen and (max-width: 480px) {
html {-webkit-text-size-adjust: none; }
#main-nav a {font-size: 90%; padding: 10px 8px; }
```

（4）使用 Dreamweaver 或记事本设计在 index.html 页面文件中增加并链接上述样式文件的代码，放在 <head> 标记中，代码如下（粗体部分）：

```
<!doctype html>
<html>
<head>
<meta charset="utf-8">
<meta name="viewport" content="width=device-width; initial-scale=1.0">
<title> 手机网站首页示例 </title>
<!-- main css -->
<link href="style.css" rel="stylesheet" type="text/css">
<!-- media queries css -->
<link href="media-queries.css" rel="stylesheet" type="text/css">
</head>
<body>
<div id="pagewrap">
……
```

4．在电脑和手机浏览器中进行浏览

在电脑的浏览器中的预览效果如图 2-23 所示，在手机浏览器中的预览效果如图 2-24 所示。

图 2-23　手机页面在电脑中的浏览效果　　图 2-24　手机页面在手机中的浏览效果

思考与练习

1. 移动电子商务常用的基础技术有哪些？
2. LBS 对于移动营销有什么意义？
3. 物联网与移动电商的关系是什么？
4. 小米手机的成功是基于什么模式？试分析其发展前景。
5. 分析区块链技术对移动电子商务的影响。
6. 根据学过的知识和通过上网（或其他途径）查阅资料，对案例导引进行分析。

职 业 提 示

中国北斗卫星导航系统

20世纪90年代，国际局势复杂多变，美国 GPS、俄罗斯格洛纳斯已完成全球组网，牢牢占据先发优势。人们愈发强烈地意识到，拥有自己的卫星导航系统是多么重要，但当时我国经济实力、技术基础还比较薄弱，又赶上国外最严密的技术封锁。面对内外交困的境遇，党中央毅然决策：尽最大力量、最大可能建设自己的卫星导航系统，从现实国情出发，实施"三步走"发展战略。

党的十八大以来，习近平总书记曾多次提出"推动构建人类命运共同体""一带一路"倡议。这些重要理念，传递了一个世界大国助力全球经济社会发展的夙愿和担当，也为北斗卫星导航系统的世界化进程擘画了蓝图、注入了动力。

2017年，北斗三号系统开启全球组网新征程。两年半时间，北斗成功发射18箭30颗卫星，提前半年完成覆盖全球、服务全球的既定目标，创造了世界卫星导航领域组网发射新纪录。

近年来，随着服务能力的增强，北斗卫星导航系统积极融入世界事务、履行国际职责，先后进入多个国际组织标准，被国际民航组织认可为全球卫星导航系统四大"核心星座"之一。

中国的北斗，也是世界的北斗。新时代，作为我国一张亮丽名片，中国北斗将为构建人类命运共同体、推动人类社会发展做出新的更大贡献。

职业素养：培养并践行社会主义核心价值观；树立自主创新精神，培养科技自信。

Module 3

模块三

移动支付与移动商务安全管理

学习目标

- ◎ 能够说明移动支付的主要技术架构。
- ◎ 能够正确进行移动支付。
- ◎ 能够解决基本的移动商务安全问题。
- ◎ 能够深入分析移动支付对于电子商务的意义。
- ◎ 自觉贯彻落实习近平法治思想，在移动电子商务经营中切实做到遵纪守法。

模块三导读

案例导引

上海首例篡改移动端支付案

四名90后青年仅仅通过自学网络技术，入侵移动支付客户端，篡改后台数据，致使先后有多家网站被"黑"，损失高达300余万元。记者从上海市公安局网安总队了解到，这是上海市首例篡改移动端支付数据"黑客"案，受到波及的有相同移动支付端后台系统的彩票、电影和游戏网站。

2015年初，上海某彩票代理网站发现，后台被人恶意转账，损失140万余元，随即向公安机关报案。徐汇警方调查发现，该公司移动端网络支付数据被黑客篡改。随着调查的深入，公安部门发现遭遇黑客袭击的还有某知名电影票代理网站，被骗取价值160余万元的电影票，以及某知名游戏网站，被骗取近万元游戏币。

徐汇公安分局网安支队办案民警表示，黑客在彩票代理网站注册账户，充值1元后，利用黑客手段，可将其账户金额篡改成10万元，随后少部分用于购买彩票，其余大部分提现套取现金。办案民警说："我们发现，被攻击的网站后台支付代码是明码传输，没有加密，黑客们正是利用了这一漏洞。他们在彩票网站的App上一共篡改后台数据7次，第一笔5000元，最后一笔88万元，总共是140余万元，彩票网站在一周后发现并报案。"

而在电影票代理网站，黑客同样通过篡改票价数据，以每次1分钱价格兑换电影票，再通过QQ群或者论坛低价出售电影票套现。经过侦查，徐汇警方最终锁定黑客身份，并将犯罪嫌疑人贾某、李某等四人抓获。澎湃新闻获悉，四人均为90后，通过网络自学黑客软件，而后分批操作实施犯罪。据警方介绍，传统的电脑网页支付，由于发展较早，企业采取的防范升级已经较为完善。相比之下，移动端支付仍存在一定的漏洞，这也是上海首次发现类似的新型诈骗。

随后，公安部门已向上海相关网站进行了案件通报，要求相关企业要注重网站系统安全等级提升，加强短期内大额交易审核力度，一旦发现异常要及时报警，案件同时也已上报公安部。

警方提醒一：不盲目扫二维码

喜欢网购的朱女士在某网店看中了一件毛衣。拍下衣服后，店主就通过网络和她联系，说她订购的毛衣目前没货，就发了一个二维码，让朱女士扫码后重新挑选一款。这一扫不得了，隐藏在二维码中的木马病毒导致手机中招，网银中的18万元全部被盗走。

如今二维码已覆盖到生活中的方方面面，一些消费者希望通过"扫一扫"得到实惠，没想到反而陷入了骗子设下的陷阱。警方提醒，要养成良好的二维码使用习惯，在扫描二维码前一定要确认该码是否出自官方和正规的网站，对于一些来路不明的二维码，不要盲目扫描。警方提醒，下载手机App应用安全软件，查杀、屏蔽二维码病毒侵入手机。同时，可以考虑为网银设置每日最高交易限额，并开通绑定手机提醒功能，尽量避免资金被盗。

警方提醒二：不轻易进网站

市民黄某上网购买机票时，通过搜索登录某航空公司网站，购买低折扣机票被骗人民币116.6万元。本案中，犯罪嫌疑人挂售低折扣机票引被害人"上钩"，利用搭建的钓鱼网站假冒该航空公司网站骗取钱财。警方提醒，在登录一些网站，特别是消费类网站时，不要搜索到就轻易进入，要熟记常用网址，自己输入地址栏进入或收藏常用网站网页从收藏夹直接进入，也不要轻易单击陌生人发来的广告链接。

警方提醒三：不随意蹭网

要提高个人信息的保护意识，不做盲目的"蹭网族"，在无法确认 Wi-Fi 安全性的情况下不要进行网上银行交易。黑客常常会在公共场所提供一个与商家名字类似的 Wi-Fi 热点，且无须密码验证登录，一旦连入，个人信息就可能会被黑客截取，进而可能导致钱财损失。警方提醒，机场、星巴克、肯德基、麦当劳等公共场所提供 Wi-Fi 热点均需通过短信获取上网验证码才能登录上网，一般公共场所提供 Wi-Fi 热点也需使用密码登录，而非法 Wi-Fi 热点一般可直接登录，不需要输入用户名和密码。同时，在公共场所上网时尽量不要使用网银支付或上网购物，以免造成进一步损失。

单元一　移动支付概述

移动支付是移动电子商务不可或缺的重要环节。移动支付的安全问题乃至移动电子商务整个流程的安全是保障移动电子商务健康发展的重要基石。在习近平法治思想的指导下，《网络安全法》《电子商务法》《个人信息保护法》等与移动支付和移动电子商务安全相关的赋能法规陆续出台，并且做到"科学立法、严格执法、公正司法、全民守法"，切实为移动电子商务保驾护航。移动电子商务的主要优点之一就是能够实现随时随地的商务处理，方便、快捷是其特点，这就要求移动电子商务的支付方式也应该同样表现出方便、快捷的特点。可以想象，当我们利用手机等在公交车上上网订购火车票，却因现场无法支付而带来诸多不便，将是怎样的心情呢？支付处理的不便或效率不高带来的必然结果，是客户对所谓的移动电子商务兴趣大减。可见，移动支付处理得不好将直接影响移动电子商务的拓展。移动支付是移动电子商务的重要环节，也是移动电子商务得以顺利发展的基础条件。

一、移动支付的含义

没有适宜的电子支付手段的配合，移动电子商务就成了真正意义上的"虚拟商务"，只能是电子合同，而不能成交。移动支付可以定义为借助移动终端设备（如手机、平板电脑和 PDA 等），对所消费的商品或服务进行账务支付的一种服务方式。移动支付是移动金融服务的一种，必须安全可靠，也应该属于电子支付与网络支付的更新方式，主要支持移动电子商务的开展。移动设备可用于多种付款情况，如图 3-1 所示，可以购

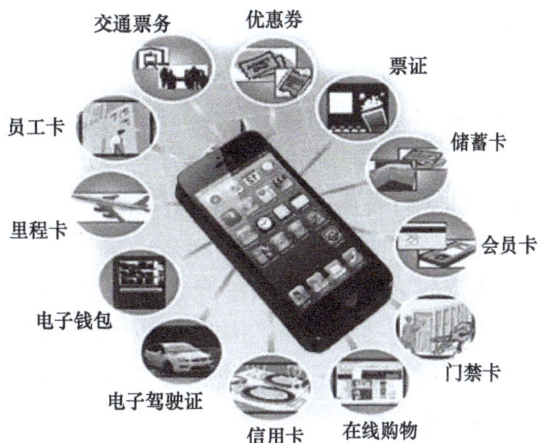

图 3-1　移动支付的场景

买数字产品（铃声、新闻、音乐、游戏等）和实物产品、公共交通（公共汽车、地铁、出租车等）、生活缴费（水、电、煤气、有线电视等）、现场消费（便利店、超市等）。移动支付可以在移动设备、自动售货机、票务机、POS 机等多种移动与固定终端上实现。例如，中国招商银行的手机银行服务（Mobile Banking Service）就包括移动支付的业务，可查询和缴纳手机话费以及水、电、煤气等各类日常费用，也可直接用手机完成商户消费的支付结算，是当今继信用卡之后广泛应用的支付手段之一。

二、移动支付流程

移动支付与普通支付的不同之处在于交易资格审查的过程有所不同，移动支付需要移动网络运营商及所使用的浏览协议（如 WAP 和 HTTP、信息系统 SMS 或 USSD 等）支持。在流程上，移动支付与一般的支付行为没有太大的区别，都要涉及四个环节：消费者、出售者、发行方和收款方。其中，发行方和收款方都应该是金融机构，如图 3-2 所示。

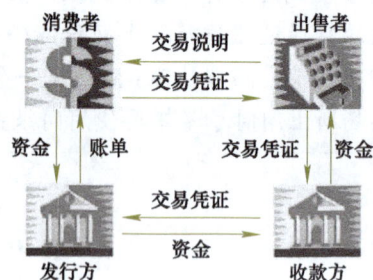

图 3-2　移动支付流程

（1）购买请求。消费者可以对准备购买的商品进行查询，在确定了准备购买的商品后，通过移动通信设备发送购买请求给商业机构。

（2）收费请求。出售者（商业机构）在接收到消费者的购买请求后，发送收费请求给支付平台。支付平台利用消费者账号和这次交易的序列号生成一个具有唯一性的序列号，代表这次交易过程。

（3）认证请求。支付平台必须对消费者和内容提供商账号的合法性及正确性进行确认。支付平台把消费者账号和内容提供商账号信息发送给第三方信用机构，第三方信用机构再对账号信息进行认证。

（4）认证。第三方信用机构把认证结果发送给支付平台。

（5）授权请求。支付平台在收到第三方信用机构的认证信息后，如果账号通过认证，则支付平台把交易的详细信息，包括商品或服务的种类和价格等发送给消费者，请求消费者对支付行为进行授权。如果账号未能通过认证，则支付平台把认证结果发送给消费者和商业机构，并取消本次交易。

（6）授权。消费者核对完交易细节后，发送授权信息给支付平台。

（7）收费完成。支付平台得到了消费者的支付授权后，开始在消费者账户和内容提供商账户之间进行转账，并且记录转账细节。转账完成后，传送收费完成信息给商业机构，通知其交付消费者商品。

（8）支付完成。支付平台传送支付完成信息给消费者，作为支付凭证。

（9）交付商品。商业机构在得到收费成功的信息后，把商品交给消费者。

以上所讨论的流程是一种成功支付的方式，即消费者、出售者、金融机构能在支付网关的支持下进行移动支付。如果在其中某一步发生错误，则整个流程就会停滞，并且系统会立刻向用户发出消息。

三、移动支付的发展

移动支付最早出现于20世纪90年代初的美国，近年来，移动支付产业发展迅速，并得到了用户的广泛认可。

1. 国外的移动支付发展

日本、韩国主要通过手机支付一些小额商品，如在购买饮料等方面做得比较出色，而欧洲在停车缴费、POS机捆绑方面做得较好。为了推动移动支付业务的发展，2003年2月，欧洲的Orange、Telefonica Moviles、T-Mobile和Vodafone等多家运营商和软件开发商以及银行联合成立了移动电子支付联盟，让移动支付业务提供者、商家以及银行能够在一个开放的、相互兼容的公共品牌下提供移动支付业务。商家可以从中得到的好处是能够同时接触到全球的用户。软件和解决方案提供商将通过购买技术接口来开发移动支付产品和业务，以此得到好处。运营商则将有标准的、有效的管理商家关系的手段和工具。该联盟在随后的两个月内吸引了80多家企业，主要包括Nokia、Mastercard、Visa、Oracle、NTT DoCoMo、JCB等公司。

2. 移动支付的业务演变轨迹

从移动支付的业务种类来看，电子化产品由于不需要物流支撑，因此很适合采取移动支付的方式；公用事业产品由于处于垄断地位，因此往往只有一个产品提供者，利用移动支付来缴费的谈判成本较低。这两类业务构成了移动支付发展初期的主导业务。从业务特点来看，小额电子化产品的支付成为移动支付业务发展的起点，逐渐向大额和实物的方向发展。所以，移动支付业务的发展将遵循如下演变轨迹：首先，在小金额、电子化的产品领域取得突破；继而在交易安全方面取得突破；由于技术的进步和产业的逐渐成熟，商场和超市将大量装备移动支付终端；最后，移动支付几乎可以购买任何商品。

移动支付作为电子支付的先进方式，正在世界范围内不断发展，是个具有巨大潜力的产业。移动支付对于用户具有便捷和快速的特点，伴随移动终端普及率的不断提升，移动支付有着广泛的用户基础。在国外，现在比较重要的移动支付有Paypal、Amazon Payments、Google Wallet、Android Pay、Apple Pay、CashU和MOLPay等。

3. 中国的移动支付发展历程

现在在移动支付领域，中国可以说是独领风骚。中国的移动支付最早出现在1999年，由中国移动与中国工商银行、招商银行等金融企业合作，在广东等一些省市开始进行移动支付业务试点。通过该业务，客户可以在手机上实现银行账户的理财和支付功能。虽然这一业务由于种种原因未能取得成功，但它打开了移动通信和金融业务结合的大门，为移动支付业务发展铺垫了道路。进入21世纪以来，中国移动支付产业的发展历程如下：

（1）2002～2004年。国外移动支付的快速发展给中国市场展示了该服务的美好前景。移动运营商尝试性地推出一些移动支付服务，如彩票的投注、自动售货机零售商品的购买、E-mail服务费代收等。但是由于刚刚开始涉及移动支付服务，因此，这个时期的移动支付市场还是一个业务导入阶段。

（2）2004～2007年。2004年下半年以来，若干主要的第三方移动支付运营商的业务有大量增长的趋势，使得移动支付业务的地域覆盖范围越来越广，产业链中的其他环节也越来越积极地寻求合作机会。2005年，移动支付用户数达到1 560万人，同比增长134%，占移动通信用户总数的 4%，产业规模达到 3.4 亿元；2007 年，由于产业链的成熟、用户消费习惯的形成和基础设施的完备，移动支付业务迎来了产业规模快速增长的拐点。这个时期的移动支付市场是地域扩展阶段。

（3）2007～2009 年。此阶段是移动支付服务的商业模式探索阶段，在此期间，产业主导者不清晰，金融机构和移动运营商的议价能力相当有限，产业实际投入力度较低，用户体验较差。因为国内信用体系和安全保障问题并未得到实质性解决，用户通过移动支付购买的物品和服务并不丰富，并没有带来真正的便捷。尽管如此，由于电子商务的普及以及人们对消费支付新的需求，这个时期移动支付市场的规模增长还是十分惊人的，2009 年上半年，我国手机支付用户总量突破 1 920 万户，实现交易 6 268.5 万笔，支付金额达 170.4 亿元。这个时期是移动支付产业的规模成长期。

（4）2009～2014 年。此阶段是移动支付服务的稳定发展阶段。在日益激烈的竞争压力下，移动运营商和金融机构为了增强业务吸引力，纷纷拓展更广泛的服务内容和支付通道。3G 网络覆盖区域的扩大和网络优化的持续，以及移动支付服务内容的不断丰富，加之不断改善的硬件环境，用户体验不断提升，越来越多的用户开始使用该服务。同时，早期进入该市场的第三方支付平台和内容服务提供商的成功吸引了越来越多的参与者。监管政策的完善，商业模式的创新有效地平衡了价值链上各环节的利益，促进了价值链的良性发展。

（5）2015 年至现在。此阶段是第三方移动支付高速发展阶段。在此阶段 NFC 支付占得先机，但二维码支付后来居上。从 2013 年开始，支付宝和微信支付的扫码支付覆盖了航旅、游戏、团购、B2C 行业等数十万家网站商户。除了对消费者的补贴，支付宝和微信支付对于服务商的返利补贴也是大手笔，由此积累了海量用户。由此，第三方移动支付已经变成了大众的支付习惯，正逐步取代现金成为主流的支付方式。此时，第三方移动支付市场进入成熟期，支付宝、财付通占据绝大部分市场份额。

现在，国内用得最多的移动支付方式，主要包括远程支付、二维码支付和近场支付。远程支付是指通过移动网络，利用短信、GPRS 等空中接口和后台支付系统建立连接，实现各种转账和消费等支付功能的支付方式。二维码支付是一种基于二维码技术和账户体系搭建起来的新一代无线支付方案，就是现在流行的扫码支付。近场支付是指通过具有近距离无线通信技术的移动终端实现信息交互，进行货币资金转移的支付方式，即通过 NFC 等技术实现支付。

我国移动支付引领全球，截至 2020 年 12 月，我国手机网络支付用户规模达 8.53 亿，占手机网民的 86.5%，移动支付交易额达到 340 万亿元。支付宝、微信支付迅猛发展，移动支付替代了大量的小额现金支付。移动支付应用场景非常广泛，主要包括：支付卡类应用的银行卡、加油卡、停车卡、公交卡，消费卡类应用的优惠券、折扣券，票务类应用的飞机票、火车票；移动支付产业链包括了金融机构、电信运营商、第三方支付平台等。得益于以电子商务（特别是移动电子商务）为代表的网络经济的兴起，近年来我国移动支付行业发展迅速，用户规模不断扩增、使用率不断提升。

4. 中国的移动支付发展趋势

随着 4G/5G 技术的普及，中国移动互联网迅速崛起。移动互联时代颠覆了桌面互联网时代的人类生产和生活的方式，创造了新的信息传播模式和商业模式。手机网民的庞大基数，是移动支付发展的必要基础。"得入口者得用户"，拥有了用户便拥有了价值变现的可能。

移动支付未来的变现方式有多种，如在大数据时代，利用海量的用户支付数据，可以了解用户的消费偏好、消费能力和消费种类，以此为基础进行精准营销，可以获得任何时代都无法企及的高性价比营销收入。由于移动支付战略位置的重要性，因此也成为各商家争夺的重点。未来移动支付的发展趋势不可逆转，具体表现在以下几个方面：

（1）金融机构向全方位转变。作为资金流动服务的载体，支付业务是金融机构的核心业务之一，而快捷的移动金融服务能增加客户忠诚度。金融机构发展移动支付具备两大优势：①作为用户金融活动的中心，管理庞大的资金链，在支付清算管理上独占优势；②金融机构拥有大量客户的数据与安全信息，并已经与用户建立了信任关系。手机银行被视作发展移动支付服务的重要载体，已经在其基础上搭建远程支付与电子商务等功能，成为移动金融的重要组成部分。在移动互联网时代，各大金融机构不仅要面对同业间的竞争，还要受到由于资质牌照门槛的降低而进入的第三方支付企业和运营商的冲击。因此，出于内外竞争的考虑，发展移动支付业务，向全方位金融发展，才能使金融机构在未来竞争中获得优势。

（2）运营商规避被管道化。对于运营商来说，要摆脱当前管道化处境，解决网络运营效益下降的问题，除了对运营体制进行更大幅度的革新，摆脱惯性思维，审视自身定位之外，还需依靠拓展新型业务寻找突破口。移动支付业务能够为运营商带来新的市场空间，通过开展非传统电信业务，获得新客户群，增加市场份额，同时带来交叉销售机会，扩大收入增长，使运营商从通信管道业务转向服务平台业务。运营商在移动支付领域的先天优势来自对智能终端与网络的控制。移动支付对运营商来说是个重大的机遇，因此三大运营商均成立了支付业务子公司，以尽早完成移动支付业务布局，抢占市场。

（3）移动互联网第三方支付迈入金融领域。对于移动互联网第三方支付企业来说，线上互联网的优势格局已基本成形，而支付闭环的构建是O2O实现的关键。从互联网电商端转向移动端的趋势是互联网第三方移动支付企业的重大机遇。互联网第三方移动支付的优势有两方面：一是通过电商以及社交网络所积累的庞大活跃用户群体，能够更好地介入整个消费流程；二是除了提供支付以及收款功能之外，第三方支付能够使商户更接近消费者，提供如商户会员管理以及精准大数据分析等服务，帮助商户更好地了解其客户，而此附加价值是传统以POS为核心的金融体系所无法提供的。也因此，互联网第三方支付的核心竞争力在于客户服务以及业务创新。目前，互联网第三方支付不仅从传统金融业与运营商抢夺客户和利润，同时也正向纵深领域渗透。

（4）数字人民币孕育新的商业模式。2020年我国多个城市启动数字人民币红包试点，让人们近距离地了解数字人民币形态。当下的数字人民币正呈现出对多种支付技术的包容性，足够安全、能够识别用户身份的支付技术都逐渐应用于数字人民币，其中包括可视卡、碰一碰标签、指纹卡、可穿戴设备等一系列新旧支付技术。但数字人民币的服务支撑者如何获得收益一直未有明确的模式，但不可否认，数字人民币会逐渐孕育新的商业模式。

单元二　移动支付体系

自2011年第三方支付牌照下发以来，央行已累计发放200多张支付机构牌照，支付主体多元化，业务范围多元化，具体涵盖互联网支付、移动电话支付、银行卡收单、预付卡发行与受理、货币汇兑等众多支付业务类型。从本质上来看，移动支付是通过移动网络与金融系统相结合，将移动通信网络作为实现手机支付的工具和手段，为用户提供商品交易、缴费和银行账号管理等金融服务的业务。移动支付的实质是资金的转移，核心是支付账户，介质是移动终端（如手机等）。移动支付就是允许用户使用其移动终端（通常为手机），对所消费的商品或服务进行账务支付的一种服务方式。移动支付按业务模式可以分为手机银行、手机钱包、第三方移动支付、二维码支付、NFC支付等，这也是一种常见的分类形式。

一、手机银行

手机银行又称为"移动银行"，即通过移动通信网络将客户的手机连接至银行，实现通过手机界面直接完成各种金融理财业务的服务系统。用户将手机号和银行卡账户进行绑定，在进行银行卡账户管理、转账汇款、缴费业务、手机股市、基金业务、外汇业务、黄金业务、银期转账、信用卡还款等金融服务时，无须至银行排队，只要用手机发送相应短信，经系统识别确认后，便可直接从银行卡账户划款支付。手机银行是货币电子化与移动通信业务的结合，以无线通信技术为手段，在人们应用无线通信手段进行信息交流的基础上，将银行业务应用到手机功能中，使手机银行真正成为人们身边的银行。无论什么样的银行业务，都要有移动支付系统作为重要的技术支撑。手机银行所提供的功能如图3-3所示（以工商银行为例），这使得人们随时随地都可以通过手机终端完成日常的支付业务。

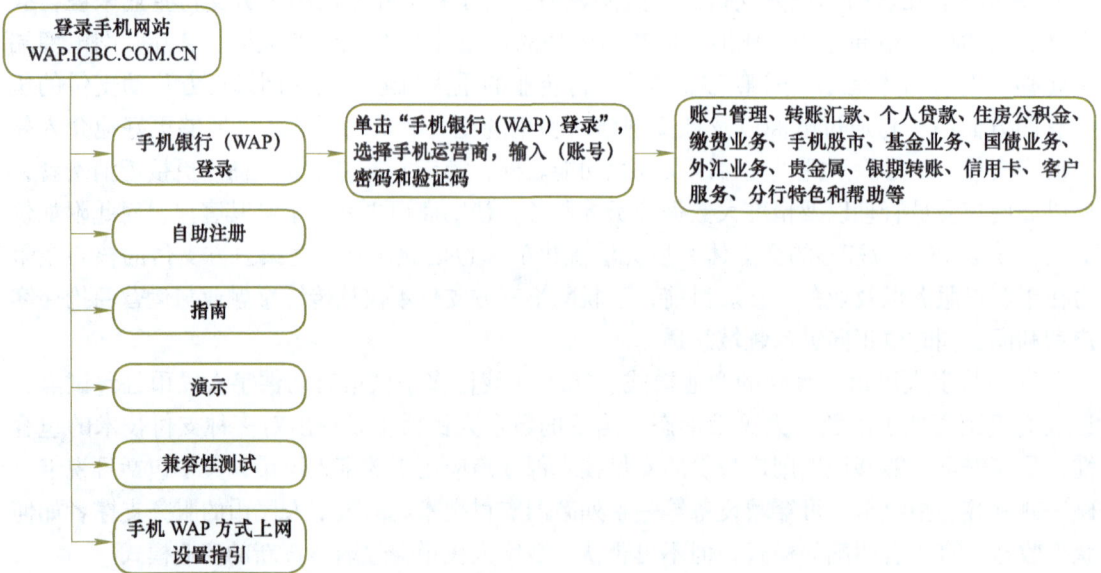

图3-3　工商银行手机银行业务流程

在我国，很多商业银行都推出了手机银行业务，如中国工商银行、中国农业银行等就可通过WAP形式进行账户管理、投资理财（基金、证券、黄金、外汇）、缴费业务、信息查询等金融服务。还可通过短信进行账户查询、转账汇款、缴纳话费、网上购物支付和手机捐款。图3-4显示了手机银行的小额支付流程。

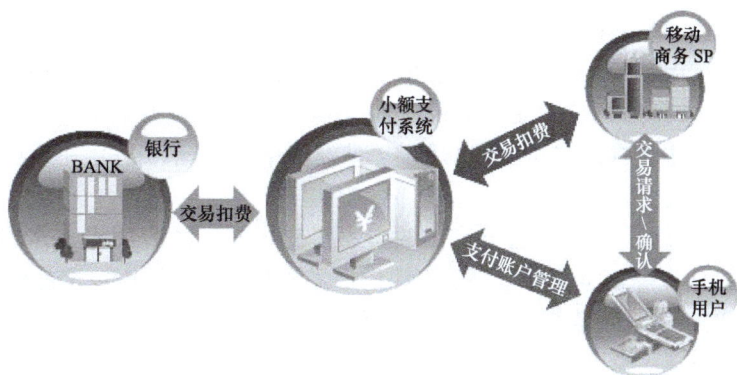

图 3-4　手机银行小额支付流程

二、手机钱包

手机钱包是综合了支付类业务的各种功能的一项服务，它是以银行卡账户为资金支持、手机为交易工具的业务，就是将用户在银行的账户和用户的手机号码绑定，通过手机短信息、IVR、WAP 等多种方式，用户可以对绑定的账户进行操作，实现购物消费、转账和账户余额查询，并可以通过短信等方式得到交易结果通知和账户变化通知。

中国移动率先推出了手机钱包业务，中国移动手机钱包是中国移动和银行系统合作推出的为客户提供移动金融服务的业务。这项业务的主要功能就是通过将用户的手机号码和其银行信用卡账户进行绑定，使用户通过手机就能随时随地对其银行信用卡账户进行查询以及转账、缴费、交易等支付操作。实际上，手机钱包并非中国的独创，国外很早就已经开始了这方面的尝试和商业应用。很多欧美国家已经在小型购物、支付交通费用和购买水电等方面引入了手机钱包方式，在一些地区，手机钱包甚至已经占据了与现金支付和信用卡支付同等重要的位置，成为最流行的支付方式之一。

手机银行和手机钱包的主要区别如下：

（1）手机钱包由移动运营商与银行合资推出，以规避金融政策风险；手机银行由银行联合移动运营商推出，移动运营商为银行提供信息通道，它们之间一般不存在合资关系。

（2）手机钱包需要建立一个额外的移动支付账户，而手机银行只需要原有的银行卡账号。

（3）手机钱包主要用于支付，特别是小额支付；而手机银行可以看作银行服务方式的升级，利用手机银行，用户除了可以进行支付，还可查询账户余额和股票、外汇信息，完成转账、股票交易、外汇交易和其他银行业务。

三、第三方移动支付

随着智能手机的普及，移动互联网已成为人们日常生活不可或缺的一部分，为移动支付的推广和普及提供了良好的基础。2011 年，央行发放首批第三方支付牌照，第三方支付自此获得合法地位。自 2013 年以来，余额宝投资、春节抢红包、打车等众多消费场景深刻影响了人们的互联网支付行为，第三方移动支付行业也嵌入了更多生活场景，人们越来越习惯于这种支付方式。在我国，支付宝、财付通和微信支付在第三方移动支付中处于支配地位。

1. 支付宝

支付宝成立于2004年12月,致力为用户提供"简单、安全、快速"的支付解决方案,当前已经成为全球领先的第三方支付平台,自2014年第二季度开始成为当前全球最大的移动支付厂商。支付宝主要提供支付及理财服务,涉及网络支付、转账、信用卡还款、手机充值、水电煤缴费、个人理财等多个领域。

支付宝手机客户端是支付宝官方推出的集手机支付和生活应用于一体的手机软件,通过加密传输、手机认证等安全保障体系,为用户提供随时随地使用淘宝交易付款、手机充值、转账、信用卡还款、水电煤缴费等功能。支付宝主要在iOS、Android设备上使用。

2. 财付通与微信支付

(1)财付通。财付通(Tenpay)是腾讯公司于2005年9月正式推出的专业在线支付平台,其核心业务是帮助在互联网上进行交易的双方完成支付和收款,致力为互联网用户和企业提供安全、便捷、专业的在线支付服务。个人用户注册财付通后,即可在京东等数十万家购物网站轻松进行购物。财付通支持全国各大银行的网银支付,用户也可以先充值到财付通,享受更加便捷的财付通余额支付体验。财付通与京东、腾讯QQ、微信有着很好的融合,按交易额来算,财付通排名第二,仅次于支付宝。

财付通手机客户端是财付通官方推出的集支付和生活化应用于一体的手机支付软件。经过手机证书、安全键盘、支付密码、业务和传输两层加密等保障体系,用户可在无线网络中体验财付通带来的各类优惠、打折等服务。财付通是持有互联网支付牌照并具备完备的安全体系的第三方支付平台。

(2)微信支付。微信支付是由腾讯公司知名移动社交通信软件微信及第三方支付平台财付通联合推出的移动支付创新产品,旨在为广大微信用户及商户提供更优质的支付服务,微信的支付和安全系统的维护由腾讯财付通提供支持。

用户只需在微信中关联一张银行卡,并完成身份认证,即可将装有微信App的智能手机变成一个全能钱包,之后购买合作商户的商品及服务,用户只需在自己的智能手机上输入密码,无须任何刷卡步骤即可完成支付,整个过程简便流畅。

四、二维码支付

二维码支付是一种基于账户体系搭建起来的新一代无线支付方案。在该支付方案下,商家可以把账号、商品价格等交易信息汇编成一个二维码,并印刷在各种报纸、杂志、广告、图书等载体上发布。用户通过手机客户端扫描二维码,便可实现与商家账户的支付结算。最后,商家根据支付交易信息中的用户收货地址、联系资料,进行商品配送,完成交易。

早在20世纪90年代,二维码支付技术就已经形成,其中,韩国与日本是使用比较早的国家。二维码支付在我国也逐步普及,其形成背景主要与我国IT技术的快速发展以及电子商务的快速推进有关。IT技术的日渐成熟,推动了智能手机、平板电脑等移动终端的诞生,这使得人们的移动生活变得更加丰富多彩。与此同时,国内电商也与"移动"紧密相关,尤其推动了O2O的发展。有了大批的移动设备,也有了大量的移动消费,支付成本就变得尤为关键。因此,二维码支付解决方案便应运而生。2010年年底,互联网上广泛流传二维码及相关技术,标志着国内二维码开始被广泛普及。

二维码支付有技术成熟、使用简单、支付便捷、成本较低等特征。2020年有74%的移动支付用户每天使用移动支付，超 95% 的移动支付用户常用二维码支付。

五、NFC 支付

NFC 支付也称为近场支付，是指消费者在购买商品或服务时，通过手机等手持设备采用 NFC 技术完成支付，是一种移动支付方式。支付的处理在现场进行，并且在线下进行，不需要使用移动网络，而是使用 NFC 射频通道实现与 POS 收款机或自动售货机等设备的本地通信。

NFC 技术是通过 RFID 演化过来的一种近场通信技术，而移动支付则是 NFC 的一个最主要的功能。NFC 支付可以让人们完全抛离 POS 机，通过手机或 NFC 设备近距离完成支付。目前，公交卡和门禁卡等都早已使用了这种技术。

由于 NFC 支付在各方面都比其他支付手段更有优势，因此一直是手机支付领域的一大亮点。使用 NFC 支付方案的用户必须使用带有 NFC 支付功能的手机，配置了 NFC 支付功能的手机就可以用作机场登机验证、大厦的门禁钥匙、交通一卡通、支付卡等。

六、移动支付系统的框架及产业链

移动电子支付系统根据适用场合的差异，分为远程支付和近端支付两种模式，手机支付也将同时具备这两种功能。近端支付通过 RFID 芯片 / 卡、POS 机等设施的配合，即一般所说的"刷手机"的方式；远程支付通过 App 等手段接入互联网上的商城和银行来实现，涉及消费者、金融机构、业务提供方和商家等实体，类似于电子支付在信息传输环节的无线化。这些实体在由基础网络、接入平台、安全体系、管理平台、业务平台、营销体系和目标客户等组成的移动支付体系上进行信息流动。

从整体上来看，移动支付产业链包括应用层和规则制定层两部分。应用层直接参与移动支付的交易过程，又分为供应者和需求者；规则制定层虽不直接参与现实的交易过程，但对移动支付的发展起着非常重要的作用，规则制定层又分为移动支付相关法律法规框架制定者和技术提供者。应用层中的电信运营、银行、第三方支付运营商、商户和用户是移动支付产业链中的主要参与者。移动支付产业链如图 3-5 所示。

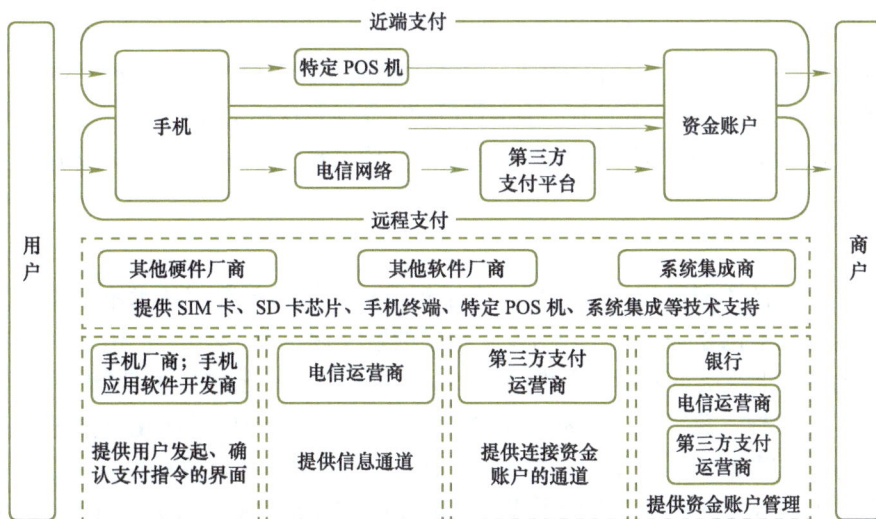

图 3-5 移动支付产业链

单元三　数字货币

经济的数字化引发了货币数字化的广泛需求。数字货币从理论走向现实，其必要性、可行性和安全性正在接受市场检验。国际主要金融组织和国家的中央银行也正在积极研究探索法定数字货币的制度设计和关键技术。作为中央银行，应基于维护金融体系稳定、促进金融创新、契合技术演进路径等因素综合考量，逐步实现法定数字货币的发行流通和对私人部门类数字货币的有效监管。

一、数字货币概述

数字货币（Digital Currency，DC）是货币电子化形式的替代货币，是以数字化形式实现价格尺度、价值存储和支付交易等职能的货币。国际清算银行（Bank for International Settlements，BIS）将数字货币定义为价值的数字表现形式，强调通过各方数据交换实现各项货币职能。数字货币是一种基于数字技术、依托网络传输、以非物理形式存在的价值承载和转移的载体。

数字货币可分为法定数字货币和非法定数字货币。法定数字货币是以法令强制规定（任何人皆不得拒绝）其价值的数字货币。非法定数字货币分为两类：①稳定值代币，即以现金货币或资产抵押发行并锚定法定货币计价的代币，如 USDT、脸书（Facebook）发行的 Libra、美国金融巨头摩根大通开发的 JPM Coin 等，也包括游戏币、门户网站或社区专用币（如 Q 币等）等以法币充值获得的虚拟代币；②数字资产，即基于算法和加密技术产生的、在市场流通交易中价格有浮动的代币，如比特币、以太币等。

数字货币有广义与狭义之分。

（1）广义的数字货币既包括现有的电子货币，也包括虚拟货币和加密数字货币。

（2）狭义的数字货币专指加密数字货币，包括法定数字货币和非法定数字货币。狭义来讲数字货币不同于虚拟世界中的虚拟货币，因为它和法定货币（如纸币）一样能被用于真实的商品和服务交易。

数字货币与现金一样，都具有法偿性，即法律规定用于偿还债务。债权人不能拒绝债务人用具有强制流通能力的货币偿还债务。法定货币的法偿性是从法定货币用于日常支付的基本功能的角度出发而显示出来的性质，体现的是交易双方债权实现与债务履行的具体法律关系。

二、央行数字货币

随着信息技术的不断发展，大数据、人工智能、区块链等数字技术不断深化，经济社会发展正加速向数字化方向转型，并引发了金融的数字化变革。2019 年 10 月，习近平总书记在中央政治局第十八次集体学习中指出，区块链技术应用已延伸到数字金融、物联网、智能制造、供应链管理、数字资产交易等多个领域。其中，货币的数字化是推进数字金融和数字资产交易的关键环节。各国央行和国际金融组织对此高度关注并积极研究应对，其中，研发设计和决策是否发行法定数字货币成为各国央行目前最为关切和紧迫的工作，央行数字货币成为未来世界货币竞争的焦点。

2014 年，中国人民银行正式启动对法定数字货币的探索。此后，相关专家、学者对央行数字货币的原型构想、框架设计以及政策效果等方面展开了积极研究与交流。

目前全球对于央行数字货币尚未形成统一定义，但基本形成了以下共识：

（1）央行数字货币是一种有国家信用背书的数字货币。目前法定货币是基于法定共识条件下的信用货币，并且有国家信用作为支撑，所以央行数字货币既具备法定货币的属性，又具备数字货币的基本特征。

（2）央行数字货币使用区块链、人工智能、加密技术等金融创新手段设计、发行。法定数字货币的安全运行必须依靠强大的技术支持，主要包括数字货币整体架构，以及由协议、数据格式、数字签名机制、数字钱包等要素共同构建的数字账本技术。作为一种数字支付工具，央行数字货币金融基础设施广泛，其特殊的运行机制极大地降低了发行和交易成本，提高了 M0 流通效率和央行货币地位。加密技术发挥了央行数字货币的独特优势。

（3）央行数字货币的发行会对货币政策、金融体系等方面带来不同程度的影响。众多学者基于货币政策传导机制分析央行数字货币可能带来的影响，无论是长期还是短期、积极或者消极的影响，都必然带来巨大的变革。

可以这样理解，央行数字货币是央行基于区块链、人工智能等数字技术发行的、具有现代信用货币本质属性的数字货币。央行数字货币以国家信用为支撑，具有法偿性；由央行发行，不依托于银行账户也能完成支付、转账行为；央行数字货币凭借其技术特征可有效治理经济犯罪、贪污腐败等问题；央行数字货币可以通过编程实现货币的精准投放、逆周期调控，增强货币政策传导，提高货币供给有效性，增强金融稳定。

三、数字人民币

数字人民币是我国目前正在试点发行的数字货币，是典型的央行数字货币。

数字人民币由人民银行发行，是有国家信用背书、有法偿能力的法定货币，即"数字货币电子支付"。从使用场景上看，央行数字货币不计付利息，可用于小额、零售、高频的业务场景，相比于纸币没有任何差别。同时，使用时应遵守现行的所有关于现钞管理和反洗钱、反恐融资等规定。2020 年 8 月 14 日，商务部印发《全面深化服务贸易创新发展试点总体方案》，提及"在京津冀、长三角、粤港澳大湾区及中西部具备条件的试点地区开展数字人民币试点"。

与比特币等虚拟币相比，数字人民币是法币，与法定货币等值，其效力和安全性是最高的，而比特币是一种虚拟资产，没有任何价值基础，也不享受任何主权信用担保，无法保证价值稳定。这是央行数字货币与比特币等加密资产的最根本区别。

单元四　移动电子商务安全概述

移动通信技术从 1G 发展到 5G 的过程，也是移动网络的安全机制不断完善的过程。第一代移动通信系统几乎没有采取任何安全措施，移动台把其电子序列号（ESN）和网络分配的移动台识别号（MIN）以明文方式传送至网络，若二者相符，即可实现用户的接入，但用户面临的最大威胁是自己的手机有可能被克隆。第二代数字蜂窝移动通信系统（2G）采用了基于私钥密码机制。这种机制在身份认证及加密算法等方面存在许多安全隐患，同样面临着克隆、数据完整性和拒绝服务攻击等安全威胁。第三代和第四代移动通信系统（3G/4G）在 2G 的基础上进行了改进，继承了 2G 系统的优点，同时针对 3G/4G 系统的新特性，定义了更加完善的安全特征与认证服务。第五代移动通信系统在 3G/4G 安全管理基础上，重点将网络安全责任落在用户设备和网络基础设施上，强化安全认证和授权。

一、移动互联网安全概述

随着移动通信的普及以及移动互联网业务的迅猛发展，移动电子商务所依赖的移动网络逐渐成为黑客关注的目标。网络的开放性以及无线传输的特性，使安全问题成为整个移动通信系统的核心问题之一。窃听、伪装、破坏完整性、拒绝服务、非授权访问服务、否认使用 / 提供和资源耗尽等形形色色的潜在安全攻击威胁着正常的通信服务。

移动电子商务的迅速发展得益于移动通信的广泛应用，是因为移动通信网络的建设不像有线网络那样受地理环境限制，移动用户也不受有线通信电缆的限制，而是可以在移动中进行通信。移动通信网络的这些优势都是来自其所采用的无线通信信道，而无线通信信道是一个开放性信道，它在赋予移动用户通信自由的同时也带来了一些不安全的因素，如通信内容容易被窃听、通信内容可以被更改、通信用户身份可能被假冒等。当然，无线通信网络也存在着有线通信网络所具有的不安全因素。移动电子商务同样面临多种安全威胁，主要包括以下几个方面：

1. 无线窃听

在无线通信过程中，所有通信内容，如通话信息、身份信息和数据信息等，都是通过无线通信信道开放传送的。任何拥有一定频率接收设备的人均可获取无线通信信道上的传输内容。无线窃听可以导致通信信息和数据的泄露，而移动用户身份和位置信息的泄露可以导致移动用户被无线追踪。这对于无线用户的信息安全、个人安全和个人隐私都构成了潜在威胁。

2. 漫游安全

在无线网络中，当用户漫游到攻击者所在的一定区域内时，在终端用户不知情的情况下，信息可能被攻击者窃取和篡改，服务也可能被拒绝。中断交易后，由于缺少重新认证的机制，因此通过刷新使连接重新建立会给系统带来风险。没有再认证机制的交易和连接的重新建立是危险的，连接一旦建立，使用安全套接层（SSL）协议和无线传输层安全（WTLS）协议的多数站点，不再进行重新认证和重新检查证书，因此，攻击者可以利用该漏洞进行攻击。

3. 假冒攻击

假冒攻击是指由于无线通信信道的开放性，当攻击者掌握了网络信息数据规律或解密了商务信息后，假冒合法用户或发送假冒信息欺骗其他用户的行为。无线通信中，移动通信站需要通信用户的身份信息，以认证其是否为合法用户。攻击者容易截获通信用户包括身份信息在内的所有通信数据，从而假冒该合法用户发送错误信息。另外，攻击者通过冒充网络信息控制中心骗取用户身份信息（如在移动通信网络中假冒网络基站，以欺骗用户）。

4. 完整性侵害

完整性侵害是指网络攻击者截取信息，并私自修改、删除、插入、重传合法用户的信息或信息数据的过程。完整性侵害可以通过信息的修改阻止用户双方建立链接，也可以欺骗接收者相信收到的已被修改的信息是由原发送者传出的未经过修改的信息，还可以通过阻止合法用户的身份信息、控制信息或业务数据，使合法用户无法享受正常的网络服务。

5. 业务抵赖

业务抵赖是指业务发生后否认业务发生，以逃避付费或逃避责任，这在移动电子商务中很常见。在移动电子商务中，这种威胁包括两方面：①交易双方中的买方收货后否认交易，企图逃避付费；②卖方收款后否认交易，企图逃避交货。

6. 窃取和丢失

由于移动设备功能的不断完善，移动设备可以存储一些用户的个人信息，如通信录和工作日程表等，在有些移动设备（如笔记本电脑）中甚至存储着一些公司的商业信息。但是由于体积的原因，移动设备很容易被偷或丢失。因此，防止移动设备中秘密信息的失窃也是一个很重要的问题。

7. 恶意代码

手机病毒和木马的出现证明在无线平台上生成恶意代码是必须面对的，而且病毒在无线环境下可能传播得更快。虽然，杀毒软件厂商正在提供运行在掌上电脑上的软件来探测和删除病毒，但目前移动设备携带病毒并将其传染给笔记本电脑和个人电脑的风险仍处于中等程度。

此外，移动电子商务中的移动终端面临的安全威胁包括移动终端设备的物理安全、SIM卡被复制、电子标签被解密、感染病毒和拒绝服务等多个方面。

二、移动电子商务的安全需求

通过分析移动电子商务系统所面临的安全威胁，可以看出安全性对于移动电子商务的重要性。一个完整且安全的移动电子商务系统应该有以下特点：

1. 保密性和身份认证需求

移动终端的SIM卡通常需要具有加密和身份认证的能力，SIM卡号就像无线通信中的物理地址，具有全球唯一性。随着移动用户实名制的实施，一个用户对应一张SIM卡，SIM卡可以识别用户身份。利用可编程的SIM卡，还可以存储用户的银行账号和CA证书等用于标识用户身份的有效凭证。另外，可编程的SIM卡还可以用来实现数字签名、加密算法和身份认证等，识别这些信息是电子商务领域必备的安全手段。

2. 数据信息完整性

保证数据信息在传输、交换、存储和处理过程中保持非修改、非破坏和非丢失的特性，可以使用消息摘要技术和加密技术（Hash函数）来实现，而支付信息的完整性可由支付协议来保证。

3. 不可否认性

保证接收方对于自己已接受的信息内容不能否认，发送方对于已经发出的信息不能抵赖和否认；保证交易数据的正当保留，维护双方当事人的合法利益。这些可以通过数字签名技术来实现。

4. 匿名性

移动电子商务的匿名性主要包括以下三个方面：

（1）用户身份的隐藏。用户的永久身份不能在无线接入链路上被窃听到。

（2）用户位置的隐藏。用户到达某个位置或某个区域不能通过对无线接入网窃听得到。

（3）用户的不可跟踪性。攻击者不能通过在无线接入网上窃听，推断出是不是对某个用户提供了不同的服务。

5. 容错能力

信息在网络中传输，设备和线路经常会发生故障。要保证在故障产生时系统不会长时间处于停滞状态，就要有备用解决方案，还要保证更新系统时对于原有软硬件的兼容能力。

另外，移动电子商务对于系统的经济性也需要适当考虑，希望在增强系统安全性的同时，尽量减少所花费用；合理的加密技术是增强系统安全性的有力措施，目前已有不少加密算法可以实现，要从算法的可实践性上做适当选择。

三、移动电子商务安全现状

1. 移动电子商务安全存在的主要问题

囊括超过 99% 上网人群的移动互联网，已经成为网络空间中最重要的一个组成部分，而网络空间安全更是与国家安全息息相关、不可或缺的组成部分。现阶段，国家层面的移动互联网信息安全的主要问题有以下几个方面：

（1）核心技术的缺乏。移动通信网络的制式、技术体制和标准、终端的核心芯片、操作系统及其生态环境等核心技术均未能实现自主可控，从而为国家网络空间信息安全埋下了巨大隐患。目前国家正在加强芯片技术研究并且以鸿蒙为代表的国家移动操作系统取得突破，该问题将得到逐步缓解。

（2）互联网以美国为中心的架构在短期内无法改变。以根域名服务器为例，虽由互联网名称与数字地址分配机构（Internet Corporation for Assigned Names and Numbers，ICANN）托管，但根域文件（Root Zone File）却直接受美国商务部（United States Department of Commerce）的监管。而移动互联网几大巨头，如苹果、谷歌、微软等更是在《美国爱国者法案》（USA PATRIOT Act）的管制范围内，该法案以反恐的名义赋予美国执法机关近乎无限制的信息获取权力。

（3）企业信息安全在移动互联网环境下受到极大挑战。智能终端的兴起为移动办公应用打下了坚实的基础，随着移动终端自身处理能力的不断增强、移动互联网信息传输能力的不断提升，企业对于 3A（Anytime、Anywhere、Anything）移动办公的需求能够得到更好的满足。然而，移动办公与传统办公在使用环境、终端类型和通信条件上有天壤之别，传统企业信息安全体系早已无法适应移动互联网环境下的移动办公需求。在效率与安全的天平上，平衡早被打破，鱼与熊掌不可兼得。"手机里有你的一切"，虽然这只是广告宣传用语，但却指出了关键所在。语音通信虽仍是手机的关键功能之一，但融合通信类应用、社交网络类应用、金融支付类应用、地理位置类应用和移动办公类应用，已经使手机成为社交网络、金融支付和处理工作信息的关键节点，工作与生活的界限在移动互联网环境中早已模糊。而云概念的兴起与大数据时代的来临，在移动终端这个信息节点上的叠加效应十分明显。移动终端是极为关键的信息节点，但也是相对而言极为脆弱的，生活与工作的混合环境恰恰放大了对安全的威胁。

2. 移动电子商务的安全技术

移动电子商务的安全技术主要有以下几种：

（1）完整性保护技术。完整性保护技术用于提供消息认证的安全机制。通常情况下，完整性保护技术是通过计算消息认证码来实现的，就是利用一个带密钥的 Hash 函数对消息进行计算，产生消息认证码，并将它和消息捆绑在一起传给接收方。接收方在收到消息后首先计算消息认证码，并将重新计算的消息认证码与接收到的消息认证码进行比较。如果它们相等，则接收方就认为消息没有被篡改；如果它们不相等，则接收方就知道消息在传输过程中被篡改了。

（2）真实性保护技术。真实性保护技术用来确认某一实体所声称的身份，以防假冒攻击。在移动电子商务中，交易信息通过无线网络转发，在传输过程中可能产生一定的延迟，需要通过鉴别数据源来确认交易信息的真正来源。最简单的方法是让声称者与验证者共享一个对称密钥，声称者使用该密钥加密某一消息（通常包括一个非重复值，如序列号、时间戳或随机数等，以对抗重放攻击），如果验证者能成功地解密消息，那么验证者将相信消息来自声称者。

（3）机密性保护技术。机密性保护技术旨在防止敏感数据泄露给那些未经授权的实体。通常，最简单的方案是收发双方共享一个对称密钥，发送方用密钥加密明文消息，而接收方使用密钥解密接收到的密文消息。

（4）抗抵赖技术。抗抵赖技术是为了防止恶意主体事后否认所发生的事实或行为。要解决此问题，必须在每一事件发生时，留下关于该事件的不可否认的证据。当出现纠纷时，可由可信的第三方验证这些留下的证据，这些证据必须具有不可伪造或防篡改的特点。通常，不可否认证据是由发送者使用数字签名技术产生的。

（5）其他安全技术。安全协议是以密码学为基础的消息交换协议，目的是在网络环境中提供各种安全服务，其安全目标是多种多样的。例如，认证协议的目标是认证参加协议的主体的身份，许多认证协议还有一个附加的目标，即在主体之间安全地分配密钥。在网络通信中最常用的、最基本的安全协议按照其目的可以分成以下四类：

1）密钥交换协议。这类协议用于完成会话密钥的建立，一般情况下是在参与协议的两个或多个实体之间建立共享的密钥，如用于一次通信的会话密钥。密钥交换协议有 Blom 协议、Girault 协议、Diffie-Hellman 协议、MIT 协议和 Andrew RPC 协议等。

2）认证协议。认证协议包括身份认证协议、消息认证协议、数据源认证协议等，用来防止假冒、篡改和否认等攻击。认证协议有 Schnorr 协议、Okamoto 协议、Kerboros 协议和 Guillou-Quisquater 协议等。

3）认证密钥交换协议。这类协议将认证协议和密钥交换协议结合在一起，先对通信实体的身份进行认证，在认证成功的基础上，为下一步安全通信分配所使用的会话密钥。认证密钥交换协议是网络通信中应用最普遍的一种安全协议，有 Needham-Schroeder 公钥认证协议、分布式认证安全服务（DASS）协议、互联网密钥交换（IKE）协议和 X.509 协议等。

4）电子商务协议。与上述协议明显不同的是，电子商务协议中的主体是交易双方，而交易双方的利益目标是矛盾的。电子商务协议最为关注的就是公平性，即协议应保证一个交易方达到自己的目标的同时另一交易方也能达到自己的目标。当前应用比较广泛的电子商务协议主要有 Digicash 协议、Netbill 协议、SET 协议和 SSL 协议等。

一般来说，前三类安全协议是第四类电子商务协议的基础。通常情况下，在移动电子商务交易中并不只采取上述某一种安全协议来保证交易的安全性，而是采取其中两个或多个协议的组合。

四、我国移动电子商务安全发展策略

虽然信息安全形势较为严峻，但在我国已经将网络空间信息安全建设提高到国家安全层面的前提下，通过政府、企业和个人不懈的共同努力，必将做到自主、安全、可控。移动互联网信息安全的发展同样应该从国家、企业和个人层面来进行描述。

（1）在国家层面上。通过不断完善相应的法律法规，建立信息安全的法律和政策框架。通过加大对信息产业的投入，逐步建立自主的技术路线、标准和体制，实时掌握信息产业发展的话语权。突破以核心芯片为代表的关键技术，推动自主可控移动互联网生态系统的建设。

（2）在企业层面上。积极应对移动办公带来的信息安全挑战，研究移动办公安全体系及架构，以云计算和安全终端等关键技术为突破口，建立健全自主可控的，包括终端自身安全、接入安全和传输安全的完整移动办公解决方案。

（3）在个人层面上。依托国家法律法规，在工业界提供移动互联网安全解决方案的基础上，加大信息安全知识的宣传推广，提高个人信息安全保护意识，由点到面，自下而上地提高移动互联网信息安全整体水平。

单元五 移动终端安全

当前电子商务信息安全已越来越受到人们的关注，移动终端作为用户使用移动电子商务的工具，作为存储用户个人信息的载体，在信息安全方面要配合移动网络保证移动业务的安全，要实现移动网络与移动终端之间通信通道的安全可靠，同时还要保证用户个人私密信息的安全。随着移动终端的普及率和使用率越来越高，各种安全问题也日益突显。

一、移动终端操作系统安全技术

操作系统是移动终端应用软件运行的基础，因此保障移动终端操作系统的安全是保障移动终端信息安全的必要条件。移动终端操作系统作为连接软硬件、承载应用的关键平台，在智能终端中扮演着举足轻重的角色。目前主流的移动终端操作系统有 iOS、Android 等。

嵌入式操作系统的广泛应用，使移动终端的功能日益强大，可以支持蓝牙、电子邮件和无线上网等服务，同时移动终端上存储的数据、运行的软件也越来越多，而针对移动终端的病毒和木马等也逐渐出现，威胁着移动终端的操作系统安全。目前针对移动终端操作系统

的安全威胁主要有移动终端病毒、蠕虫、木马、拒绝服务攻击等。此外，对于具体的操作系统，还存在一些特殊的安全技术，有的应用软件必须有合法的签名才能进行安装，且签名的不同类型对应不同的权限，因此尽量不安装没有合法签名的应用软件。

二、移动终端安全认证

移动终端的安全性越来越重要。终端数量的增长、软件平台"缺乏控制手段"的开放使得一些恶意开发者"有利可图"。很多移动平台初期没有过多考虑安全性，导致了这些恶意开发者很容易介入，并且随着影响力和市场的扩大，恶意开发者可以利用软件平台的漏洞，轻易地开发出恶意软件，给用户带来经济损失。因此，必须从源头开始解决软件安全的管理漏洞。软件的认证是一套有效的管理手段。移动终端安全认证流程如图 3-6 所示。

图 3-6　移动终端安全认证流程

1. 移动终端安全中间件

移动终端安全中间件包含证书的生命周期管理、传输加密和身份认证等功能，可集成到应用中提供全面的认证用户管理功能。其认证计费子系统，可用于商业运营使用，并可选择按次认证和包年认证等模式。

2. 存储介质

支持多形态的 Key，包括蓝牙 Key、音频 Key、双接口 Key 等和 SD/TF 卡、文件方式存储数字证书，以保证证书的安全性；提供终端软件上传功能，支持病毒扫描、邮件通知、短信通知、认证审核和软件入库等功能。

3. 移动终端系统

在移动终端系统上可以对数字证书进行管理，通过数字证书实现身份认证和数据加密等安全功能；支持对本地文件进行加解密；提供终端软件签名功能，可以支持多种平台；提供软件入库和查询等功能。

三、移动终端存储的信息备份与恢复

1. 移动终端存储的信息备份

信息备份是指为了防止移动终端存储的信息因系统出现操作失误或系统故障导致数据丢失，而将全部或部分信息从移动终端复制到其他的存储介质的过程。由于信息的内容、备份时间及备份方式不同，因此采用的备份策略也不同，通常采用的备份策略有以下三种：

（1）完全备份（Full Backup）。完全备份是指不管原信息是否被修改，都将整个信息进行备份。如果信息没有做任何修改，则所备份数据与原数据是一样的。这种备份策略的好处是：当发生数据丢失的问题时，只要用问题发生前的最近一次备份即可恢复丢失的数据。然而它也有不足之处：①每次都对整个系统进行完全备份，造成备份的数据大量重复。这些冗余数据占用大量的存储空间，对用户来说就意味着增加成本。②由于需要备份的数据量较大，因此备份所需的时间也就较长。对于那些业务繁忙、备份时间有限的系统来说，选择这种备份策略是不明智的。

（2）增量备份（Incremental Backup）。增量备份是指在备份前首先检测当前的数据是否与前一次备份的数据不同，备份引擎只备份变化的数据。该备份策略极大地提高了备份的速度，减少了备份所需的存储空间。它的缺点在于当发生问题时，恢复数据比较麻烦。另外，这种备份的可靠性也很差。

（3）差异备份（Differential Backup）。差异备份是指备份前首先检测当前备份数据与前一次完全备份的数据差异，备份引擎只备份变化的数据。同增量备份相比，该备份策略在寻找数据差异时所依据的数据基准是最近一次的完全备份。差异备份在避免了以上两种策略的缺陷的同时，又具有它们的所有优点。差异备份无须每天都做系统完全备份，因此备份所需时间短，且节省存储空间。它的恢复也很方便，系统管理员只需两个存储设备，即系统完全备份的存储与出现问题的备份存储，就可以将系统完全恢复。

2. 移动终端存储的信息恢复

信息恢复是指对由于操作失误或移动终端系统故障造成数据丢失的那些信息进行恢复。实现信息恢复主要靠软件技术、硬件技术及二者的结合。

软件技术可分为三类：①信息存储类软件内置信息恢复功能，其通过备份和存储数据来实现信息恢复功能，因为很难及时备份，所以数据恢复得往往不完整。②反病毒软件内置信息恢复功能，其信息恢复能力有限，对非病毒造成的数据丢失往往作用不大。③专业的信息恢复软件，其不仅具有数据备份和数据存储功能，还具有较强的数据修补、数据分析处理和数据直接读取技术，与前两类相比，其信息恢复能力更强。

用软件方法恢复的优点是速度较快且费用较低，但它不能解决一些由硬件损坏造成的数据丢失。

信息恢复的硬件技术能在不破坏原有系统的情况下，对各种存储介质、硬件平台、软件平台下的任何原因造成的信息丢失进行信息恢复，但信息恢复的费用较高，且需要高精尖设备的支持，因此很少使用。

四、手机病毒

手机病毒和电脑病毒一样，一般也是人为制造出来的，"手机黑客"制造其"作品"

后，让其在手机中间扩散，对手机产生破坏。有些病毒纯粹是恶作剧，如让手机不断出现某种怪异的铃声，但有些病毒则是抱着窃取商业资料的目的，如远程窃取用户的通讯录资料。相对而言，后者的危害更大。

1. 手机病毒的定义

手机病毒是在手机上的一种可执行程序，和电脑病毒一样，具有传染性和破坏性。手机病毒可通过发送短信、彩信、电子邮件，浏览网站和下载铃声等方式进行传播。手机病毒可能会导致用户手机死机、关机、资料被删除、向外发送垃圾邮件或拨打电话等，甚至还会损毁 SIM 卡和芯片等硬件。普遍接受的手机病毒的定义是：以手机为感染对象，以电脑网络和移动通信网络为传播平台，通过病毒短信和邮件等形式攻击手机，从而造成手机或移动通信网络异常的一种病毒。

手机病毒通常有大量转发信息、破坏手机内存、手机莫名死机、收发垃圾短信、窃取用户隐私和自动拨打电话等表现形式。

2. 手机病毒的分类

根据手机病毒的来源和传播机理的不同，当前的手机病毒可以划分为以下几大类：

（1）蠕虫型病毒。蠕虫型病毒是一种通过网络自我传播的恶性病毒，它最大的特性就是利用操作系统和应用程序所提供的功能或漏洞主动进行攻击，如 Sexy View 手机蠕虫通过手机的联系人列表进行传播，给所有的联系人发送包含恶意网站链接的短信。这些链接指向的网站安装了恶意软件，能够将手机的信息（如序列号）分享给病毒作者。因此，蠕虫型病毒可以在短时间内通过蓝牙或短信的方式蔓延至整个网络，造成用户财产损失和手机系统资源的消耗。

（2）木马型病毒。木马型病毒也叫后门病毒，其特点是运行隐蔽、自动运行和自动恢复，能自动打开特别的端口传输数据。随着当前黑客组织越来越商业化，其开发目的从最初的炫耀技术演变成现在的贩卖从手机中盗取的个人或商业信息，因此手机用户面临的隐私泄露风险也越来越大。木马型病毒的危害主要有：获取手机硬件信息，如 IMEI 和 IMSI 等；访问特定网站，增加流量或通话费用；窃取手机用户通话及短信信息；窃取用户通过键盘输入的敏感信息。木马能够窃取用户输入的用户名、密码以及手机交易码信息，并发送给远程服务器。目前，较常见的手机木马程序有智能手机 ZitMo（ZeuS-in-the-Mobile）木马、ADRD 木马（又名 HongTouTou 木马）等。

（3）感染型病毒。感染型病毒的特征是将其病毒程序本身植入其他程序或数据文件中，使文档膨胀，以达到散播传染的目的。传播手段一般为网络下载和资源复制。这种破坏用户数据的病毒难以清除。

（4）恶意程序型病毒。恶意程序型病毒专指对手机系统软件进行软硬件破坏的程序，常见的破坏方式就是删除或修改重要的系统文件或数据文件，造成用户数据丢失或系统不能正常运行。典型的例子有导致手机自动关闭的移动黑客（Hack.mobile.smsdos）和导致手机工作不正常的 Mobile.SMSDOS 病毒等。

3. 手机病毒的特点

手机病毒属于电脑病毒的一种，几乎具备了电脑病毒的所有特性。手机病毒主要有以下几个特点：

（1）传染性。病毒通过自身复制感染正常文件，即病毒程序必须被执行后才具有传染性，继而感染其他文件，达到破坏目标正常运行的目的。

（2）隐蔽性。隐蔽性是手机病毒最基本的特点。经过伪装的病毒程序还可能被用户当作正常的程序而运行，这也是病毒触发的一种手段。

（3）潜伏性。一般病毒在感染文件后并非立即发作，多隐藏于系统中，只有在满足特定条件时才启动其表现（破坏）模块。

（4）可触发性。病毒如未被激活，则会潜伏于系统中，不构成威胁。一旦遇到特定的触发事件，则能够立即被激活且同时具有传染性和破坏性。

（5）针对性。一种手机病毒并不能感染所有的系统软件或是应用程序，其攻击方式往往具有较强的针对性。

（6）破坏性。任何病毒侵入目标后，都会不同程度地影响系统正常运行，如降低系统性能、过多地占用系统资源、损坏硬件，甚至造成系统崩溃等。

（7）表现性。无论何种病毒被激活以后，都将对系统的运行、软件的使用、用户的信息等进行不同程度的针对性破坏。病毒程序的表现性或破坏性体现了病毒设计者的真正意图。

（8）寄生性。病毒嵌入载体中，依载体而生，当载体被执行时，病毒程序也同时被激活，然后进行复制和传播。

（9）不可预见性。和电脑病毒相类似，手机病毒的制作技术也在不断提高，从病毒检测方面来看，病毒对反病毒软件来说永远是超前的。

4. 手机病毒的防治

防范手机病毒带来的危害，需要手机用户、网络运营商、手机制造商和安全软件生产商多方的共同努力。结合这四个方面，提出以下具有可操作性的防御策略建议：

（1）手机用户。手机用户要提高安全防范意识，可以从以下几个方面来预防手机病毒：

1）留意一些乱码电话、未知短信和彩信等手机异常情况。尽量从安全且信誉好的网站下载软件和浏览信息等，下载完毕后最好进行病毒查杀，然后再打开或安装。

2）目前手机交换数据的主要方式包括数据线、存储卡、红外线、蓝牙和 Wi-Fi 等。其中，数据线和存储卡属于接触性传输，需要确保接触源的安全性，防止交叉感染。红外线和蓝牙是短距离传输，如果不常用这些连接，应尽量将它们关闭。需要注意数据来源的可信性，不要接受未知的连接请求，更不要打开其发来的文件、图片和软件等。另外，蓝牙和 Wi-Fi 拥有保护措施，可以有效防范未授权的数据进入手机，如蓝牙可以设置连接认证的 PIN 码，Wi-Fi 可以设置更复杂的访问密码。

3）尽量使用支持 WPA 安全标准的 Wi-Fi，这是一种通过软件实现的安全机制，它能提供更强大的加密和认证机制。

4）安装手机杀毒软件和防火墙，及时更新病毒库，并对所有与外部的数据通信做好系统日志，以供安全审计。

（2）网络运营商。由于手机病毒的传播方式依靠于网络，因此手机的杀毒重点应放在网络层面，最直接有效的办法是让网络运营商进行网络杀毒。国内反病毒专家认为，手机防病毒应该由网络运营商牵头，如果缺少网络运营商的防御环节，仅有防病毒厂商和手机终端厂商防御，则仍然存在安全隐患。

（3）手机制造商。手机制造商可以做的防御工作主要包括：

1）可以为用户提供手机固件或操作系统的升级服务，通过对漏洞的修补来提高防范病毒的能力。

2）通过系统对第三方软件进行认证的方式来提高安全性，如 iOS 和 Android 操作系统中都采用了数字证书，当未获得数字证书的软件在安装时，系统会向用户报警。

3）手机在出厂之前，在内部捆绑反病毒软件，为用户提供最基本的安全服务，用户可以通过多种形式随时将软件进行升级，从而保证自己手机的安全。

（4）安全软件生产商。安全软件生产商可以做的防御工作主要包括：

1）结合手机的特点，推出更有效的手机反病毒软件，能针对手机进行全面快速的病毒扫描和准确的实时监控，保护用户的智能手机以及所存储数据的安全。

2）将存储卡或手机直接与个人电脑相连，利用个人电脑上的杀毒软件进行查杀操作。优点是个人电脑上的杀毒软件功能全面，查杀能力强，可以彻底、完全地清除系统内的病毒；缺点是不能实时查杀。

3）提供无线网络在线杀毒，能够较好地做到杀毒能力和实时查杀的兼顾。

对手机病毒应坚持预防、查杀相结合的原则。不随意查看乱码短信，不随意下载手机软件，不随意浏览危险网站，不随意接受陌生人的红外线和蓝牙传输请求等。一旦手机感染病毒，应尽快选择专业权威的杀毒软件进行查杀。

| 岗位介绍　移动互联网产品需求分析工程师 |

→ 岗位职责

1. 对用户体验有很好的理解，熟悉移动互联网 / 手机客户端产品的策划和运营方法。

2. 负责移动互联网产品策划，独立制订产品及需求文档、产品流程、DEMO 原型、交互设计。

3. 负责项目组内部需求讲解与培训，以及相关文档的撰写和发布。

4. 与产品经理、软件开发工程师、测试工程师进行沟通，以确定需求和视觉效果的最终实现。

5. 协调资源推动产品功能实现，跟踪管理需求的变更，与相关团队进行有效沟通，配合跟进项目进度。

6. 能够根据用户群提出构思新颖、极具吸引力的创意设计。

7. 能够持续优化产品的易用性，提升用户满意度。

8. 能够时刻关注和分析当前主流产品的市场需求、视觉设计趋势，并能够做出相应的分析报告。

9. 能够归纳总结产品的交互设计规范，推动规范有效执行。

→ 任职资格

1. 三年以上互联网产品设计工作经验，两年以上移动互联网 / 手机客户端产品策划或需求分析工作经验，具有成熟产品（作品）经验者优先。

2. 工作认真负责，有较强的规划及协调能力，有较强的责任心和很好的执行力。

3. 具备良好的沟通能力和时间管理能力，逻辑清楚，思维活跃，刻苦敬业，能承受较大的工作压力。

4. 具备良好的职业素养和团队合作精神，并能很好地参与团队合作。

实训项目五　移动支付

一、实训目标

（1）了解移动支付相关知识。

（2）通过移动支付项目，了解移动支付的基本流程。

二、实训环境

（1）4G/5G Android 或 iOS 智能手机，开通 4G/5G 网络或连接 Wi-Fi。

（2）个人身份证。

三、实训背景知识

移动支付是指移动客户端利用手机等电子产品来进行电子货币支付。移动支付将互联网、终端设备、金融机构有效地联合起来，形成了一个新型的支付体系，并且移动支付不仅能够进行货币支付，还可以缴纳话费、燃气、水电等生活费用。移动支付开创了新的支付方式，使电子货币开始普及。

2021 年 2 月 1 日。中国银联发布了《2020 移动支付安全大调查研究报告》，2020 年平均每人每天使用移动支付 3 次。

移动支付具有以下特征：

（1）时空限制小。互联网时代下的移动支付打破了传统支付对于时空的限制，使用户可以随时随地进行支付活动。传统支付以现金支付为主，需要用户与商户之间面对面支付，因此，对支付时间和地点都有很大的限制；移动支付以手机支付为主，用户可以用手机随时随地进行支付活动，不受时间和空间的限制，如用户可以随时在淘宝等网上商城进行购物和支付活动。

（2）方便管理。用户可以随时随地通过手机进行各种支付活动，并对个人账户进行查询、转账、缴费、充值等功能的管理，用户也可随时了解自己的消费信息。这对用户的生活提供了极大的便利，也更方便用户对个人账户的管理。

（3）隐私度较高。移动支付是用户将银行卡与手机绑定，进行支付活动时，需要输入支付密码或指纹，且支付密码不同于银行卡密码。这使得移动支付较好地保护了用户的隐私，其隐私度较高。

（4）综合度较高。移动支付有较高的综合度，其为用户提供了多种不同类型的服务。例如：用户可以通过手机缴纳家里的水电燃气费；可以通过手机进行个人账户管理；可以通过手机进行网上购物等各类支付活动。

移动支付按照商业模式可以分为以下三类：①以金融机构为主体的移动支付，主要指的是金融机构提供的手机银行服务；②以移动终端设备提供商为主体的移动支付，主要指的是移动终端设备提供商，如苹果公司提供的 Apple Pay 服务、小米公司提供的 MIPay 等；③以第三方支付机构为主体的移动支付，主要指的是一些具有实力的第三方经济体通过与不同的银行进行签约的方式提供交易平台，如支付宝、微信支付等，整个交易是在第三方支付平台的介入下进行的，责任明晰，分工明确。

四、实训指导

（一）招商银行 App

1. 简介

招商银行 App 是专门为智能手机和移动终端客户量身打造的移动金融服务平台，为广大客户提供全天候银行金融服务的自助理财系统。截至 2021 年 1 月 10 日，招商银行 App 累计用户数达 1.45 亿户，月活用户达 6 025 万户。

招商银行 App 不断创新，围绕客户的现金流管理、财富管理和消费信贷等需求，逐步为用户提供智能的金融服务。在数字化转型的零售金融 3.0 时代，招商银行 App 变得开放、互动性强，从金融场景到生活场景不断延伸，致力于打造用户体验。

其常用金融服务功能如下：

账户管理：一卡通、信用卡账户查询、交易查询、密码管理、挂失、ATM/POS 限额修改等。

自助转账：转一卡通、信用卡、存折、他行账户，定活互转、通知存款转账等。

投资管理：基金查询、基金申购赎回、理财专户管理、证券行情、受托理财购买赎回、银证转账等。

信用卡管理：信用卡额度管理、交易明细查询、还款设置、积分管理等。

一卡通、信用卡自助缴费：缴纳手机费、电话费等费用。

外汇管理：外汇购汇、外汇结汇。

2. 下载招商银行 App

（1）登录招商银行网站"http://www.cmbchina.com"，单击右边选项卡的"招商银行App"，如图 3-7 所示。

图 3-7　招商银行官方网站

（2）根据自己的手机类型（Android、iPhone），选择下载对应的客户端。

3. 招商银行 App 注册

用户可以通过招商银行App自助注册，也可以通过个人网银或到营业网点柜台签约开通。下面以招商银行 App 自助注册进行说明。

（1）准备好招商银行借记卡和信用卡等，在手机中打开已经下载好的招商银行 App，进入登录界面，选择"注册一网通"。

（2）输入手机号和验证码，点击"下一步"，如图 3-8 所示。

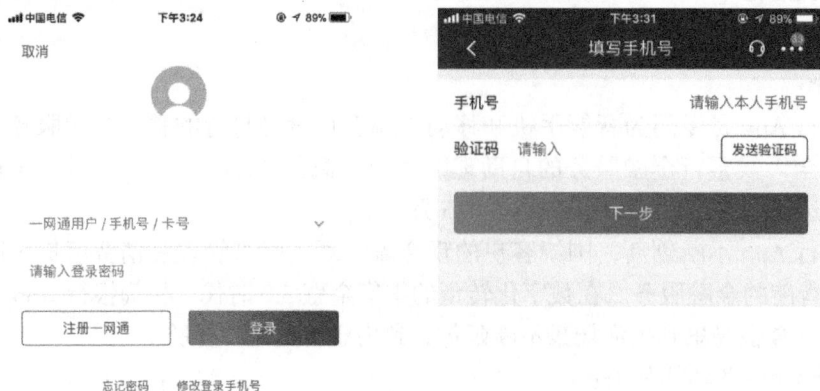

图 3-8　招商银行 App 自助注册

4. 招商银行 App 的使用

（1）登录招商银行 App，选择"转账"功能，然后选择"银行账号转账"，即可实现手机转账，如图 3-9 所示。

（2）点击"城市服务"，可以给武汉通充值，购买旅游年卡，出行打车，购买美食、电影券等，如图 3-10 所示。

图 3-9　招商银行 App 转账

图 3-10　城市服务界面

（3）尝试招商银行 App 的其他功能，如点击"话费流量"充值手机话费，在"掌上商城"购买商品，如图 3-11 所示；还可以查询账户、购买理财产品等，如图 3-12 所示。

图 3-11 生活界面

图 3-12 理财界面

（二）手机支付宝

1. 简介

支付宝（中国）网络技术有限公司（以下简称"支付宝"）是国内领先的第三方支付平台，是阿里巴巴集团的关联公司。支付宝致力于提供"简单、安全、快速"的支付解决方案。支付宝从 2004 年建立开始，始终以"信任"作为产品和服务的核心。目前，支付宝已发展成为融合了支付、生活服务、政务服务、社交、理财、保险、公益等多个场景与行业的开放性平台。除提供便捷的支付、转账、收款等基础功能外，还能快速完成信用卡还款、充话费、缴纳水电燃气费等。通过智能语音机器人一步触达上百种生活服务，不仅能享受消费打折、跟好友建群互动，还能轻松理财、累积信用。

支付宝交易是指买卖双方使用"支付宝"软件系统，且约定买卖合同项下的付款方式为通过支付宝于买方收货后代为支付货款的中介支付。即在交易过程中，买方将货款支付给第三方的支付宝，待买方收到货物后，支付宝再将货款支付给卖家，这样可以避免货款直接支付给卖家后，卖家不发货的风险。

支付宝的主要功能如下:

(1)支持余额宝,理财收益随时查看。

(2)支持各种场景关系,群聊群付更方便。

(3)提供本地生活服务,买单打折尽享优惠。

(4)为子女父母建立亲情账户。

(5)随时随地查询淘宝账单、账户余额、物流信息。

(6)异地跨行转账、信用卡还款、充值、缴水电燃气费等。

(7)信用卡还款、付款、缴费、充话费、卡券信息等智能提醒。

(8)行走捐,支持接入iPhone健康数据,可与好友一起健康行走及互动,还可以参与公益。

(9)蚂蚁森林,通过特定方式获得能量,能量可以养成一棵树,养成后即可在现实某个地域种下一棵实体的树。

2. 下载支付宝App

(1)登录支付宝网站"https://www.alipay.com",如图3-13所示,在页面上单击"我是个人用户"选项,进入下载页面,如图3-14所示。

图3-13 支付宝页面

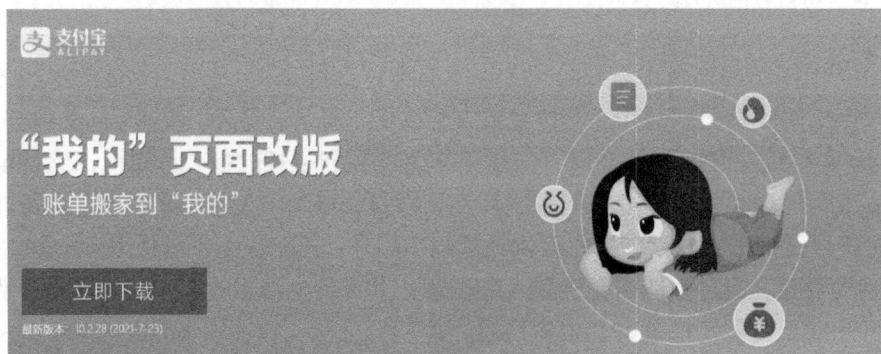

图3-14 个人用户界面

(2)可以选择手机扫码下载,也可以根据自己的手机类型(Android、iPhone),选择下载对应的支付宝App,如图3-15所示。

图 3-15　下载支付宝手机客户端

3．注册支付宝

使用支付宝支付服务需要先注册一个支付宝账户，分为"个人账户"和"企业账户"两类。

（1）登录支付宝官方网站"https://www.alipay.com"，在页面上单击"立即注册"选项。

（2）"服务协议、隐私权政策及开户意愿确认"选择"同意"。

（3）根据自己的情况选择邮箱或者手机号注册，如图 3-16 所示。

图 3-16　支付宝注册页面

（4）根据提示设置身份信息和支付方式。

用户使用支付服务需要实名认证是央行等监管机构提出的要求，实名认证之后可以在淘宝开店，增加更多的支付服务，更重要的是有助于提升账户的安全性。

实名认证需要同时核实会员身份信息和银行账户信息。

从 2016 年 7 月 1 日开始，实名认证不完善的用户，其余额支付和转账等功能会受到限制。

需要注意的是，支付宝账户有两个密码，登录密码和支付密码。登录密码是用来登录支付宝账户的密码，支付密码则通常在确认付款的时候才会用到。为了保证账户安全，建议务必设置不一样的支付密码和登录密码。但是如果注册淘宝时选择同时创建支付宝账户，那么这个账户的支付密码就是注册淘宝时的密码。在淘宝购物时，必须绑定淘宝账户和支付宝账户。

4. 支付宝的主要功能

手机支付宝的主界面如图3-17所示。其主要功能如下：

（1）转账。在主界面点击"转账"，可以进行转账及相关查询，如图3-18所示。

图3-17 手机支付宝主界面

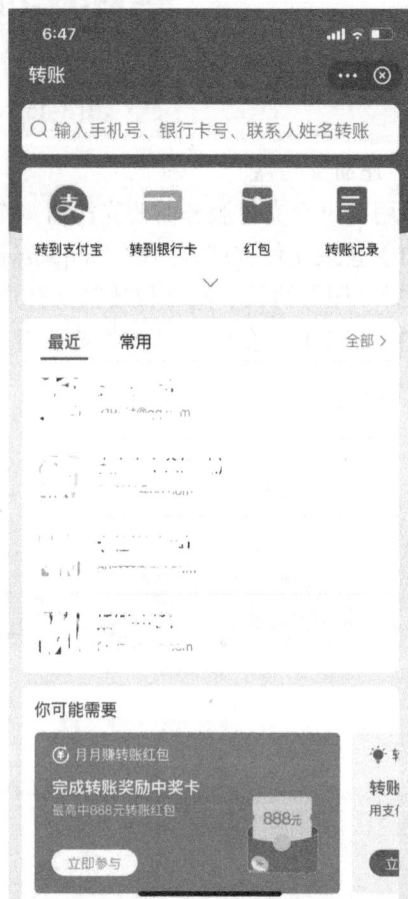

图3-18 手机支付宝转账界面

（2）生活缴费。可以缴纳水电燃气费、有线电视费、固话费、宽带费、物业费和暖气费等。

（3）信用卡还款。点击界面的"信用卡还款"，可以还款、免费查询信用卡账单，还有自动还款、还款提醒等增值服务。

（4）付款。线上付款的流程是，拍下宝贝→确认付款→收银台→卖家发货→确认收货。

其中有九种付款方式供网购选择，分别是快捷支付、网上银行、余额支付、找人代付、货到付款、信用卡分期、网点支付、消费卡支付和国际信用卡支付。

线下付款，点击界面上方的"扫一扫"，扫描商家的二维码进行付款；也可以点击"收付款"，让商家扫描付款二维码进行付款。线下付款无须开通网上银行。

（5）余额宝。余额宝是支付宝推出的理财服务，也能用于日常的购物、信用卡还款等操作。单击界面的"余额宝"，可以把绑定的银行卡里的资金或支付宝的余额转入余额宝，也可以把余额宝里的资金转出到银行卡或余额。

（6）其他功能。（略）

5．支付宝的安全保护

为了保障支付宝账户的安全，应启用双密码保护，注册时，填写不一样的登录密码和支付密码，这相当于给账户加了两把坚固的"锁"。尤其是支付密码，能保护用户的资金安全。另外，要绑定手机号以帮助用户找回密码、管理安全产品等，更能实时接收变动信息。

（三）微信支付

1．简介

微信支付是集成在微信客户端的支付功能，用户可以通过手机快速地完成支付流程。微信支付以绑定银行卡的快捷支付为基础，向用户提供安全、快捷、高效的支付服务。目前微信支付已实现公众号支付、App 支付、扫码支付、刷卡支付和微信买单，并提供企业红包、代金券、立减优惠等营销工具，满足用户及商户的不同支付场景。

2．绑定银行卡

（1）打开微信，进入"我"选项，点击"支付"。

（2）进入"钱包"选项后，点击"钱包"→"银行卡"，进入"银行卡"选项后，点击"添加银行卡"。

（3）根据提示输入银行卡的持卡人姓名和卡号。

（4）填写卡类型、手机号码，进行绑定。

（5）手机会收到一条附带验证码的短信，填写验证码后点击"下一步"。

（6）完成设置支付密码，银行卡绑定成功，如图 3-19 所示。

图 3-19　绑定银行卡

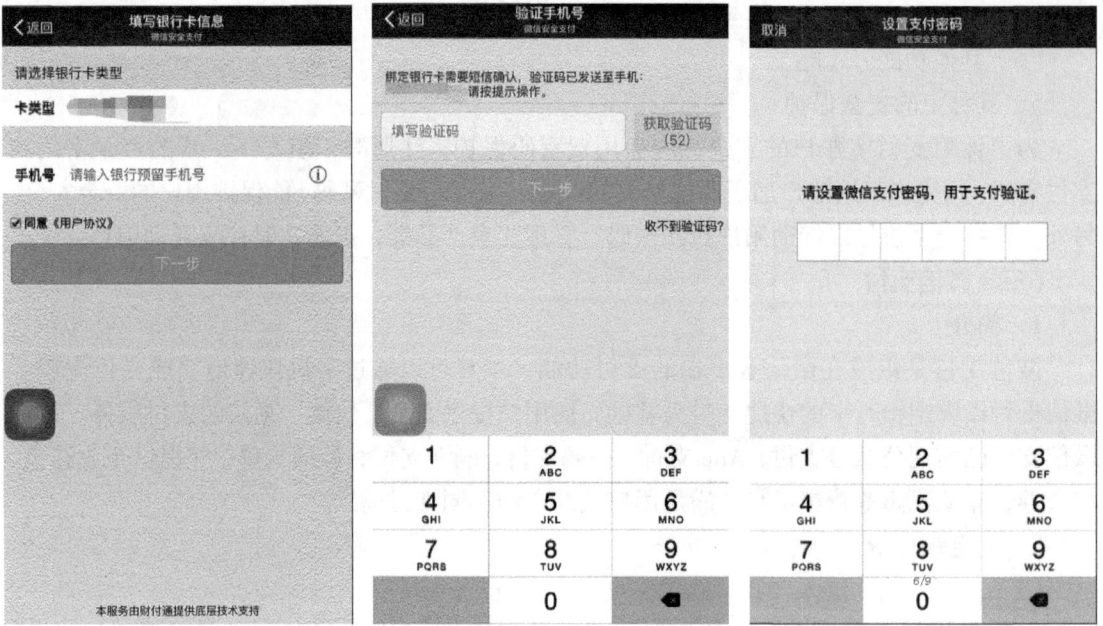

图 3-19　绑定银行卡（续）

3．微信支付的主要功能

微信支付的主界面，如图 3-20 所示。

（1）收付款。收付款界面包括向商家付款、二维码收款、赞赏码、群收款、面对面红包、向银行卡或手机号转账，如图 3-21 所示。

图 3-20　微信支付的主界面

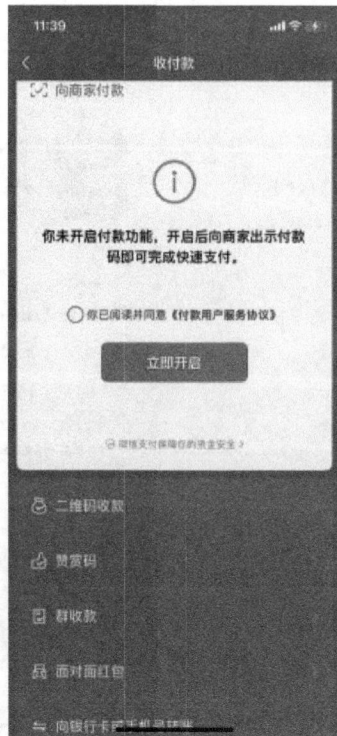

图 3-21　收付款界面

第一次使用向商家付款，必须先开启付款功能，开启后向商家出示付款码即可完成快速支付；二维码收款无须加好友，对方扫二维码即可付钱，可以设置收款金额，也可以保存收款码到相册以备后续使用；开启赞赏码后，他人扫码即可完成赞赏；还可以在聊天中向朋友收款，收到的钱将存入零钱；也可以直接输入银行卡号或手机号，转账至对方的银行账户或微信零钱。

（2）钱包。钱包界面包括零钱、零钱通、银行卡、支付分、亲属卡、身份信息、安全保障等，如图 3-22 所示。

为方便后续微信支付，可以提前充值一定金额的现金至"我的零钱"，也可以把"我的零钱"中的金额提现至银行卡。

（3）其他功能。在微信支付中，用户还可以实现金融理财、生活服务、交通出行、购物消费等功能，如信用卡还款、理财、生活缴费、公积金服务、医院挂号、火车票机票购买、滴滴出行、唯品会购物、美团外卖、京东购物等常用的生活场景。

图 3-22 钱包界面

4．微信支付的应用场景

（1）付款码支付。付款码支付是指用户展示微信钱包内的"付款码"给商户系统扫描后直接完成支付，适用于线下场所面对面收银的场景，如商超、便利店、餐饮、医院、学校、电影院和旅游景区等具有明确经营地址的实体场所。

在入驻时选择线下场所的商户系统默认开通此功能，其他商户如有需要，可以在入驻后前往商户平台→产品中心→付款码支付→申请开通。

（2）JSAPI 支付。JSAPI 支付是指商户通过调用微信支付提供的 JSAPI 接口，在支付场景中调起微信支付模块完成收款。

应用场景有：

1）线下场所：调用接口生成二维码，用户扫描二维码后在微信浏览器中打开页面后完成支付。

2）公众号场景：用户在微信公众号内进入商家公众号，打开某个主页面，完成支付。

3）电脑网站场景：在网站中展示二维码，用户扫描二维码后在微信浏览器中打开页面后完成支付。

在入驻时选择线下场所、公众号场景、电脑网站场景的商户系统默认开通此功能，其他商户如有需要，可以在入驻后前往商户平台→产品中心→ JSAPI 支付→申请开通。

（3）小程序支付。小程序支付是指商户通过调用微信支付小程序支付接口，在微信小程序平台内实现支付功能；用户打开商家助手小程序下单，输入支付密码并完成支付后，返回商家小程序。

在入驻时选择小程序场景的商户系统默认开通此功能，其他商户如有需要，可以在入驻后前往商户平台→产品中心→小程序支付→申请开通。

（4）Native 支付。Native 支付是指商户系统按微信支付协议生成支付二维码，用户再用微信"扫一扫"完成支付的模式。该模式适用于电脑网站、实体店单品或订单、媒体广告支付等场景。

在入驻时选择 PC 网站场景的商户系统默认开通此功能，其他商户如有需要，可以在入驻后前往商户平台→产品中心→ Native 支付→申请开通。

（5）App 支付。App 支付是指商户通过在移动端应用 App 中集成开放 SDK 调起微信支付模块来完成支付。适用于在移动端 App 中集成微信支付功能的场景。

在入驻时选择 App 场景的商户系统默认开通此功能，其他商户如有需要，可以在入驻后前往商户平台→产品中心→ App 支付→申请开通。

（6）刷脸支付。刷脸支付是指用户在刷脸设备前通过摄像头刷脸、识别身份后进行的一种支付方式，安全便捷。适用于线下实体场所的收银场景，如商超、餐饮、便利店、医院、学校等。

（四）苹果支付（Apple Pay）

1．简介

Apple Pay 是苹果公司发布的一种基于 NFC 的手机支付功能，于 2014 年 10 月 20 日在美国正式上线。2016 年 2 月 18 日凌晨 5 点，Apple Pay 业务在中国上线。

苹果支付服务采用近场通信技术，用户可用苹果手机进行免接触支付，免去刷信用卡支付步骤。

2020 年 12 月 31 日起，Apple Pay 支持"强客户认证"。

Apple Pay 的特点：

（1）免现支付很便捷。Apple Pay 简单易用，并且支持日常所用的多款 Apple 设备，无论在店里还是 App 中，用户都可安心支付。与以往许多支付手段相比，Apple Pay 更加简单易用，也更为安全。

（2）店内支付很轻松。在 iPhone 或 Apple Watch 上使用 Apple Pay 付款，免去了许多烦琐的支付步骤，让用户无须在收银台花费更多时间便可完成消费。

（3）App 内支付很便捷。可以在各类 App 中使用 Apple Pay 进行消费支付。无论是支付车费、订购外卖，还是购买一双新运动鞋，只需轻触一下，即可快速、轻松又安全地完成付款。

（4）隐私及安全保护。用 Apple Pay 支付很安全。在进行支付时，Apple Pay 会使用一个设备特定号码和一个独有的交易代码。因此，用户的卡号从来都不会存储到其设备或苹果的服务器上。在进行付款时，Apple Pay 也从来不会将用户的卡号共享给商家，以保护用户的购物隐私。

当用户使用借记卡或信用卡支付时，Apple Pay 不会储存可以对用户进行追踪的交易信息。

（5）一个"钱包"全包揽。登机牌、各种票券，还有用户的借记卡、信用卡和商店卡都能存放在"钱包"App 中。Apple Pay 支持国内众多银行的大多数信用卡和借记卡，只需把适用的卡添加至"钱包"App，用户就能照样享受该卡的积分和优惠。

2．使用方法

iPhone、iPad、Apple Watch 或 Mac 都可以添加银行卡使用 Apple Pay，下面以 iPhone11 为例演示如何设置 Apple Pay。

使用 Apple Pay 需要在苹果系统自带的"钱包"App 里添加银行卡。iPhone 用户进入

"钱包"后，点击屏幕右上方的＋号，选择想要添加的卡片类型，然后将银行卡正面放置在 iPhone 摄像头前，使卡面出现在屏幕的提示框内，系统会自动识别卡号，当然也可以手动输入卡号，接下来需要手动输入姓名、卡片有效期与安全码，还要阅读业务须知并选择接受。添加卡片成功后需激活才能使用，用户要确认手机号，并接收和输入验证码，才能成功激活，如图 3-23 所示。

图 3-23　Apple Pay 绑定银行卡

同一台设备可以添加多张银行卡。首张添加卡即为默认卡。用户可以在"钱包"中通过长按卡片并将该卡排列为首位的方式将该卡设为默认付款卡，也可在"设置"的"钱包与 Apple Pay"功能中设置默认付款卡。

使用 Apple Pay 不需要手机接入互联网，也不需要点击进入 App，甚至无须唤醒显示屏，只要将 iPhone 靠近有银联闪付标志的读卡器，并将手指放在 HOME 键上验证指纹，即可进行支付。也可以在 iPhone 处于黑屏锁定状态时，轻点两下主屏幕按钮进入"钱包"，快速进行购买。如果交易终端显示需要输入密码，还需要输入银行卡的交易密码。只需一两秒钟就可以完成 Apple Pay 支付。

3. 使用地点

在商店、餐厅、酒店以及众多消费场所，都可使用 Apple Pay 进行支付。用户还可以在 iPhone 和 iPad 上的各类 App 内使用 Apple Pay。

线下结账时，请留意是否有 Apple Pay 标志和银联云闪付标志二者中的任意一个，如没有，请询问店家是否可使用 Apple Pay。

思考与练习

1. 简述移动支付流程。
2. 简述移动支付的发展现状。
3. 简述手机钱包的工作流程。
4. 简述典型的虚拟货币及应用。
5. 移动终端有哪些安全隐患？应如何规避？

职 业 提 示

银行卡使用安全

随着人们生活水平的提高，银行卡已经成为大众生活中常见的支付工具之一。但是，近年来涉及银行卡安全的犯罪事件层出不穷，这也给我们敲响了安全用卡的警钟。那么，我们应该如何安全使用银行卡呢？虽然目前各家发卡银行和银联已经采取了各种安全措施努力保障持卡人的资金安全，但是我们在使用银行卡时也要具备一定的安全常识。

（1）银行卡不要与身份证放在一起，从某种意义上来说，身份证是唯一能证明你身份的东西。银行卡的核心业务都是和身份证挂钩的。

（2）重视密码设置，不要将银行卡密码设置为您的生日、身份证号码的一部分，不能设置过于简单的密码，任何情况下不要向任何人透露银行卡密码。

（3）保护好个人信息，不要把个人资料随便留给不熟悉的公司或个人，不要轻易在网页上留下真实的个人身份，如办理某项业务需要留下身份证复印件时，最好在复印件上标明用途，如"仅用于办理信用卡"等。

（4）用卡时不要轻易相信他人，不要拨打机具旁粘贴的可疑电话号码，不要随意丢弃打印单据，另外刷卡门禁是不需要输入密码的。

（5）操作 ATM 时，留意插卡口是否有改装的痕迹；ATM 出现吞卡故障时，不要轻易离开，可在原地拨打 ATM 屏幕上显示的银行服务电话或直接拨打银行的客户服务热线进行求助；用卡交易时，请不要让卡片脱离您的视线范围，使用后请及时收回卡片，以免卡片被误用或调包。

（6）注意识别虚假短信的发送号码。正规短信的发送号码都是开卡行的"9"字头服务热线号码。

职业素养： 培养并践行社会主义核心价值观；提升辨别、分析能力，强化诚信意识，提升职业道德。

Module 4

模块四

移动电子商务
价值链与商业模式

---------- 学习目标 ----------

◎ 能够描述移动电子商务的价值链。

◎ 能够说明移动电子商务常见的商业模式和特点。

◎ 能够对 O2O、免费、共享、C2B 等移动电子商务模式进行深入剖析。

◎ 树立正确的电子商务观，主动学习，具有较强的实践精神。

◎ 具备创新思维和意识，积极开拓创新以适应移动电子商务的变化和迭代。

模块四导读

案例导引

拼多多简介

2015 年 9 月，拼多多公众号正式上线，以拼单模式迅速覆盖全品类商品，上线两周，粉丝即破百万。2018 年 7 月 26 日，纳斯达克证券交易所的上市钟被拼多多敲响，这个在当时已经拥有了 3 亿用户的新电商开拓者其实只成立了 3 年。也就是说，这家创立于 2015 年 9 月的"新电子商务平台"，仅仅用了 3 年的时间就完成了上市的华丽转变。

一、创新平台商业模式，被誉为新电商平台

拼多多被业界称为新电商平台，通过独特的"拼凑"模式，将传统电商的"人找货"，转变成了"货找人"，实现了 B2C（Business to Customer，商对客电子商务模式）向 C2B（Customer to Business，消费者对企业模式）的转变。

拼多多实现了 B2C 向 C2B 的转变，指的是拼多多借助社交拼团创新了一种 C2B 的新型团购模式。拼多多将陈旧的团购模式重新创新，改变了传统团购由商家提供统一入口的无差别折扣价的团购方式，取而代之的是以由消费者自主拼团进而获取不同优惠价的团购方式。在拼多多的 C2B 新型团购模式中，用户可以单独以高价购买商品，也可以发起团购或者以参团的形式用优惠价格团购到商品。因此，拼多多式的团购是需要用户主动去拼凑的团购。拼多多买家只要在 24 小时之内成功组团，便能以较低的拼单价格买下商品。另外，买家发起的拼单信息可以由买家分享到微信朋友圈等社交平台以吸引参团者，以方便其他人参团，这种方式是实现拼凑人数爆炸式增长的关键因素之一。

拼多多与传统团购不同的理念还表现在社交性上。这种社交关系链的营销原理并不难：找到第一批用户，形象地称之为"羊圈里的第一批羊"，通过物质、红包或现金等激励手段，让他们通过自己的社交关系去影响周围的人形成第二批用户，第二批用户再去通过社交关系影响周围的人形成第三批用户，周而复始，最终形成裂变效应，客户数量激增，实现销量突破。另外，由于拼多多平台上销量较大的抽纸等产品价值低、价格优势明显、客户对其品牌依赖性低等因素的影响，使得拼多多式的"是朋友就来砍一刀"的拼单模式大受欢迎。

拼多多的迅速崛起与其新电商模式密不可分，它创新了一种拼凑式的团购模式，抓住了消费者"拼到就是赚到"的心理。

二、注重抓住流量入口，经营高频商品

拼多多善于抓住流量入口。2016 年和 2018 年，拼多多在 B 轮和 C 轮融资中都获得了腾讯投资，拼多多成了腾讯大家族的成员，获得微信推广的优惠和"白名单"。微信作为一个社交软件，其地位不可估量，国内至今为止还没有出现第二个可以在社交领域代替微信的 App，可以说微信成了我们社交的一个主要在线工具。拼多多和腾讯的合作使得拼多多可以利用微信这个优势平台发布自身的活动，而且通过客户浏览 App 或者微信公众号的搜索分析出客户的多个数据，从而推送一些客户需要的产品。正是由于微信社交流量的高黏性和低商业化，拓展成本相对较低，拼多多才能通过微信的数亿活跃用户快速获得大规模分销，从而实现用户的裂变增长。

拼多多选择高频商品来增加用户黏性。很多产品经理人都深谙一个道理：一个好的产品，必须是刚需、痛点加高频。刚需就是刚性需求，用户特别想要的，甚至非要不可的商品，就属于刚需产品。吃饭是刚需，但吃外卖却不是刚需。痛点是指用户急需要解决而还未得到满足的点。拼多多解决痛点时不拖泥带水，甚至连"购物车"这种传统电商的标配都不提供，因为几乎都包邮，消费者不需要考虑在"购物车"中凑单的问题。那么高频商品和低频商品有什么区别呢？高频商品具有较高的使用频率，在生活中会经常使用；反之，使用频率较低的商品则被称为低频商品。

三、积极响应国家政策，致力于精准扶贫

拼多多把平台与国家精准扶贫政策紧密结合起来，使得偏远地区的农产品从田间地头直接送到了消费者手中。既解决了农产品的滞销问题和下行问题，又通过社交式自我传播，让更多的人关注到滞销农产品，让订单产生裂变式增长，造就了很多农产品品牌。

2017年7月5日晚8点，拼多多上的"陕西邮政精准扶贫官方店"正式上线了助农扶贫公益产品——"来自华山脚下的青皮核桃"。描述是这样的：5斤装的青皮核桃，单果果径30～50毫米，前900份拼单价只要14.4元。活动一经发布，立即引发抢购风潮，50万斤核桃很快售罄，拼多多的这次扶贫行为受到了国家发改委的关注，在国家发改委官网上专门发文肯定了此模式。

四、切实保障消费者权益，坚定不移打假

拼多多为了自身长远发展着想，致力保护消费者权益，一直投身于打假行动。拼多多一直执行电商行业最严的"假一赔十"标准，并严格要求合作商家货要对版、按时发货。数据显示，在2017年，拼多多就主动下架了1070万件疑似侵权商品，将95%的售假商家拒之门外，设立了1.5亿元消费者保障基金，帮助消费者处理售后纠纷并维权索赔。2019年，拼多多又增加500名员工解决产品质量、假冒伪劣问题。除此之外，拼多多大量投放电视和网络广告，其目的之一就是为了在消费者心目中积累更多好口碑。

2021年，拼多多大力推进"清朗·打击流量造假、黑公关、网络水军"专项行动，分环节治理刷分控评、刷单炒信、刷量增粉、刷榜拉票等流量造假问题，持续整治网络黑公关乱象，并坚决查处涉网络水军信息、账号及相关操控平台。

创新是指以现有的思维模式提出有别于常规或常人思路的见解为导向，利用现有的知识和物质，在特定的环境中，本着理想化需要或为满足社会需求，而改进或创造新的事物、方法、元素、路径、环境，并能获得一定有益效果的行为。其中在移动电子商务时代，商业模式创新发展一直在进行之中。因此，我们需要具备创新思维，主动开拓创新并积极应对和适应快速的变化和迭代。商业模式是连接技术开发和经济价值创造的媒介，其功能包括：明确价值主张；确定市场分割；定义价值链结构；估计成本结构和利润潜力；描述其在价值网络中的位置；阐明竞争战略。商业模式调和价值创造过程的构造。因此，移动电子商务产业的商业模式是连接移动终端用户（包括个人及企业的手机用户）和信息服务业经济价值的媒介。其内容必须明确客户类别、针对不同类别的客户提供的服务内容、各类服务内容的服务流程，以及如何在各种服务中获取价值，成本的均摊以及利润的分配、市场竞争战略等。移动电子商务价值链是指直接或间接地通过移动平台进行产品或服务的创造、提供、传递和维持，以及在从中获得利润的过程中形成价值传递的链式结构。移动电子商务价值链已经在很多方面逐渐改变和重构。同时，对于移动电子商务企业来说，成功的商业模式能使客户蜂拥而至争购产品，使用户规模不断扩大、流量迅速增长，使平台更有竞争力，也使竞争对手在竞争中甘拜下风；成功的商业模式能使企业在竞争激烈的移动互联网市场环境中保持市场领先地位。

单元一　移动电子商务价值链

价值链（Value Chain）这一概念是 1985 年由哈佛大学商学院的迈克尔·波特教授在《竞争优势》一书中提出的。如今，价值链理论被广泛应用于服务行业，如银行、电信、新闻、娱乐等，并且应用范围越来越广泛。对价值链理论的研究也为其应用提供了良好的基础。波特价值链模型如图 4-1 所示。

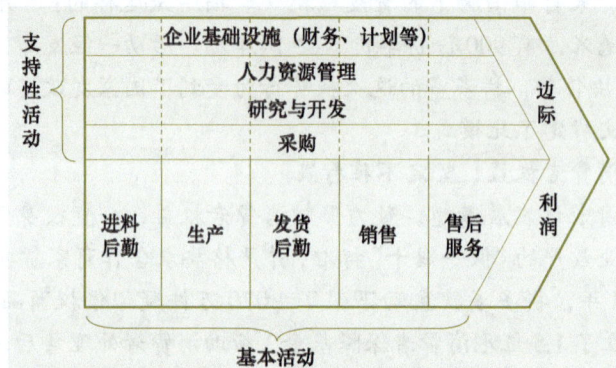

图 4-1　波特价值链模型

波特在上面的模型中，把企业内外价值增加的活动分为基本活动和支持性活动，基本活动涉及企业进料后勤、生产、发货后勤、销售、售后服务。支持性活动涉及企业基础设施（财务、计划等）、人力资源管理、研究与开发、采购等，基本活动和支持性活动构成了企业的价值链。不同的企业参与的价值活动中，并不是每个环节都创造价值，实际上只有某些特定的价值活动才真正创造价值。这些真正创造价值的经营活动，就是价值链上的"战略环节"。对于移动电子商务来说，价值链又有了新的内容。

一、移动电子商务价值链的含义

价值链是指在产品或服务的创造、生产、传输、维护和价值实现过程中所需的各种投资和运作活动，以及这些活动之间相互关系所构成的链式结构。价值链理论的研究核心是企业的竞争优势，任何企业的价值链都由一系列相互联系的创造价值的活动构成，这些活动分布于从供应商的原材料获取到最终产品消费时的服务之间的每一个环节。

移动电子商务价值链是运用移动技术或通过移动运营服务的扩展和延展创造价值，来满足社会需求的活动或行为，构成创造性的、动态的、完整的或虚拟的价值实现链条。在对移动电子商务价值链中的参与者进行识别和分析的时候，有很多种不同的分类方式。综合起来，可以将参与者分为用户，内容和服务相关的参与者，技术相关的参与者以及其他参与者等。用户又包括个人用户、商业用户等；内容和服务相关的参与者通常指网络运营商、内容提供商、内容综合商、应用提供商、应用开发商和无线门户等；技术相关的参与者指设备提供商、网络提供商、基础设施提供商和中间件／平台提供商等，还包括其他的参与者，如法律机构和政府机构等。

二、移动电子商务价值链的作用

价值链种类繁多并且无处不在，如关联的企业之间存在行业价值链，企业内部各部门各单元组成企业的价值链。波特的价值链理论告诉我们，企业与企业的竞争，不只是某个环节的竞争，而是整个价值链的竞争，整个价值链的综合竞争力决定企业的竞争力。价值链分析对于企业来说是有重要意义的，首先，企业通过整合上下游资源可以达到整合企业价值链的目的，因为企业价值链不是单一企业就能实现的。对此，娃哈哈集团有限公司负责人曾经说过："很多人怀疑我们的产品研发能力，确实，娃哈哈自己开发新产品的能力有限。但是，我的原料供应商为了让我多用它们的原材料，它们现在也在帮助我开发产品。世界上新的产品动态，它们会及时反馈到我这里。"其次，企业只有掌握和培养自己的核心竞争优势，才能在价值链中获得有利的位置。再次，企业既要让消费者满意，也要让价值链上的合作伙伴满意。最后，企业应根据变化随时灵活调整价值链，要善于根据周围环境的变化和企业不同发展时期的特征和状态，不断转移价值重心，将企业价值最大化。

增值服务是移动电子商务价值链的重要作用和应用之一，是将价值附加到客户所购买的产品和服务中的一种方式，与其他服务一样，也包括产品的质量、唯一性、便利性和可能的服务反应性等方面。1995年，美国学者雷波特和史维奥克拉提出了"虚拟价值链"（Virtual Value Chain）的观点。他们认为企业同时生存在两个世界之中：一个是可见的实物世界，称为"市场场所"（Market Place）；另一个是不可见的虚拟世界，称为"市场空间"（Market Space）。企业通过不同的价值链开展价值创造活动。在实物世界中通过采购、生产和销售来创造价值；而在虚拟世界中，企业通过收集信息、筛选信息、加工信息等来创造价值。两条价值链的增值方式和过程均不相同。

移动电子商务价值链的另一个重要作用是实现价值的传递。价值在以移动网络运营商为核心，由网络设备提供商、网络运营商、内容服务提供商、系统集成商、终端设备制造商、中间服务提供商、软件开发商、最终用户等上中下游的多个部分组成的一根链条上传递，这根链条上的各个元素紧密联系、相互作用，创造出比单一企业更大的协同效应和市场价值。

三、移动电子商务价值链的演进

移动电子商务价值链是随着移动技术的发展而不断发展变化的。自20世纪80年代中期出现到现在，移动技术经历了模拟技术、数字技术、无线网络高速传输技术三个发展阶段，即通常所说的1G、2G、3G/4G/5G。相应地，移动电子商务价值链也就经历了三个主要阶段，即第一代、第二代和第三代移动电子商务价值链。

1. 第一代移动电子商务价值链

20世纪80年代中期，移动技术开始出现。此时的主要应用是模拟移动电话，该应用能够提供的移动服务比较单一，主要以语音服务为主。价值链也比较简单，主要由四部分组成：无线服务提供商（Wireless Service Provider，WSP）、终端设备制造商（Terminal Manufacture，TMF）、中间服务提供商（Intermediate Service Provider，ISP）、最终用户（Final

Users，FU）（如图 4-2 所示）。

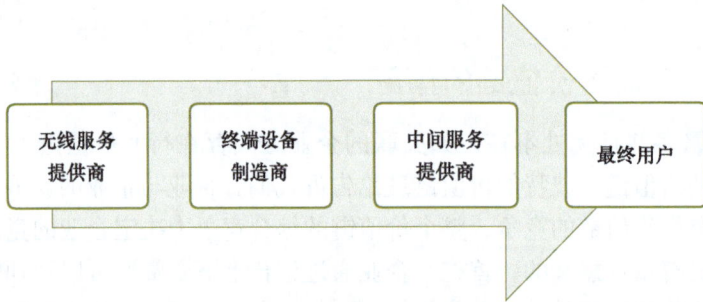

图 4-2　第一代移动电子商务价值链

在图 4-2 中，无线服务提供商的主要业务是运用无线设备（基站、交换机等）建立和运营传输信号的无线网络平台，为电子信号实现无线传输提供最基本的网络条件。在第一代移动电子商务价值链中，无线服务提供商为用户提供了一个无线传输模拟信号的网络平台。终端设备制造商的主要业务是制造供用户使用的移动终端设备，主要是采用模拟技术的手机，用户使用这些设备可以进行语音通信。中间服务提供商的主要业务是为终端设备制造商提供安装在终端设备上的应用程序，包括系统集成（System Integration，SI）、增值转接（Value Added Reseller，VAR）和专业分销（Specialty Retailer，SR）等。这些程序把价值链上的所有参与者连接在一起，使得参与者之间能够实现消息互通和信息传递，最终使用户享受到无线服务提供商提供的各种服务。最终用户是利用无线终端设备（主要是手机），享受无线服务提供商提供的无线服务的个体。在第一代移动电子商务价值链中，最终用户享受到的服务主要是无线语音通信服务。

第一代移动电子商务价值链的主要技术基础是模拟技术（Analog Technology），辐射大、稳定性低、价格昂贵是它的特点，现在基本上已经被淘汰。

2. 第二代移动电子商务价值链

20 世纪 90 年代中期，第二代网络技术、数字技术开始普及，数字技术的出现为移动电子商务的发展提供了新的机遇，使得数字语音数据服务得以实现，这促进了原来的移动电子商务价值链中参与者的组合分化，以及新的参与者的介入，并且改变了参与者之间的价值分配关系。第二代移动电子商务价值链如图 4-3 所示。

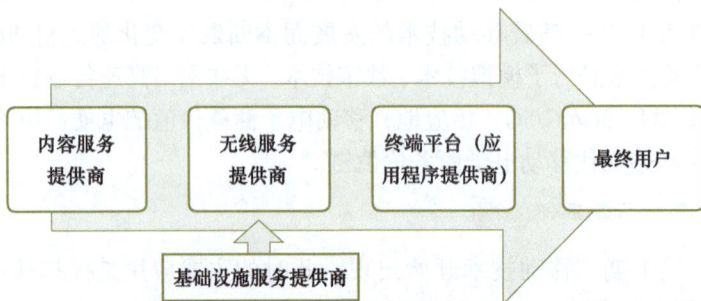

图 4-3　第二代移动电子商务价值链

与第一代相比，第二代移动电子商务价值链除了将传统的模拟语音服务转变成数字语音服务外，还具备了向用户提供简单的数据服务的能力，使得移动电子商务服务的内容变得更加丰富。当时最具代表性的服务就是短信服务（Short Message Service，SMS）。数据服务的出现催生了提供数据服务的内容服务提供商。内容服务提供商的主要业务是通过对数据服务的内容进行优化、整合，使其成为能够通过无线网络传输、最终服务于用户的产品。基础设施服务提供商从属于无线服务提供商，但并不直接参与价值链中的价值分配，而是通过为无线服务提供商提供基础设施服务获利。另外，第一代价值链中的中间服务提供商与终端设备制造商整合在一起，形成了第二代价值链中的终端平台（应用程序提供商）。

3. 第三代移动电子商务价值链

20 世纪末 21 世纪初，新一代无线高速数据传输移动通信技术（3G/4G/5G）迅速发展。基于这项技术，可以提供各种多媒体数据服务。现在，第三代移动通信系统已得到广泛应用，在很多地区，基于 3G/4G/5G 的无线传输网络已实现大范围覆盖。新一代无线高速数据传输移动通信技术的发展引起了移动电子商务价值链的又一次革命，形成了第三代移动电子商务价值链。第三代移动电子商务价值链如图 4-4 所示。

图 4-4　第三代移动电子商务价值链

第三代移动电子商务价值链相比第二代所能提供的服务有了新的突破，出现了基于多媒体数据的服务，如彩信、游戏、高速网络接入等。价值链上的参与者也发生了变化，有了门户和接入服务商、支持性服务提供商的介入。随着内容变得复杂、处理技术难度提高等，内容服务提供商和无线服务提供商之间就需要既熟悉无线网络技术，又熟悉内容处理技术的实体，使得内容服务提供商能够方便、快捷地接入无线网络，而不需要过多地了解无线网络技术。门户和接入服务提供商正是这样的实体，为内容服务提供商提供接入无线网络的接口，在内容服务提供商和无线服务提供商之间架起一座可以互通的"桥梁"。

这里的支持性服务提供商与第一代的中间服务提供商不同。第一代中的中间服务提供商的主要业务是提供应用于终端设备上的应用程序，在第三代中，它们提供的是使移动电子商务得以顺利进行的支持性服务，如付费平台的建立、付费支持、安全保证等。

此时的支持性服务提供商的业务是从无线服务提供商的职能范围中分化出来的。这样，无线服务提供商只专注于无线网络构建和无线网络运营，将相关业务外包给其他的价值主体，突出了核心竞争力，降低了运营风险。同时，整个价值链更加明细化，关系也变得更加复杂。

第三代移动服务的内容较前两代已丰富很多，形式也更加多样化，服务内容主体从单一的语音转向数据多媒体内容。按内容形式可将移动服务分为以下五种类型：文本、音频、图片、视频和直播。

（1）文本，如时事、新闻、股票价格、文字广告等。

（2）音频，如现场录音、广播、音乐、语音信箱等。

（3）图片，如静态图片、动态图片等。

（4）视频，如H5动画、教学视频、短视频等。

（5）直播，如直播带货、新闻直播、服务直播等。

移动电子商务价值链整合可以把移动电子商务看成是移动通信承载服务和多媒体应用软件服务这两个不同行业的有机组合，但这两个行业要真正融合起来实际难度比较大。可将今后的移动电子商务价值链划分为七个主要组成部分：内容提供者，应用开发及其软件提供者，移动网络提供者，内容和应用的聚集者和分发者，网络设备制造商，终端设备制造商，咨询服务者。这七个组成部分即未来移动电子商务价值链上的主体，每一个主体都负责不同的业务并且实现各自不同的功能，它们分工明确、各司其职，共同协作完成移动电子商务价值链的价值创造和价值传递的活动。

单元二　移动电子商务商业模式概述

当前移动互联网用户规模膨胀为移动电子商务的发展奠定了庞大的用户基础，移动购物已经成为手机用户首选的购物方式。移动电子商务市场交易额占互联网交易总额的主要份额。移动互联网的巨大市场前景吸引了产业链各方和第三方开发者，它们纷纷涌入移动互联网产业。同时，移动互联网也成为投资者关注的热点，风险投资、私募股权投资纷纷看好移动互联网行业。从风险投资来看，它们投资一家企业或行业，主要考虑的因素有三点：一是该产品或行业有没有市场；二是团队，尤其是团队管理者有没有创新精神；三是看商业模式。从中可以看出商业模式是多么重要。正如百度CEO李彦宏所说："没有新的商业模式，用户再多也会失败。"那究竟什么是移动电子商务商业模式呢？它包括什么内容？有哪些特征？如何实现商业模式创新从而确保移动互联网创新创业的成功呢？研究和解决这些问题无疑对促进移动互联网持续健康发展、帮助众多进入移动互联网的企业走向成功具有重要的现实意义。

一、移动电子商务商业模式的内涵

商业模式决定着企业的命运，成功的企业必然有着成功的商业模式。例如，平台是移动互联网产业的显著特征之一，如果能打造成功的平台，必然说明其商业模式取得了成功。苹果公司的成功在于推出了iMac、iPod、iPhone和iPad等产品，开创了"终端＋服务"软硬件融合的商业模式。需要注意的是，移动电子商务商业模式并不完全等同于盈利模式。虽然商业模式简单地说就是怎么赚钱，但赚钱只是结果，要实现盈利必须通过一系列价值创造活动，显而易见，盈利模式只是商业模式中的重要内容，但不是全部。

移动电子商务商业模式就是为了提升平台价值、聚集客户，针对其目标市场进行准确的价值定位，以平台为载体，有效整合企业内外部各种资源，建立起产业链各方共同参与、共同进行价值创新的生态系统,形成一个完整的、高效的、具有独特核心竞争力的运行系统,并不断满足客户需求、提升客户价值和建立多元化的盈利模式使企业达到持续盈利的目标。可以看出,移动电子商务商业模式满足三个必要条件:

(1)移动电子商务商业模式以打造平台为目标,建立移动电子商务价值网比较关键。

(2)移动电子商务是由多种因素组成的整体,并具有一定的结构。

(3)移动电子商务商业模式各组成因素之间具有内在联系,相互作用,形成一个良性的循环。

由此可见,移动电子商务商业模式在具体应用时,从商业组织的角度来看,商业模式是企业为客户、合作伙伴、第三方开发者创造价值的活动,是企业通过准确界定自己在价值链中的位置而获得应有的收益,是企业为了获利所形成的组织结构及其与合作伙伴共同形成的价值网络,是能够产生效益并继续维持的客户资源。

商业模式很重要,其核心就在于你能给别人提供什么样的价值。因此,商业模式就是围绕着如何提供价值并获得回报来开展的。从移动电子商务商业模式内涵来看,结合移动互联网的特点,可以构建移动电子商务七要素商业模式模型,如图4-5所示。其中:战略定位是移动电子商务商业模式取得成功的先决条件;打造开放平台是业务平台运营系统的核心;盈利模式是商业模式的输出结果,也是商业模式成败的重要判断标准。这些要素共同构成了移动电子商务商业模式的整体。

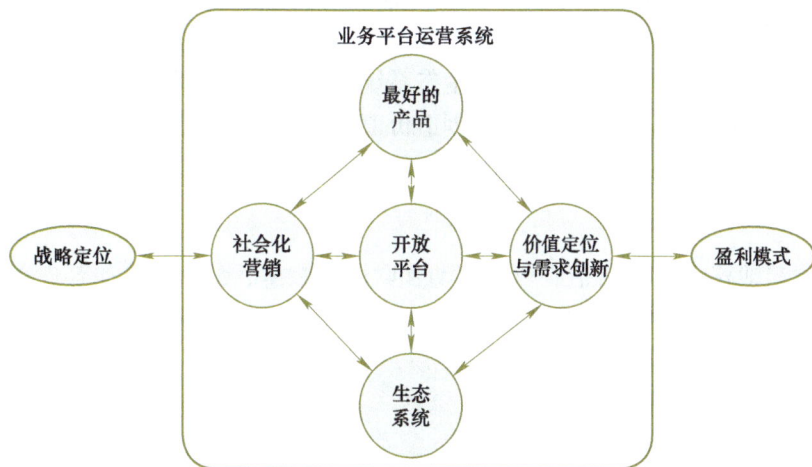

图4-5　移动电子商务七要素商业模式模型

1. 战略定位

战略定位即企业面对移动互联网诸多机会时确定企业在市场的定位,明确企业为哪些客户服务,提供什么产品,坚持企业自身有所为有所不为,从而使企业把握经营重心、集中企业优势资源,在移动互联网市场竞争中立于不败之地。战略定位的关键在于企业做好内外部市场环境分析,做好市场细分,并充分结合企业资源优势,从而使企业能在市场中保持优势。

2. 价值定位与需求创新

企业开展移动电子商务要找准目标市场以及客户尚未满足的需求,通过其产品和服务向消费者提供独特的价值。价值定位与需求创新就是帮助客户解决问题，满足客户的需求。做到这一点的关键是企业要做好客户需求洞察，充分利用移动互联网获得客户数据和信息的优势，深入挖掘和分析。

3. 最好的产品

移动互联网时代企业提供最好的产品就是通过技术创新，为客户提供最佳体验，切实满足客户的需求。产品和服务的最佳客户体验主要体现在独特性、便利性、切合需求、直达人心、良好的形象等方面。

4. 开放平台

移动互联网的重要特征之一就是打造开放平台，打造开放平台也是移动电子商务商业模式创新的核心内容。开放平台的本质就是构建围绕自己的生态链，通过平台的开放，将自己不擅长的事情开放给合作伙伴们来做，通过丰富的应用来吸引用户，最终将用户"黏在"自己的平台上。打造开放平台不能一蹴而就，而要运用移动互联网思维，遵循移动互联网平台开放规律，对如何开放、开放哪些能力、什么要自己做、什么由合作伙伴来做等问题做出明确的回答。

5. 生态系统

移动互联网的竞争已从单一技术、产品和服务的竞争演化为整合产业链上下游生态系统的竞争。平台终端数量的多少、用户的多寡、应用数量和开发者的多少决定了一个平台的生死前途，而围绕一个平台所建立起来的生态系统的经济价值则是一个平台活力、市场竞争力的直接反映。以打造开放平台、为客户创造价值为中心，打造良好的产业生态系统是企业的制胜之道。

6. 社会化营销

社会化营销即移动互联网企业利用移动互联网、微博、微信、移动客户端等社会化新媒体进行产品分销，开展与客户互动，向客户进行产品推广和品牌传播，建立和维护客户关系；同时，通过社会化媒体了解客户需求和反馈，从而更好地为客户创造价值，达到获取客户、保持客户、提高客户收益的效果。

7. 盈利模式

盈利模式即企业的收入模式，是指企业成功地为价值链各方创造价值并满足客户需求而获得的收入。收入的来源应是多元化的，收入流可以是一次性的，也可以是长期的。移动电子商务盈利模式主要有：商品及服务交易收入、内容收费、专利费、交易分成、广告收入、会员费、数据服务费、增值服务等。

二、移动电子商务商业模式的主要特征

据中国人民银行发布的数据显示，截至2020年年底，我国移动支付交易金额已经超400万亿元。巨额的交易量意味着今后几年全球移动电子商务业务将呈现持续走强趋势。面对迅猛发展的移动电子商务产业，移动互联网企业能否立足关键取决于商业模式的创新。成功的商业模式不一定是技术上的创新，而可能是对企业经营某一环节的改造，或是对原有经

营模式的变革和创新，业务流程重组与再造，甚至是对整个企业经营模式的彻底颠覆。

纵观成功的移动电子商务企业的经营实践，移动电子商务企业成功的商业模式应具有难以模仿、提供价值、注重务实和简洁明了四大特征。

1. 难以模仿

移动互联网企业要始终在激烈的市场竞争中站稳脚跟，就必须建立独特的商业模式。独特的商业模式主要体现在竞争对手难以模仿。任何商业模式无论其建立得如何完美，若竞争对手都能轻易模仿，将难以保证企业在市场竞争中赢得主动，最终必将导致恶性竞争。要建立成功的商业模式，不能照搬照抄现有成功企业的商业模式，而要始终坚持创新的观念，只有这样才能真正构建具有独特特征的商业模式。商业模式创新要做到难以模仿，要从用户需求出发，能为用户提供独特的价值；也可以从增强企业核心竞争力出发，整合外部资源，提高平台竞争力。因此，商业模式创新应与企业核心竞争力有机地结合起来，从而创建竞争对手难以模仿的商业模式；独特的商业模式也可以从品牌、渠道等方面着手，以品牌经营和构建差异化的渠道模式在市场中取胜。

2. 提供价值

有时这个独特价值可能是新的思想、新的模式；而更多的时候，它往往是能为用户提供良好的体验、更方便的服务，使得用户能用更低的价格获得同样的服务，物超所值，超越用户的期望，让用户心情愉悦，成为企业的忠实用户。

例如，芬兰 Rovio 公司开发的小游戏"愤怒的小鸟"取得了巨大的成功，关键在于"愤怒的小鸟"好玩，切合用户需求，操作简单，关卡设置合理，产品不断升级，为用户带来愉悦的享受，从而受到市场的热捧。

3. 注重务实

成功的商业模式不是凭经验就能得来的，也不是简单地照搬照抄就能解决的。注重务实就是脚踏实地、实事求是，不能玩概念、搞炒作，这客观需要移动互联网企业对用户消费行为、用户关注的利益和价值、市场竞争状况等有着正确的把握，而且商业模式创新要与企业资源能力相匹配，这样提炼出的商业模式不仅具有创新性，而且具有务实性和可行性。商业模式创新不能为创新而创新，否则就难以设计出差异化的移动电子商务商业模式。

4. 简洁明了

简约思维是移动互联网思维之一。企业设计移动电子商务商业模式时往往感到困惑，主要是因为考虑过多。综观国内外成功的互联网企业，可以发现其商业模式概括起来十分简单，甚至往往能用一句话概括。微软的成功在于推行行业标准；阿里巴巴的商业模式就是成功打造电子商务生态系统，让天下没有难做的生意；如家酒店的成功在于低价格加上良好的服务等。虽然成功企业的商业模式十分简洁，但它是企业在实际运营中各种行动的总结。因此，移动电子商务企业在设计商业模式时需要寻找突破口，善于总结、提炼和概括。

总之，移动电子商务企业商业模式的竞争是企业更高层次的竞争，商业模式创新从总体上来看，不能墨守成规，不能采取跟随战略，要寻找独特的发展模式，要从潜在用户的需求入手，要有超前的眼光和敏锐的判断力，看到别人看不到的东西，提出别人没有提出的问题，从而探寻到适合企业发展且有别于竞争对手的独特的商业模式。

三、典型的移动电子商务商业模式

自 2013 年我国工业和信息化部向我国三大主要通信运营商发放 4G 牌照以来，移动互联网正彻底融入人们的生活、工作、娱乐、消费等细节，并且已经出现了大量颠覆传统互联网的产业格局和商业模式。5G 的应用普及将会有更多的创新商业模式涌现。

当前的移动电子商务商业模式，其内涵和外延已经大大拓宽。移动电子商务商业模式的侧重点，已经从传统互联网的强调构建内容升级为构建包含内容和终端的服务生态，盈利模式也从相对单一的"前向收费""后向收费"向"衍生收费"演进。在移动互联网时代，各种新商业模式和应用层出不穷。在这个舞台上，有大企业，有小公司，还有个人开发者，如何找到可盈利、可持续发展的商业模式，找到自己的位置与营收方式，是现在大家所面对的共同问题。任何企业只有找到适合本企业的商业模式才能最终走向成功。移动电子商务典型商业模式有 O2O 模式、平台模式、免费模式、C2B 与 C2M 模式、共享经济模式、新零售模式、直播电商模式等。

单元三　O2O 模式

近年来，移动互联网的迅速发展，为移动电子商务带来了巨大商机，并且未来市场发展潜力巨大。艾瑞咨询分析认为，我国电子商务发展已经步入快速发展时期，通信和硬件条件对市场的推进作用将逐渐被品牌和服务所取代；随着移动电子商务平台建设得更加完善和手机网民电子商务意识的增强，我国移动电子商务市场进入市场大规模爆发的阶段。手机在线购物已经取代电脑在线购物成为主流。但手机购物并非电脑购物的替代，而是在移动环境下产生增量消费，并且重塑线下商业形态，促成交易，从而推动网络购物移动化发展趋势。正是看好移动电子商务的发展潜力，淘宝、京东等传统电子商务企业，中国移动、中国电信等电信运营商纷纷布局移动电子商务领域，寻求新的利润增长点，其中，O2O 电子商务的市场前景和地位日益显现。

一、O2O 模式概述

2011 年 8 月，美国试用品营销、广告服务商 TrialPay 的创始人亚历克斯·兰佩尔率先提出了 O2O（Online to Offline）的概念。O2O 模式就是将线下商务的机会与互联网结合在一起，就是线上订购、线下消费模式，让互联网成为线下交易的平台，把线上的消费者带到现实的商店中去，真正使线上的虚拟经济和线下的实体经济融为一体。这样企业可以通过在线招揽客户到其线下的实体经营场所购物或消费，而消费者可以在线筛选企业的产品或服务，交易可以在线结算。O2O 模式的核心很简单，就是把线上的消费者带到现实的商店中去——在线支付购买线下的商品和服务，再到线下去享受服务。通过打折，提供信息、服务等方式，把线下商店的消息推送给互联网用户，从而将他们转化为自己的线下客户。此外，O2O 模式的关键点就在于，平台通过在线方式吸引消费者，但真正消费的服务或产品须由消费者在线下体验，这就对线下服务提出了更高的要求。

一个标准的 O2O 模式的交易流程如图 4-6 所示。

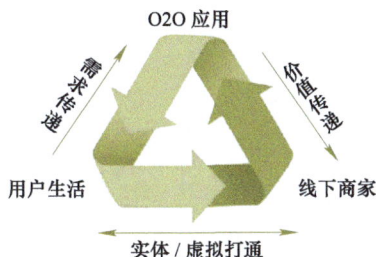

图 4-6　O2O 模式的交易流程

（1）线上平台（移动网站、移动 App、电脑网站等）通过与线下商家沟通，就商品或服务及开展经营活动的时间达成协议。

（2）线上平台通过各种渠道和推广手段将准备开展的经营活动向自身的用户进行推介，用户则向线上平台付款而获得线上平台提供的商品或服务消费"凭证"。

（3）用户持"凭证"到线下商家获取商品或享受服务。

（4）用户获得商品或享受服务后，线上平台与线下商家进行结算，线上平台获得一定比例的佣金，线下商家获得提供商品或服务的款项，完成交易。

O2O 模式是移动电子商务业务针对用户个性化、情景感知等特点及移动网络强大的定位与搜索能力在商业模式方面取得的重大突破。随着物流、支付等问题的解决，社交网络、LBS、二维码的有效结合，移动电子商务将会给用户带来更多更丰富的购物体验。O2O 模式将带动整个移动互联网产业的发展，而移动互联网也将成为 O2O 发展的重要助推剂。

二、O2O 模式的分类

互联网的迅猛发展为 O2O 提供了无限想象的空间。消费者通过手机连接互联网，在 O2O 网站、App 商店、社交网店或通过在线下实体店或传单上扫描二维码等方式，查找和获得自己需要的产品和服务，然后利用手机支付进行购买，再到线下实体店进行消费。随着 SNS 的迅猛发展、LBS 应用的普及以及二维码技术的成熟和应用，O2O 模式更趋多元化，表现出旺盛的市场需求。按本地服务的介入程度，O2O 可以分为轻型 O2O 和重型 O2O。

1. 轻型 O2O

电子商务平台解决人与商品的关系，而本地生活消费平台即 O2O 解决人与服务的关系。轻型 O2O 本地服务介入程度浅，如大众点评、美团等；它的优势是资产相对较轻、属网络型应用、易于跟踪数据、流量购买相对容易、团队构成单一、文化冲突较少。

轻型 O2O 面临的挑战是对服务体验缺少真正的控制，容易进入同质化竞争，初期与商家合作中的议价能力较低，佣金获取面临一定挑战。例如，大众点评网的触角延伸到了线下的传统商铺，开始涉足线下商品的 O2O 团购。如图 4-7 所示，大众点评的 O2O 团购鞋类商品的用户，可在线下门店试穿后通过手机扫描二维码进入大众点评页面在线购买。

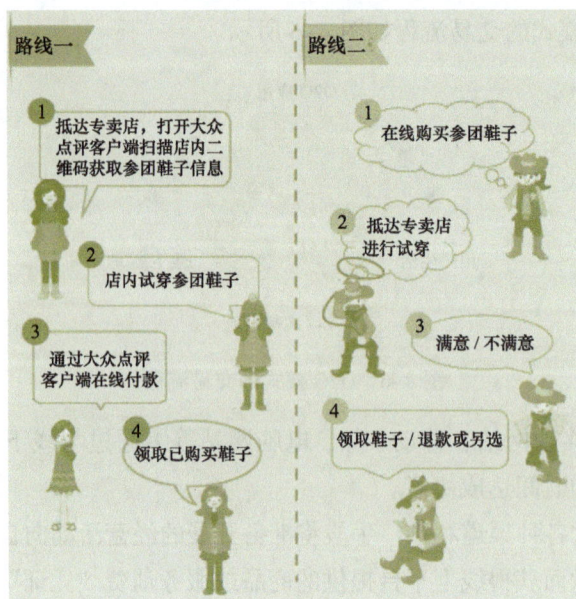

图 4-7　大众点评网线下商品经营团购路线

　　大众点评的 O2O 团购实际上跟虚拟团购业务没有什么本质的区别，只是把虚拟业务换成了穿戴这类的实物，并且让消费者主动来到店铺。想象一种场景，当某个消费者来到一家蛋糕店，掏出手机开始团购这家蛋糕店的团购券的时候，同样可以立刻购买，立刻体验。大众点评的做法对传统商家而言，最直接、最明显的特点是减少了物流配送环节的费用。商家可以把节省下来的这部分费用分摊到店铺的租金成本上，进行打折。

　　从本地生活消费来讲，服务的对象就是消费者和店家，而消费者有三大需求：找信息、找优惠和享受服务。移动互联网对大众点评最大的价值在于，它是形成 O2O 闭环的关键。这就好比物流对于电子商务的意义，电商和 O2O 都是连接"买卖"双方，电商是"零售＋物流"，物流把商品带到消费者家里；而 O2O 是"服务＋移动"，即"移动把互联网带到了服务中"。

2. 重型 O2O

　　线下服务业的标准化程度低、规范化程度低、从业人员 IT 水平低、业务定位随时间和市场改变等因素，导致了重型 O2O 本地服务的出现。重型 O2O 本地服务的介入程度较深，如安居客、美餐、神州租车、到家美食会等。重型 O2O 的优势包括对服务体验有较强的控制和保障，在与商家合作中有较强的议价能力，能很快收到佣金，能提供个性化服务，而且不易被复制。重型 O2O 面临的挑战主要包括实体资产比重大、规模化难度大、推广有较大限制、团队构建难度高。

　　例如，神州租车最初采用直营店的模式，很难覆盖所有的城市，管理难度比较大。因此，神州租车随后发布了云战略，即以"云概念"和"云计算"为基础，通过规模化采购车辆和铺设密集的服务网点，建立丰富的资源池，利用高科技手段充分共享车辆资源，从而精准地向客户提供"随时随地、应有尽有、按需付费、简单便捷"的用车体验。此外，神州租车也投入大众朗逸、大众帕萨特、日产轩逸、本田凌派等新车，以及雪佛兰迈锐宝、别克 GL8

等备受消费者喜爱的车型，为用户提供不同场景下的用车选择。从 2013 年年底开始，一直坚持只开直营租车分店的神州租车启动全新区域扩张战略——"百城千店"加盟计划，宣布在 66 大直营城市之外，通过加盟的方式覆盖三四线城市，核心是地级市和全国百强县，并利用这个网络来做成一个覆盖全国的二手车买卖 O2O 平台。截至 2021 年年底，神州租车车队规模接近 11 万辆，服务范围覆盖全国 300 余个主要城市，设有 2 800 余个服务网点，已服务超千万个人客户。

租车行业是重资产，是一种基础的生活服务行业，其最核心的特质是"本地化"。本地服务的便捷性，是租车服务中不逊于价格的另外一种核心体验。重视线下，立足本地化，提高地理渗透率，将服务推到客户身边，是租车公司突破价格战困局的唯一选择。神州租车的本地化战略的实施使得自身在租车行业取得了先入优势。

随着 4G/5G 网络的日益成熟和智能手机的大量普及，越来越多的用户开始通过手机获得各种服务，传统电脑未来必然被智能手机所替代。O2O 只有抓住移动互联网带来的机遇，才能真正获得爆炸式的发展。

三、O2O 模式的盈利点分析

O2O 已经逐渐成为电子商务投资的热点领域，正吸引着众多企业的加入，其中也不乏成功企业，如大众点评网、携程网、搜房网、去哪儿等，它们在人们的工作生活中发挥着重要作用，发展得如火如荼。一旦形成强大的 O2O 平台，其盈利模式将更加清晰、多元化，从而支撑企业的发展和 O2O 平台的良性发展。O2O 的盈利模式是比较清晰的，有面向用户收费的，也有面向商家收费的，更有通过广告来收费的。总体来说，O2O 模式的收入来源主要有以下几种：

1. 销售佣金收入

O2O 运营企业通过打造 O2O 平台，聚集了大量的商家，平台通过提供打折、优惠券、促销等活动吸引线上用户到线下商家购买商品。由于线上资源增加的用户并不会给商家带来太多的成本，这样商家在销售产品的过程中将获得更多利润。O2O 运营企业根据商品销售或代理向商家收取销售佣金。例如，在豆瓣网，用户看到一本书后就可以单击其中的链接，或者将它们添加到购书单，到网上书城进行购买，豆瓣收取佣金。

2. 广告收入

O2O 运营企业通过业务运营、业务模式的创新，结合社交、LBS 等移动互联网应用，丰富 O2O 平台的应用，为消费者提供互动、良好的用户体验。平台一方面聚集海量用户资源，另一方面聚集大量的商家，通过线上巨大流量，聚集消费者，然后把这些流量导入给商家，通过关键字搜索、电子优惠券等形式开展广告，O2O 运营企业可以借此向商家收取广告费。同时，O2O 运营企业聚集了海量的用户消费行为、消费能力、消费习惯、消费需求等数据，通过数据分析为商家开展精准营销，在正确的时间将与用户需求相适应的商家信息推送给潜在用户，从而向商家收取精准广告推送收入。广告收入是 O2O 运营企业的主要收入来源。大众点评网通过"点评模式"聚集了海量的用户资源。早在 2017 年第二季度，大众点评移动客户端累计独立用户数超过 5.9 亿，App 月活跃用户数超过 2.5 亿，点评数量超过 2.5 亿条，收录商户数量超过 3 000 万家。大众点评网采取精准广告模式向商家收取广告费，从而为商家开展关键字搜索、电子优惠券、客户关系管理等多种营销推广。

3. 数据服务收入

当O2O平台每天访问量达到上百万次或上千万次时，O2O平台积累了海量的用户数据，成为电子商务企业最大的"金矿"。大数据商业价值主要表现在：对每个消费群体制定有针对性的策略和行动，运用大数据模拟实境，发掘新的需求和提高投入的回报率；提高大数据成果为商家等生态系统伙伴服务，提高商家整个管理链和产业链的投入回报率。O2O运营企业可以将用户数据集成开发客户关系管理（CRM）系统，进行数据分析和挖掘，开展有意义的消费行为分析，制订有针对性的营销方案，为商家商业模式、产品和服务创新提供服务，从而向商家收费。

4. 增值服务收入

O2O运营企业应当借助自身的平台优势和媒体优势，与商家合作进行多元化业务的开发，挖掘一些增值业务。例如，美团聚焦"Food+Platform"战略，以"吃"为核心，通过科技创新，和广大商户与各类合作伙伴一起，努力为消费者提供品质生活，推动生活服务业需求侧和供给侧数字化升级。不仅能为消费者提供快速、便捷的网上订餐服务，还能为商家提供订餐软件系统，帮助商家进行订餐管理，优化业务流程，降低经营成本。而美团也可以向商家提供"美团餐饮系统"等增值服务，以获得收入。

5. 金融服务

O2O平台链接海量中小商户与用户，通过沉淀交易数据，建立征信体系，发展消费金融、供应链金融、理财、征信等金融业务。例如，美团为中小商家提供便捷、快速、低成本的美团小贷等金融服务，按照贷款金额需求不同，分为"极速贷"和"经营贷"两种产品，帮助小微企业解决"钱"事。

由此可见，O2O模式的收入来源主要是佣金与广告费两类。针对不同的O2O运营企业，在制定盈利模式时，要根据企业发展所处的阶段、平台运营状况灵活确定。收入来源可以是上述五种的组合。

单元四　平台模式

平台思维是移动互联网思维之一。移动互联网的普及应用导致不仅仅是运营商，而且以互联网公司为代表的内容提供者、终端厂商等都打破了传统的产业链分工限制，尝试着直接面对用户。这个时候，企业就可以借助平台将用户所需的各类应用和信息整合和推送，实现盈利。于是，移动互联网时代给了所有的参与方一个新的自由空间，大家纷纷选择了搭建自己的平台，或者联合在一个优质平台之下，形成新的产业体系。由此，移动互联网产业实际上已成为一种平台化的产业。

一、平台模式概述

"平台"是指在平等的基础上，由多主体共建的、资源共享、能够实现共赢的、开放的一种商业生态系统。典型的传统经济观念追求大而全，或者"螺蛳壳里做道场"式的小而全；但现代市场经济是市场细分化的产物，细分化的显著特征再也不是"凡事不求人"，而是"别人能干得更好，那就让别人去干"。平台经济模式应运而生。平台经济不仅是一种新的产业形态，也是一种新的商业模式。在移动互联网时代，"新"和"快"比"大"和"全"更加重要："你不要完善完善再完善、规模规模再规模，如果没有新和快，等你拿出来，什么都晚了。"

移动互联网发展到今天，平台开放的商业模式已经成为主流，各个垂直领域都出现了平台型服务商：苹果的应用商店平台；谷歌的 Search API、Maps API、OpenSocial API 等一系列还在不断增长的 API 列表以及 Android 操作平台；腾讯的社区开放平台和微信开放平台；新浪的微博开放平台；阿里巴巴的电子商务开放平台；360 安全平台等，诸如此类，不胜枚举。

平台就是为合作参与者和用户提供一个合作和交易的软硬件相结合的环境。平台模式是通过双边或多边市场效应和平台的集群效应，形成符合定位的平台分工。在这个平台上有众多的参与者，有着明确的分工，都可以做出自己的贡献，每个平台都有一个平台运营商，它负责聚集社会资源和合作伙伴，为用户提供好的产品，通过聚集人气，扩大用户规模，使参与各方受益，达到平台价值、用户价值和服务最大化。

二、互联网平台模式的四个条件

从形式上看，超市就是一种交易平台，各种商品和用户在这里集中交易，而超市提供场地、环境、收银、促销等各种服务。股票交易市场同样是一种平台，无数买家和卖家在这里对接，而股票交易市场则提供信息服务和交易服务。

美国运通卡也是一个平台运营商的经典案例。它与传统的信用卡盈利渠道不同，主要盈利来源于运通卡用户的消费商家返点和年费，而不是用户购物后向银行支付的利息，运通卡将这部分利益让渡给了银行。在这个前提下，各大银行就有动力帮助运通发卡，成了运通卡通向最终用户的渠道。而随着运通卡发卡量的增大，就吸引了越来越多的商户加盟，这就形成了良性循环。运通卡成为一个平台，用户和商家都依赖于运通卡广阔的渠道和营销服务获得利益。

平台模式要健康运营，取得成功，应具备开放、共赢、平等、共享四个必要条件。

1. 开放

所谓开放，平台不一定依托互联网，但互联网是最佳的开放平台，有着数据库和信息化管理方面的优势，与互联网联合可以最大化地扩大参与主体。平台型企业越开放，与其他企业或个人的连接就越多。在一个网状社会，一个"个人"跟一个"企业"的价值，是由连接点的广度和厚度共同决定的。企业连接越广、连接越厚，企业的价值越大，这也是纯信息社会的基本特征，是由你的信息含量决定你的价值。所以开放变成一种生存的必要，不开放，就没有办法去获得更多的连接。

2. 共赢

平台型企业若要赢利，平台生态圈就必须达到一定规模。而要达到一定规模就必须吸引主体参与者，那么共赢就必须成为一个前提。因此平台的交易结构设计必须基于多方共赢的考虑。平台模式下的共赢需要认识"多边性"的特征。单边无法构建出一个平台，搭建平台的首要工作就是定义双边或多边的群体。例如，淘宝、招聘网站属于双边模式（供需双方），搜索平台属于三边模式（供需双方＋广告方）。

3. 平等

开放平台必须是一个平等的平台。对于传统商业来说，渠道管控是一贯的思维，但是互联网思维不是这样的，这是由技术决定的，就像生产力决定生产关系。一个网状结构的互联网是没有中心节点的，它不是一个层级结构。虽然不同的点有不同的权重，但没有一个点是绝对的权威。所以互联网的技术结构决定了它内在的精神，是去中心化，是分布式，是平等，是互动。平等是互联网非常重要的基本原则。

4. 共享

共享就是对于生产资料、资产及资本的共同开发和使用。平台思维的共享有两个特点：

（1）互动性。无论是从互联网还是从大数据的角度，共享一定是双向的、互动的才创造价值。例如，Facebook 和微信这样的产品，它们最大的特点是多向互动，任何人跟任何群体之间，都可以在瞬间发生互动交流。共享强调的重点就是双向互动的正循环，双方都给对方贡献了数据价值。

（2）共用平台。在互联网中经常出现开放源代码的词汇，开放源代码就是一种共享机制。开放源代码协作是一条能够通过相互协作孕育重大创新的途径。开放源代码的途径是使用平台的技术，即搭建一种典型的共用平台使得开源技术提供者和使用者可以共建共享。另外一种共用平台，便是云技术服务，如云存储、云计算等。这种平台未来会像电网和通信一样成为社会的基础设施。

移动互联网发展到今天，市场情况非常符合这四项基本条件，因此平台模式出现也就是必然的。在互联经济的背景下，平台化商业模式呈现快速发展之势，出现在社交网络、电子商务、移动通信、搜索引擎、线上游戏等诸多领域。在网络效应下，平台上往往出现规模收益递增现象，强者可以掌控全局，赢者通吃，而弱者只能瓜分残羹。

三、平台模式的分类

平台的竞争也渐渐形成了不同的模式，可以按照平台的业务属性以及产业链运营主体来划分。

1. 按照业务属性分类

按照业务属性分类，平台模式主要有以下几种：

（1）新媒体平台模式。如新浪、搜狐、微博、微信以及各类媒体 App 应用等。

（2）垂直应用平台模式。主要是指专注某类产品或某一类目标市场而打造的平台，如阿里巴巴、优酷土豆等。

（3）电子商务平台模式。如京东商城、当当网、淘宝网、苏宁易购、唯品会等。

（4）综合服务平台模式。是指通过与产业链合作伙伴合作，为客户提供多种产品和服务的平台。腾讯就是综合服务平台模式，不仅提供即时通信服务，还向客户提供游戏、音乐、视频、安全软件、支付等各类服务。

当前，由垂直应用平台模式向综合服务平台模式和新媒体平台模式转变是一大趋势。

对于进入移动互联网的企业来说，一开始选择垂直应用平台模式是最佳策略，只要集中资源，坚持专注，做专、做精、做深，就一定能在垂直市场处于领先地位。

2. 按照产业链运营主体分类

按照产业链运营主体分类，平台模式主要分为终端商、互联网公司和移动运营商三类平台模式。

（1）终端商平台模式。智能终端本身就是一个平台，它汇聚操作系统、浏览器、内嵌各种应用和客户端。如今智能终端的功能越来越强大，消费者可随时随地上网，享用购物、音乐、影视、阅读、游戏、交友等各种应用，当然，这些应用未必是由终端平台商自己开发的。

智能终端竞争很大程度上就是操作系统之间的竞争，掌握了操作系统，也就获得了更大的用户规模，掌握了平台的主动权，终端商平台模式就能成功。谷歌为生产商和应用开发者免费开放 Android 开源系统，终端厂商以 Android 操作系统为基础，开发出不同款式的终端手机。同时，内容开发者也可以开发出不同的软件应用，通过谷歌平台销售给用户。如今，Android 聚集了几乎所有的终端厂商，其智能手机市场占有率远远超过苹果 iOS 的占有率。

对于终端平台商来说，要以形成终端厂商、软件开发企业、消费者多赢为目标，通过整合产业链合作伙伴，强化自主创新，开发自己的应用商店，实施软硬件融合，终端商平台模式才能真正建立起来。

（2）互联网公司平台模式。互联网公司平台模式的最大特点就是基于做大核心应用提升平台价值并向其他服务延伸。百度就是专注于搜索核心应用，通过技术创新、商业模式创新、用户体验创新以及平台开放，使得搜索信息更加精细化，"即搜即用"的实现让用户的搜索体验大幅提升。

（3）移动运营商平台模式。移动运营商拥有网络，因此其搭建的平台也必须与自己的网络绑定。移动运营商可以通过开放自己的一部分能力，如短信、计费以及位置服务等，给内容开发者开发相应的应用。同时也可以发展移动互联网业务（如我国三大运营商成立基地，大力拓展手机视频、阅读、音乐、电子商务等业务）和打造自己的应用商店，通过提供平台，聚集合作伙伴和应用开发者，通过平台聚集丰富的应用，满足用户多元化需求和长尾需求。移动运营商的平台面向的操作系统可以有很多，终端也可以有很多，但是用户一般只能是自己网络的用户，对于开发者和终端商而言，自由度更大，而对于用户则控制力更强。中国移动的 MM 商场、中国电信天翼空间就是这一模式的代表产物。目前来看，三种平台模式各有特点，差异化比较大。终端商平台模式无论是操作系统还是终端，都是单一的，而且有封闭的，也有开放的。互联网公司平台模式是开放的，它的优势是其拥有的核心应用，并在此基础上打造的互联网平台，互联网公司是平台的领导者。移动运营商平台模式也是开放的，但由于运营商既不掌控终端、操作系统，又没有内容优势，因此，移动运营商平台模式比较脆弱。移动运营商平台模式要成功，就必须做好战略定位，聚焦垂直应用，只有通过战略创新、模式创新、市场创新、机制创新来实现成功。

四、平台模式的战略定位

移动互联网平台化商业模式的最大特点就是汇聚产业链上下游企业，平台模式的成功必将释放巨大的经济价值，对促进移动互联网产业发展、繁荣社会文化经济、提高人们物质文化生活品质具有重要意义。移动互联网企业实施平台模式，把握自身的战略定位十分重要。通常，平台模式有以下几种选择：

1. 成为完全的平台中介者

自己搭建一个交易平台，通过强化平台运营和管理，汇聚内容开发者以及其他合作伙伴，自己不开发任何产品和服务，应用完全由开发者和合作伙伴提供，并通过合作分成、前向内容收费、后向广告收费等方式实现盈利。360在其开放大会上多次强调360开放所有业务、全部流量及用户数据，并且"只做平台，不做应用"，不与合作者争利，这对于开发者而言具有不小的吸引力。中国电信提出要做综合平台的提供者，平台的定位应该是平台的中介者，其成功与否关键靠提升平台运营能力和整合能力。

2. 建立具有独特优势的差异化垂直平台

如今，几乎在移动互联网所有业务领域都有市场成功者和领先者，对于进入移动互联网的企业来说，不能盲目跟风，要结合自身资源能力和优劣势，做好市场研究和用户需求分析，选择垂直细分市场作为切入点，从而构建与市场领先者的差异化平台优势，企业才有立足之地。如在线旅游市场，携程无疑是行业的领先者，对于后来者来说，只有差异化定位才有生存空间。

3. 对原有平台提供支持服务，成为平台的平台

搜房网通过分布于我国各主要城市的本地化站点建设，不断汇聚有买房需求和租房需求的用户流量，并利用这种需求汇聚的影响力，向各实体中介公司兜售发布房源信息的接入端口程序。搜房网不参与任何实际的房屋交易，通过房源信息的快速更新形成了良性循环。搜房网主要靠广告、行业出版物、职业培训、网站资源共享的授权以及面向中介公司出售营销工具、建立网络平台、提供解决方案而获利。这种模式就是为房产中介提供平台，同时，更好地为用户提供便捷的服务。

4. 对现有平台提供延伸增值服务，成为"综合平台供应商"

平台模式的发展一般先是从满足客户核心需求的垂直应用平台做起，当垂直平台规模做大了、品牌做强了，在此基础上通过流量导入拓展和延伸业务服务领域，往往能取得巨大的成功。这方面的例子有很多，比如今日头条是北京字节跳动科技有限公司开发的一款基于数据挖掘的推荐引擎产品，为用户推荐信息、提供连接人与信息的服务的产品。2016年，今日头条宣布投资10亿元用以补贴短视频创作，后独立孵化UGC短视频平台火山小视频和抖音短视频。同时，推出了开放的内容创作与分发平台——"头条号"，是针对媒体、国家机构、企业以及自媒体推出的专业信息发布平台，致力于帮助内容生产者在移动互联网上高效率地获得更多的曝光和关注。如今，今日头条平台能为用户提供资讯、视频、音乐、电商、社交等多种服务，成为一个综合服务平台。

5. 开创全新的平台

对于移动互联网企业，要有勇于创新、开创全新业务领域的精神，打造全新的业务平台。但关键点在于：①切实满足用户需求，对用户真正有价值；②通过技术创新实现产业的拓展和延伸，提高竞争门槛；③实行产品创新，真正推出用户想要的产品；④实行商业模式

的变革。这里全新的创新不是炒作新概念，而是实实在在的创新，全新的创新，甚至是颠覆性的创新。

五、生态系统与平台模式完美结合

移动互联网的机会不胜枚举，但平台将是贯穿始终的主线。从操作系统、浏览器到应用商店，平台正在变得广泛而重要。所谓平台，实质是信息的增值通道，谁把握了这个通道，谁就掌握了通往移动互联网财富之路的话语权。我国移动互联网正从以运营商主导的时代向内容与应用为王的时代过渡，在移动互联网产业中，最为关键的就是平台运营商。眼下，围绕着方寸间的手机屏幕，平台之下迎来了许多争食者。其中，运营商、谷歌、苹果和手机浏览器厂商分别代表了不同的平台运营的理念。而在它们中间，谁才能够代表移动平台的未来呢？移动互联网将由谁主宰虽还未成定数，但各方都在试图摸索出一条能够控制未来移动互联网最大财源的通道，这其中平台无疑已成为兵家必争之地。

平台模式能否取得成功，关键在于平台经营。如何做好平台经营？平台经营涉及哪些内容？平台经营与生态系统建设关系怎样？平台经营是移动互联网的核心，平台经营的关键是通过开放共享广泛聚集合作伙伴和第三方开发者，形成平台企业、合作伙伴、第三方开发者共赢的局面。

可以看出，打造有价值的开放平台的本质就是建立良好的生态系统。生态系统的建设是平台经营的核心，也是平台经营制胜的法宝，没有良好的生态系统，平台经营难以成功；平台经营与生态系统建设两者途殊同归，目标一致，密不可分，互为一体。当然，平台经营的内容更加宽泛，除了包括生态建设这一重要内容外，还包括战略定位、目标市场选择、市场营销、品牌推广、渠道建设、产品创新等。平台经营和生态系统建设是移动电子商务商业模式创新的核心内容，也越来越受到众多传统企业和互联网企业的青睐，如阿里巴巴、淘宝、苹果、谷歌、亚马逊等。那么平台经营和生态系统建设如何实现完美结合呢？编者认为，应从以下几方面进行考虑。

（1）明确平台经营和生态建设目标是一致的，是统一的。它们的共同目标就是做大做强平台，实现互利共赢，共同繁荣，从而实现企业业务持续发展。

（2）更加强化平台经营和生态系统建设运营过程的有机统一，实现高效运营。提升平台价值和打造良好产业生态系统目标的实现有赖于高效的运营管理。过程往往比结果更为重要。平台经营的运营过程和生态建设的运营过程在实践中是有机统一的，因为平台经营中最重要的内容是企业间合作、内容运营、盈利模式、API开放管理、合作管理、制定平台激励机制等，这些正是生态系统建设的内容。因此，在运营过程中，强化两者的有机统一是必需的。

（3）无论是平台经营还是生态系统建设，都要从做业务开始，专注于把业务做大做强。业务做不好，平台经营和生态系统建设只能是空中楼阁。因此，提高用户感知、做大业务规模、提高流量、提高业务的影响力是打造生态系统和推进平台经营的基础，这需要平台企业在用户体验、商业模式和盈利模式上进行创新。

（4）创新合作模式，提高平台的产业集聚能力。创新合作模式，加强与合作伙伴合作，实现共赢发展，是打造良好产业生态系统的关键。实现合作模式创新，关键要做到以下几点：①强化核心能力建设，不断提高聚合产业链上下游合作伙伴的能力。面对移动互联网巨大机会，需要更加专注、更加深入，不能将核心能力外包。②做好合作需求分析，严格合作伙伴选择标准，有效选择合作伙伴，最广泛地开展合作。③把握能力开放的本质，实现共同繁荣。能力开放主要包括用户、数据、产品、软件和服务等，做好能力开放一定要对开发者有用，一定要对丰富平台内容和服务有价值，一定要能节约开发者的开发成本，一定要能提高用户平台黏性。④实行积极的分成模式，提高合作伙伴积极性，提高合作伙伴的忠诚度。例如，苹果出台新的 App Store 政策对开发者进行激励，包括添加付费搜索形式和订阅分成模式。

平台为进入移动互联网的企业（包括电信运营商）创造了无限的机会，没有广阔的平台空间，生态系统建设就没有很好的生长土壤，企业永远无法做到真正的强大。在移动互联网时代，企业要永续经营，成功转型，生态系统建设、平台经营乃至盈利模式创新将是企业市场制胜不可或缺的法宝。

总之，平台模式的形成是功能和服务到达某种程度之后的延伸，有了极致的产品和良好的体验，快速地积累用户，这才有了平台的人气基础。没有人气的平台是不能称为平台的，而平台战略归根到底是人气战略。有了人气之后，企业盈利模式会自然形成。经营平台要有开放的胸怀，保持平台开放的公平性、原则性；向合作伙伴开放用户数据、用户关系、流量等核心价值；合作共赢，让合作伙伴不断成长；始终坚持用户第一的观念，并落到实处；保证开放接口调用数据的成功率、稳定性和安全性。

单元五　免费模式

俗话说"天下没有免费的午餐"，但是在移动互联网时代，好像这句话已经被彻底颠覆了。手机用户时时都在使用着免费的 Android 系统、使用着免费的微信通信软件、使用着免费的杀毒软件、使用着免费的移动地图软件、看着免费的网络视频和网络文学等，免费已经成为移动互联网的主流。同时，"免费"已经成为移动电子商务企业在竞争中获胜的法宝之一。

一、免费模式概述

早在 20 世纪初期，"免费"的商业模式就十分盛行。例如，剃须刀厂商通过免费派送剃须刀具，从后续销售刀片盈利，就形成了典型的捆绑销售模式；早期的电视节目也是免费向观众播放的，通过第三方——广告商预付的广告费来盈利；咖啡厅免费为顾客提供 Wi-Fi 上网，其所售咖啡每天供不应求；1996 年，在微软与网景之间爆发了历史上最为奇特的商战之一：双方争着把浏览器免费送到用户手中；在中国，电信运营商在用户安装宽带时免费提供 ADSL 调制解调器或光猫等。腾讯 QQ、微信、电子邮箱、360 软件等免费网络工具或网络服务给人们的工作和生活提供了很大的便利，甚至在一定程度上改变了人们的工作和生活的行为方式：利用互联网可以收看免费的电影以及下载海量音乐，而不用为此付费；大量的门户网站和专业类细分网站免费为人们提供无穷无尽的信息资源。诸如此类的免费商业模式数不胜数，可见"免费"的商业模式并非新生事物，而是不断地改变其形式来呈现，免费似乎改变了人们数千年来的等价交换法则。20 世纪末的互联网革命诞生了互联网经济，互联网经济的发展使它越来越成为免费经济的代名词，以数字时代的"免费"商业模式踏上了历史的舞台。2004 年提出"长尾"理论的经济学家克里斯·安德森惊叹："这个世界太疯狂，全世界都在发送免费的午餐。"

移动互联网时代,用户需求在变,业务类型在变,盈利模式在变,唯一不变的就是用户规模,先把用户留住,再考虑如何在用户身上挣钱。在对价格非常敏感的中国互联网市场,免费是移动互联网企业赢得海量用户的重要手段。因此,以免费模式吸引用户、做大规模受到众多移动互联网企业的青睐。

二、免费商业模式产生的原因

从传统经济学角度来看,商品的价格 = 成本 + 利润。在一个完全竞争的市场里,一个产品的长期目标价格趋向于该产品的边际成本。这里的边际成本表示当产量增加一个单位时,总成本增加多少。一般而言,随着产量的增加,总成本的增量是递减的,从而边际成本下降,这就是所谓的规模效应。然而,随着互联网经济的发展,免费模式受到众多互联网企业的垂青,从而产生了新型的商业模式——免费。

1. 数字产品的成本特征

对于数字产品而言,它的成本结构比较特殊,生产第一份产品需要投入很大的研发和创造成本,但第一份产品出来后,复制的成本极低。例如,现在越来越多的微电影,当初创作者花费很多的灵感和精力做创意、拍摄和后期制作,而一旦完成后,传播和复制的成本就几乎可以忽略不计,上传到网络后,可以让很多的网友看到,几乎没有发行成本。因此数字产品具有很高的固定成本和极低的边际成本。再如杀毒软件,一个部门花了一年的时间研发完成,这是固定费用,但上线后传播和复制的成本极低,用户自行下载即可,下载一千万份和下载一万份对企业来说都一样(服务器和带宽等成本越来越低,不考虑在内)。也就是说,该款软件达到一定的销量后,边际成本可以认为是 0。通俗地说,像 360 手机卫士这样有着几亿用户的产品,你成为 360 手机卫士的用户对 360 来说成本为 0。因此从经济学的角度来看,数字产品的免费模式是有理论依据的。

以传统的经济学理论分析,在企业产品具有大量固定成本而边际成本相对较小的时候,该企业只有通过大量的后期产品生产及销售,以获得规模效应,从而赚取利润。对于这类产品而言,由于后续生产的边际成本远远小于初始生产开发的固定成本,所以产品的数量越大,其平均成本越小。在销售价格至少大于边际成本的情况下,随着销量的增加,总利润会呈现大幅上涨的趋势。正是这种高固定成本低边际成本的生产关系体现了互联网时代数字产品生产的基本特征。

与传统产品的销售和消费模式相比,消费者或者受众在使用数字产品和服务时所花费的成本很低,只需花费搜寻成本以及学习成本,而这两项成本对于大多数数字产品而言,所占比例也是很低的。随着谷歌、百度、360 搜索、搜狗等搜索技术的不断进步,未来搜索成本将会不断下降,网络用户可以准确而便捷地查找到自己所需要的数字产品。正是基于互联网数字产品的这种生产及消费成本的特征,互联网数字产品的制造商往往选择前文所述的免费商业模式来销售商品,以期取得更大的市场份额,从而通过大量低边际成本的后续商品销售来实现前期投入的回收,并最终获得收益的最大化。

2. 注意力经济促成免费商业模式

迈克尔·戈德海伯在 1997 年最早提出"注意力经济"的概念,他在《注意力的购买者》

一文中指出，"注意力经济是指如何更有效地配置企业现有的资源，以最低成本去吸引用户或消费者的注意力，通过培养其潜在的消费群体，以期获得最大的未来无形资产，即经营消费者的注意力。"当今社会是一个信息极大丰富甚至泛滥的社会，互联网的出现更是加快了这一进程，信息以及同质化的产品非但不是稀缺资源，相反是大量过剩的。消费者去寻找这些信息或产品就需要耗费时间和精力，以便建立对所需商品的了解和信任，而消费者的这种时间和精力的耗费又会随着信息的泛滥而不断增加。因此，相对于过剩的信息，消费者的注意力开始变得十分稀缺，从而使得吸引消费者的注意力成了互联网经济的显著特征。特别是当数字产品极低的边际成本使得传统的定价策略在数字产品市场上失效时，吸引消费者注意力就成为成功获取最终收益的关键。在互联网经济中，互联网企业为了盈利就必须将注意力转化为经济价值，互联网媒体既需要吸引大众的注意力，同时又要完成注意力价值的交换，所以互联网经济是在吸引大众注意力的基础上创造价值。在注意力经济时代，拥有大量的用户就掌握了大众的注意力，庞大的用户群就成了公司最大的资产。这种将用户群纳入公司资产的做法改变了传统经济对于资产的认识，与稀缺经济的理论方法有很大的不同。正如腾讯当初所采取的商业模式，在通过"免费"的产品"诱饵"成功获得消费者的注意和认可后，再通过这些产品的后续经营利润去回收当时的大量固定投资和免费产品的成本。当360公司以免费杀毒软件赢得数以亿计的注册用户后，其后续的盈利模式则变得简单而又清晰了。可以说360公司的成功正是在于有效地吸引了当时电脑用户的注意力，在市场竞争尚未白热化之时及时地获得了消费者的认可，从而获得了市场的绝大份额，为其后续的企业经营发展创造了非常有利的条件。因此，在移动互联网时代，如果网络经营企业成功地吸引了大众的注意力，则可以充分说明企业离成功不远了。

3. 免费商业模式是提高"网络效应"的有效手段

互联网存在网络效应，在互联网经济中，信息产品或服务伴随着使用人数的增加，其效益才会逐步增加，从而产生规模效应。当信息产品具有网络效应时，通过实行免费模式，以扩大用户规模、提升网络价值，成为互联网公司一项基本策略。

网络效应是指一个网络的价值取决于该网络用户的数量，用户数量越大，网络的价值就越大，即一种产品越是受到人们的欢迎，人们对它的评价就越高，需求量也就越大。网络效应会产生滚雪球效应，一旦网络用户达到一定的数量，网络的用户人数越多，就会吸引更多的用户加入网络，从而产生需求方规模经济，即产品的效用随着使用人数的增加而增大。这种网络效应也称为直接网络效应。试想，当某个消费者使用某公司的邮箱或者通信工具时，而其余大部分人都不使用这一工具，那么该消费者如何能与别人顺利完成沟通和交流呢？互联网公司就是利用直接网络效应来扩大产品的用户群，以吸引更多的注意力。美国著名的流量信息网站 Alexa 曾就各大门户网站的访问流量与经济价值进行过深入的比较分析，一个显著的结果即是某个网站的访问量越大，则该网站的商业价值越大，这种价值初期表现在该网站的广告费用及网页版面收入上，随即则更深层次地反映在该网站的证券市场市值及评估价值等具体价值之中。

还有另外一种网络效应，即间接网络效应。间接网络效应的作用机制有所不同，它是指同一个网络下多个相关产品的关系，即其中一种网络产品用户数量的增加会带动相关产品需求增加，产品之间有可能存在互补效应，也有可能只是同一网络下或同一品牌下的产品。随着相关产品需求的增加，产品之间会形成正反馈效应。这种互补产品销量的增加从形式上和传统经济理论中互补产品的原理相似，但效果要更为明显。当消费者习惯于使用某网络企业的一种产品时，他也往往会被该企业的其他产品所吸引。因此，互联网企业就可以通过其中一种免费产品来扩大自己的用户群，用其他的产品或者升级产品来获取价值。在这种情况下，产品的效用取决于互补产品的品种多少、质量好坏和价格高低。互补产品的品种越多、质量越好、价格越低，则产品本身给消费者带来的效用价值就越高。可见，互联网企业就是充分利用间接网络效应将注意力转化为价值。互联网企业深知网络效应的重要性，很多企业在产品推向市场的早期，为了产生网络效应，都采取了种种措施，免费就是其中的一种。例如：淘宝网在成立之初，为了迅速扩大市场就采用了免费的策略；2008 年 360 公司推出的安全卫士也高调宣布 360 杀毒软件永远免费。这些免费策略的选择，其目的均在于直接或间接地扩大网络效应，从而使企业最终从消费市场中获得更大的份额。

三、免费商业模式的分类

在互联网经济中，人们确实享受到了种种免费的好处，但互联网企业最关心的问题必然是企业的盈利模式与盈利能力。互联网企业在短期内基本均倾向于通过免费迅速占领市场，扩大"用户资产"以引起注意力，从而形成网络效应，但是长期来看互联网企业必须建立自己的盈利模式，以达到最终利润最大化的目的。因此，每种免费模式下一定会有互联网企业根据不同经营战略需要选择的商业模式。以下是互联网经济中几种常见的免费商业模式。

1. "免费 + 收费"模式

"免费 + 收费"模式又称为免费增值商业模式（Freemium Business Model），它是互联网最常见的一种商业模式。"免费 + 收费"模式最早由风险投资人福瑞德·威尔森提出，这种商业模式是企业为用户提供免费服务，借助口碑营销、良好的用户体验聚集大规模用户和流量，然后向用户提供增值产品和服务，以实现企业的盈利。在 Web 平台，免费成为一种普遍的商业模式，相比于 Web 平台，在移动平台上，从免费到收费模式是一种更自然的过渡方式，使实行收费成为可能。从 Web 时代到后 Web（Post-Web）时代，随着技术与用户行为的改变，商业模式也在悄然变革。用户行为已经开始从 Web 时代的浏览器主导逐渐演绎到现在的 App，人们越来越多地采取订阅的模式来消费内容。因此，在 Web 时代盛行的免费模式，在移动互联网时代，将逐渐变成一种"免费 + 收费"模式。当一个网络或平台拥有足够多的用户和流量时，它就不必担心赚不到钱，因为总有少数人去购买他们的收费产品，而且庞大的用户规模和流量提升了平台的广告价值，盈利模式逐步多元化。

免费增值商业模式的兴起有两种主要推动力量。一方面，业务多元化的发展使得交叉补贴被越来越多地使用；另一方面，在移动互联网领域，随着用户规模的不断扩大，每个用户的边际服务成本加速下降，并趋近于零，这为免费增值商业模式提供了基础。

免费增值商业模式是目前移动互联网企业普遍使用的商业模式。众所周知，360 公司是杀毒软件永久免费的开创者，对于普通用户而言，360 就是杀毒软件的代名词，而 360 公司是怎样利用庞大的用户规模实现盈利的呢？实际上，360 公司的盈利与其安全产品并没有直接关系，免费的安全产品只是吸引用户的诱饵，以安全产品为入口，360 公司将海量用户牵引到其他前端产品如浏览器、安全桌面等，再将浏览器等用户进一步转化为导航站及游戏用户，通过带给第三方流量和用户，从第三方获得收入。360 公司自身并不开发游戏或做搜索业务，而是以用户规模作为资源，通过为游戏开发商等提供用户入口来获得第三方的收入分成。正是提供免费产品所起到的广告和导向作用，才能使付费产品有如此大的潜在市场。

2. "免费+广告"模式

"免费+广告"模式又称作"三方市场"或"双边市场"，就是由第三方付费来参与前两方之间的免费商品交换。"免费+广告"模式的一个典型例子就是电视媒体：电视媒体负责向观众免费播放新闻、娱乐节目以及广告，而广告发布商向电视媒体支付广告费，广告产生了较好的效应可以扩大自己的产品或者服务的销量，最终弥补广告费；媒体运营商用广告费收入来弥补运营成本并获得利润。观众虽然免费收看了电视节目，但是只要观众中有极小的一部分人在观看广告后购买了广告发布商的产品，那么广告发布商就能获取广告效用的回报。

Facebook为广大用户提供社交平台，提供好友间互动和交流服务的SNS，生来即是免费，如今，Facebook拥有数十亿用户，成为全球第一大SNS网站，其平台价值充分显现，对广告商极具吸引力，通过向广告商收费实现盈利。再如，谷歌和百度，都属于搜索类网站，它们的共同特点是为广大网民免费提供方便、快捷的搜索服务，从而聚集了大量的用户和流量，谷歌和百度并不直接从使用者身上赚钱，而是向发布信息的企业收取费用。因为大量上网用户使用谷歌、百度搜索服务，为谷歌、百度创造了巨大的"注意力"，"注意力"就是价值，从而吸引无数企业在这两个网站上投放广告。

对于我国用户而言，更偏向于免费应用软件的使用，这是由于我国消费者在互联网时代形成的消费理念与免费习惯导致的，因此，移动应用在我国面临着有别于欧美发达国家的独特发展环境。国内手机用户要养成付费下载的习惯还需要较长时间。在这种背景下，移动应用"免费+广告"模式就责无旁贷地成为推动移动应用产业在中国成长以及快速实现收益的另一根救命稻草。移动应用的"免费+广告"模式，可以大大降低手机用户参与的门槛，因为免费可以让移动应用市场积累起庞大的用户市场规模，成为行业发展初期的最佳选择。"免费+广告"模式将成为移动应用"付费下载模式"的有力补充，更符合我国手机用户的习惯，也更容易解决移动应用开发者的商业模式，是移动应用开发者盈利模式的重要手段之一，从而盘活整个产业链。

移动互联网"免费+广告"模式之所以走向历史舞台，是因为开放的传统宽带互联网已经培养了广大网民免费化的消费心理。转入移动互联网时代，由于传统宽带互联网业务与移动互联网业务具有很多的相似性，因此免费化的消费心理也逐渐影响移动互联网的用户行为。从整个产业的发展角度来看，针对前向用户的免费应用和服务将会培育出更大的有效用户规模，从而对后向广告主更具吸引力，而移动互联网本身所固有的个人化及社会化特征也是广大广告主们愿意花大笔资金投入的重要原因。

3. 非货币市场模式

非货币市场模式来自个人行为的外部性。由于互联网信息传播的成本很低，人们上网的时间几乎是免费的，唯一花费的就是时间成本，这也是互联网能迅速普及的一个重要原因。如今互联网已经成为一个大的平台，人们在互联网上完成各种各样的互动，用来满足自己的各种需求，或者进行交换。只要存在一个大型的平台，就存在交换的可能性，人们通过交换各取所需，彼此增加对方的福利。例如，为了满足自己的表达欲或者增加在某个组织的认同感，人们倾向于在网上发表自己的观点，或者告知他人一些信息。随着大量人群在互联网社区的聚集，在网络效应的作用下就会吸引更多的人参与进来，从而形成更大规模的聚集，使互联网具有一定的公共性。个人行为的外部性给其他人带来效用的提高，使公众处于一个有利的外部性平台上，这就是互联网商业模式的非货币市场模式本质。

移动互联网中关于非货币市场模式比比皆是。例如，抖音、快手、小红书等短视频网站具有丰富的视频内容，积极打造 UGC（用户创造内容）平台，用户可以通过互动方式上传内容，用户创造内容将是未来互联网传播的主导力量。再如，用户在旅游景点拍照上传与朋友共享，同时也上传了其所在的地理位置，从而帮助更多的潜在游客了解其周边的景色。大众点评网是一个典型的 UGC 移动网站，用户可以对使用过的餐馆进行点评、提供相关用餐资讯，这些信息对其他用户挑选餐馆有着很好的参考价值。在大量用户点评的基础上，大众点评网深入挖掘自身的营销和渠道优势，推出了点评卡等多种服务，用户凭此卡在其联盟店享受一定的折扣优惠，这实际上是一种劳动交换。可以看出，点评的用户越多，对提高相应网站或服务的价值、品牌的作用就越大。大众点评网凭借其平台优势拓展服务领域，通过增值服务、线下服务、佣金收入和广告等实现盈利。

总之，科学技术的进步成就了互联网，而得益于互联网的广泛应用，新型的"免费"商业模式不断地攻城略地，向传统的商业模式发出强有力的挑战。环顾四方，一片片的商业沃土上已然遍插"免费"大旗，这已经是一个用户对"免费"习以为常，商家视"免费"为盈利模式的时代。诸多昔日的网络巨头正在通过一系列的调整来迎合现代互联网新兴商业模式的到来，从而期望抓住下一轮经济变革的"命运"。可以预言，"免费"的商业模式正在大行其道，并将最终成为改变人们生活及消费模式的重要因素。

单元六　C2B 与 C2M 模式

C2B 是以聚合消费者需求为导向的反向电商模式，起源于 1998 年美国 Priceline 客户自我定价系统，在旅游、航空淡季市场非常受欢迎。Priceline 在 1999 年通过 C2B 就卖掉了 19.5 万张机票，最高峰一天通过 C2B 卖掉 6 000 张，同年 3 月 Priceline 在纳斯达克上市，受到投资热捧。C2B 发展需要庞大的社交平台做组件。C2B 在移动互联网时代得到了蓬勃发展。比如，2021 年，上汽大通 MAXUS 皮卡全年销量 35 455 台，同比增长 27%，以绝对高分跑赢大盘，其成功的重要因素之一就是 C2B 用户共创。早在 2016 年，上汽大通就开启了全球首创的 C2B 用户共创定制模式，2021 年将该模式进一步创新升级，并成立了用户共创中心，从产品定义、开发、命名，到定价、配置、改进等环节，让用户参与进来深度参与共创。C2M 作为 C2B 的特例，实现了用户到工厂的直连，去除所有中间流通加价环节，连接设计师、制造商，为用户提供"大牌品质，工厂价格"的商品。

一、C2B 模式概述

C2B（Customer to Business）模式是指消费者对企业的交易模式。狭义上的理解是有别于 B2C 的反向电子商务模式，通过聚合分散分布但数量庞大的用户形成一个强大的采购集团向商家集中采购的行为，也叫反向定制或聚定制。这种理解低估了 C2B 带来的商业变革力量。广义的 C2B 的理解是由消费者（Customer）发起需求，企业（Business）进行快速响应的商业模式，即消费者需要什么，企业就生产什么。C2B 的核心是消费者角色的变化，由传统工业时代的被动响应者变为真正的决策者。B2C 模式是典型的推动，而 C2B 模式是拉动，按需定制，降低甚至消除了库存和相应的成本。C2B 的另一个特征是积少成多，聚沙成塔，企业利用社会的零碎资源和个人的能力及零碎时间低成本地帮助企业完成需要大量劳动力、生命周期短，或企业不具有能力和资源的项目。

在互联网消费社会中，用户处于绝对中心和主导地位，企业只有精准把握了消费者的需求和心理，才可能获取盈利。以往商家是借助多种方式收集消费者数据，然后通过对大数据信息的分析整理挖掘和定位消费者需求；与此不同，C2B 模式是直接让用户将自己的个性化需求告诉商家，然后由商家组织生产。

C2B 模式的竞争优势达成，是消费者用商品的某些属性进行的交换，商品价格优势背后是"时间""选择权"等属性的丧失。从商家的角度，在固定沉没成本和对既有消费群体利益影响较小的情况下，追求利益的最大化，其中信息技术的应用起到了至关重要的作用。数据智能体系（BI）是 C2B 模式的核心内容。C2B 模式更适宜作为具有庞大资源和用户的综合性平台的组件，对其他业务模式有着提升促进作用，特别是对社交关系具有其他商业模式难以替代的作用。C2B 模式的典型应用就是用户个性化定制，由消费者主导，提出自己的需求，由厂商根据消费者的需求定制相应的个性化产品。

二、C2B 模式的主要形式

目前看来，基于移动互联网的电商 C2B 模式有聚定制、模块定制、深度定制和要约定制四种形式。

1. 聚定制形式

所谓"聚定制"，是指首先聚合、分析用户需求，以此为基础组织商家进行批量生产，并将节省下来的生产、流通和库存成本让利给消费者，实现交易两方的双赢，比较有代表性的是天猫双 11 活动的节前预售。

其主要流程是，用户在双 11 之前首先缴纳少量定金获取活动当天的优惠名额，然后在双 11 当天交付尾款，以较优惠的价格获取商品。这种预购模式已成为天猫双 11 活动的最大亮点，能够为平台聚合更多流量，也为活动当天几百甚至上千亿元的交易规模奠定了基础。

对商家而言，借助这种 C2B 模式，可以提前锁定目标用户群体，有效避免了传统 B2C 模式下盲目生产带来的资源浪费和库存高企问题，从而大幅降低生产经营成本，提高产品周转效率，同时也是构建绿色、节约、环保、可持续的生产方式和商业形态的最佳路径。除了天猫双 11 的节前预售，聚划算、团购等也属于聚定制形式。

2. 模块定制形式

聚定制形式侧重于 C 端，是对消费者需求的聚合；与此不同，模块定制涉及 B 端产品环节的定制，较为典型的是海尔集团提供的产品定制化服务。海尔是国内首先提出定制概念的家电企业，用户可以通过海尔商城自主选择家电产品的容积大小、调温方式、材质、外观图案等模块，然后海尔公司会根据用户的个性化需求组织生产。

模块定制属于 C2B 中的浅层定制，消费者只能在现有的模块和菜单中选择，而不是为每位顾客提供完全个性化的定制。因为后者涉及对整个供应链的改造，目前还难以实现，当前更多的是让消费者去适应企业现有的供应链，通过模块化、菜单式的选择进行有限定制。

3. 深度定制形式

深度定制也叫参与式定制，即用户参与到产品研发设计全流程中，厂家完全根据用户的个性化诉求进行定制生产，每一件产品都可以看作一个独立的 SKU，当前这类 C2B 模式较为成熟的领域是服装、鞋类和家具定制行业。

以家具定制为例，很多消费者在家具选择上都青睐可以根据户型、尺寸、风格、功能等实现完全的个性化定制，以最大限度地利用房屋空间并满足个性化需求。当前，这种完全个性化定制的模式正快速抢占成品家具的市场份额。

定制家具企业尚品宅配是深度定制模式的典型代表，该企业深度整合 IT 和互联网技术，并借助设计系统、网上订单管理系统、条码应用系统、混合排产和生产过程系统等，有效解决了深度定制的关键难题——大规模生产与个性化定制的矛盾，成为国内定制家具行业的领航者和示范企业。

4. 要约定制形式

所谓"要约定制"，即消费者首先在 C2B 平台中发布自己的需求和报价，然后由商家选择是否接受，较为典型的是美国的在线旅游公司 Priceline。

除了上述几种分类，从产品属性来看，C2B 模式也可分为实物定制、服务定制和技术定制。服装、鞋、家具等属于实物定制。麦当劳曾在美国加州南部市场开展的"汉堡定制"项目也是实物定制：该项目在 iPad 菜单中提供 20 种汉堡配料，用餐者可以按照自己的喜好选择和搭配，从而获得个性化的定制汉堡；同时，菜单中还有三种全新的高价位特制汉堡供顾客选择。

服务定制主要集中在家政护理、旅游、婚庆等中高端行业，小米手机是国内服务定制的典范，用户通过小米社区对米柚系统和小米硬件进行反馈或提出自己的想法创意，以此推动小米产品的优化迭代，获得更优质的产品和服务。

技术定制最引人关注的则是 3D 打印技术，当前该技术已被广泛应用于航空航天、医疗、食品、服装、玩具等多个领域，在不断拓展应用范围的同时，也对传统制造产业带来了巨大的冲击颠覆。如果 3D 打印机能够快速批量定制，必然会引发新一轮的工业革命浪潮。

三、C2M 模式

1. C2M 模式定义

C2M 是"从消费者到生产者"（Customer to Manufacturer）的简称，它是平台与厂商合作组织产销的一种模式。C2M 模式是 C2B 模式的特例。C2M 模式的特点是通过互联网对消费者的信息进行搜集、整合，从中分析出消费者的需求状况，然后将这些信息发送给制造商，生成订单。

与常见的销售模式不同，C2M 模式跳过了品牌商、代理商、最终销售终端等渠道和中间环节，因而可以实现对中间成本的节省。该模式是在"工业互联网"背景下产生的，由必要商城创始人毕胜 2013 年率先提出并实施，是指现代制造业中由用户驱动生产的反向生产模式。

C2M 模式基于互联网、大数据、人工智能，以及通过生产线的自动化、定制化、节能化、柔性化，运用庞大的计算机系统随时进行数据交换，按照用户的产品订单要求，设定供应商和生产工序，最终生产出个性化产品的工业化定制模式。

2. C2M 模式的核心及适应条件

作为一种组织生产和销售的模式，C2M 模式具有两个重要的特点：一是根据消费者的需求来组织生产；二是要尽可能砍掉从生产到最终消费的中间环节。

（1）消费者对个性化有较高的要求。只有对那些消费者更重视其个性和品质的商品，如服装、家具，C2M 模式的优势才能很好地被发挥出来。反之，如果商品已经可以很好地满足大部分消费者的要求，那么制造商再推行定制化将会是无利可图的，C2M 模式也就不会再有竞争力。

（2）从制造到最终消费过程中应该会产生比较大的成本。从根本上讲，制造商是否选择 C2M 模式，其实是一个成本收益的权衡过程。通过 C2M 模式，制造商固然可以砍掉从产品出厂后到最终实现消费的巨大成本，但在这个过程中，它也会同时产生很多额外的成本。例如，为平台提供的服务付费、根据消费者要求重新规划生产，这些都会产生不小的费用。因此，要让 C2M 模式在整体上是有利可图的，就必须要求通过 C2M 模式可以砍掉的成本足够高。举例来说，在传统的产销模式下，家具在生产出来之后将会产生巨大的仓储成本，而在 C2M 模式下，这笔巨大的成本就可以被有效地节约，C2M 模式也就因此有了很强的竞争力。反之，如果一个产品从制造到销售并不需要太多的环节，产生的成本也不算高，那么企业选择 C2M 模式就可能是得不偿失的。

（3）C2M 模式的个性化必须是可行的。换言之，就是在根据消费者要求实施了定制后，不会影响产品的质量、安全、使用体验等属性。比如家居行业 C2M 模式就不能一蹴而就，原因包括制造设备的高额投入、产品标准没有完全形成、不易监管、消费习惯等因素，传统家具行业想要在 C2M 模式上取得发展，现阶段的成本投入是巨大的，且可行性较低。

3. C2M 模式的优点

（1）C2M 模式剔除了中间商的层层加价，消费者直接对接工厂，工厂成本低，消费者购买的产品价格更加低廉，实现了消费者利益最大化。

（2）在传统模式的销售中，很大的成本就是库存。C2M 模式大大降低了库存和资金的挤压。同时，在时效上也提高了产品生产中的管理效率，又能避免产品的周期性滞销。

（3）随着经济发展，人们消费水平提高，更注重个性化。C2M 模式恰恰迎合了年轻消费者追求个性化、差异化产品的需求。

四、C2B 模式带来的商业变革

1. 从 B2C 到 C2B 的商业范式进化

以消费者为中心，具有个性化、多品类、小批量、快速反应和平台化协作等特质的 C2B 模式将成为未来电子商务乃至整个商业模式的主流形态。当前越来越多的发展趋势已然表明，C2B 模式是电子商务领域中正在兴起的一个新增长点，是极具发展潜力和价值想象空间的新型商业模式。

与传统 B2C 模式中先将产品生产出来再出售不同，C2B 模式是首先确定消费者需求，然后以需求为导向进行精准生产，从而减少库存、提高供应链效率。因此，与 B2C（企业对消费者）模式和 C2C（消费者对消费者）模式不同，C2B 模式中价值链和商业运作的核心从厂商转移到了用户，消费者在整个商业关系中占据主导和主动地位，商家所有的动作都以消费者为导向，以更好地满足用户需求为归旨。

C2B 模式是一种真正"按需生产"的创新商业模式，将对当前电子商务的发展造成颠覆性变革。有分析者指出：传统商业模式中，企业决定生产什么产品以及生产多少；与此不同，C2B 模式中消费者处于决定和主导地位，由他们首先提出产品诉求，然后企业变革以往的生产与运营方式，实现精准化的按需生产。

可见，C2B 模式是一种企业、用户和电商平台多方共赢的新型商业模式，具有极大的发展潜力和价值想象空间，是未来电子商务的主流形态。

2. 从"规模经济"到"范围经济"

与 B2C 模式不同，C2B 模式虽然还处于培育探索阶段，但已有越来越多的企业看到了这一颠覆性商业模式的巨大价值，看到了一个真正以消费者为中心、精准供需、低库存经济的可能性。从理论层面来看，工业时代的规模化大生产体现的是经济学中的"规模经济"概念，即"小品种、大批量"；而数字经济时代的 C2B 模式则更多体现了"范围经济"的理念——"多品种、小批量"。

个性化需求的不断增多和深度拓展，云计算、大数据等商业环境的优化完善，为 C2B 模式的培育、成长和发展提供了有利条件和坚实支撑。互联网对整体产业链中各个环节的不断渗透融合，使产业价值链中的所有参与者可以通过互联网进行实时充分的商业数据共享，并逐渐形成新的价值协同网，从而大幅提高各方的协同与决策效率，也使以消费者为中心的 C2B 模式有了坚实的基础。

具体来看，个性化营销、柔性化生产、社会化供应链系统以及它们之间的深度协同，是 C2B 模式运作的内在机制，也是其不断成长发展的基石。

（1）个性化营销。借助不断优化成熟的互联网、大数据，一方面企业获得了性价比和效率更高的个性化营销方式，从而将分散但数量庞大的个性化消费需求快速聚合起来，形成规模可观的个性化生意，拓展、培育出更多细分市场；另一方面，消费者也能够与商家实时对接，直接向企业表达自己在产品方面的个性化诉求，或者通过不同形式参与到产品价值流程中。

（2）柔性化生产。柔性化生产是近半个世纪以来制造产业持续进行的变革、创新和演进，其基本要义是不断提高生产制造体系的灵活性，以更好地适应快速变化的商业环境和市场需求。可见，柔性化生产是 C2B 模式下实现速度、质量和成本平衡的基础，也是"多品种、小批量"生产形态落地的必要前提。

当前，个性化消费需求的不断增多以及云平台对分散化需求的有效聚合，正倒逼着生产过程向着更为灵活、更加柔性的方向转变，同时 3D 打印机等各类新制造技术的发展和应用也为构建柔性化生产系统提供了有力支撑。

（3）基于数据共享的供应链协同。在供应链方面，以往的供应链系统是以核心厂商为主导、以降低成本为导向进行有限协作的线性供应链。与此不同，在互联网商业时代，供应链系统面临着进行"互联网化"变革转型的挑战：基于开放共享的大数据信息实现更加全面、深度的社会化协作，以大幅提高协同和决策效率。

3. 从"批量生产"到"私人订制"

随着相关企业在大数据及云计算技术的商业化应用方面的持续突破，将会有越来越多的商业流程被消费数据所驱动，这种以消费需求为核心的、网络化协同作业的商业运作模式，将会成为未来企业界的一种主流形态。

多数 C2B 个性化定制虽然只是为消费者提供了有限选择的权利，但确实在很大程度上凸显了消费者的主体和主导地位，迎合了多元化、个性化、碎片化的消费诉求，并带来了产品价值之外的成就感和参与体验价值，自然受到消费者的追捧。对商家来说，借助 C2B 模式，可以将分散的大量订单集中起来实现精准的按需生产，从而大幅减少库存成本，提高供应链效率，获得更多收益。

当然，C2B 模式要想真正持续发展下去并最终成为未来电子商务的主导模式，还需要企业围绕消费者需求不断进行整体供应链系统的变革、优化与创新，从浅层定制逐步走向深度定制，为消费者提供更加个性化、人性化的定制服务，以实现更多的价值创造和收益获取。

4. 从"供给驱动"到"需求驱动"

传统企业生产的同质化产品让人们很难真正展示自己的个性化，定制产品甚至一度成为高端消费群体的代名词，定制服装、定制手机、定制汽车等产品的价格要比普通产品高出很多。而近两年，随着行业竞争的不断加剧，越来越多的商家开始尝试 C2B 模式，虽然其中很多商家只是让用户在颜色、外观方面进行浅层次定制，但这也让普通大众开始广泛接触 C2B 定制的概念及产品，为即将到来的 C2B 定制时代奠定了坚实的基础。

C2B 模式是消费者在电商平台上根据自身的需求提出产品个性化定制方案，并给出一个心中的合理价格，而负责生产的企业则通过平台提供的沟通渠道或者社交媒体应用等与用户进行交流沟通，引导消费者主动参与产品的设计、生产、定价等环节，实现产品的定制生产。由于 C2B 模式中企业生产的产品是直接满足用户需求的个性化产品，从而能够帮助企业大幅度降低营销成本及库存成本。

从本质上看，C2B 模式是一场需求方改造供给方的产业革命，广受企业界追捧的粉丝经济、定制化营销、柔性供应链及社会化大生产等都是 C2B 模式的重要组成部分。几年前，国内电商行业的先行者就认识到了 C2B 模式在信息时代所具备的无穷潜力。

单元七　共享经济模式

共享经济正在从一个新鲜事物变成我们生活的一部分，关于共享经济的一场消费革命正在悄悄进行。共享经济最早是由美国得克萨斯州立大学社会学教授马科斯·费尔逊和伊利诺伊大学社会学教授琼·斯潘思于 1978 年发表的论文中提出。它是指拥有闲置资源的机构或个人有偿让渡资源使用权给他人，让渡者获取回报，分享者利用分享自己的闲置资源创造价值。其主要特点是，包括一个由第三方创建的、以信息技术为基础的市场平台。这个第三方可以是商业机构、组织或者政府。个体借助这些平台，交换闲置物品，分享自己的知识、经验，或者向企业、某个创新项目筹集资金。其实，共享经济已经走入寻常百姓生活，覆盖了共享出行、共享空间和共享技能三大领域，并正在更多的行业里普及开来，带动一批行业的转型升级。共享经济正在让中国经济加速步入共享时代。

一、共享时代

共享作为一种基本的人类行为，与人类的存在息息相关。无论是共享故事、思考、见解、哲学、科技还是秘密，我们都在建立一种联系，并作为一个团体而进步。如今，随着互联网、视频、社交媒体和手机等技术的发展，共享这一行为在全球范围内变得轻而易举且规模宏大。人与人之间通过共享物品、知识、技能等进行交流，在共享的过程中帮助他人，同时获得自我内心的满足和利益。在20世纪前，人们的沟通与交流受到地域的限制，共享更多地发生在与身边认识的人之间，共享的对象多为亲人、朋友，共享的范围多局限于周边的社区。此时的共享是一种非利益的、非商业化的行为。

近年来的科技爆发逐渐赋予了我们一种新的交流方式。移动互联网加速了共享经济的发展，人们减少了对单一传统平台的使用，更加关注自身的主动性和共享性。数字化是共享时代的重要组成部分。移动互联网为人与人之间的沟通带来了更多的可能，地处世界不同角落的人们可以通过互联网进行对话交流和交易。互联网的这一便利性，将人内在的这种共享的本性更深刻地挖掘出来。"没有人是一座孤岛。"即使网络让人们越来越"宅"，但同时它也开拓了新的社交平台，任何人都能在网上发表意见。谁都无法否认，这是一个共享的时代。

美团共享单车、哈啰共享单车、青桔单车等共享单车已成为各大城市街头的独特景观；出门旅游除选择住酒店外，还可以选择各具特色的民居；特定场合穿的衣物可以租借；二手闲置物品可以相互交换。现如今，共享经济已经影响到了百姓生活的方方面面。共享正在让我国经济加速步入"共享时代"。共享经济在我国起步较晚，但短短几年时间，从住宿到打车再到吃饭，以闲置资源有偿共享为特质的共享经济商业模式在我国互联网领域掀起一轮创新创业热潮，开创了互联网经济的新业态。可以说，共享经济时代，就是人人共享的时代。我们已经步入人人共享的时代。乘上互联网东风的共享时代，只有尊重市场规律，制订更完善的商业规则，信任与规则并举，才能走得远、走得好。

二、共享经济

共享是一种新的经济模式，数十亿人既是生产者也是消费者，在互联网上共享能源、信息和实物，所有权被使用权代替，交换价值被共享价值代替。由于共享的方式、内容不一样，共享经济表现为不同的共享模式。共享模式主要有开放模式、共享知识、共享资源、共享业务、共享管理。

1. 开放模式

共享经济的参与者针对的是任何一个拥有闲置资源的机构或个人，机构或个人将自己的闲置资源公布在提供共享的平台上，就决定了其开放性的特质。共享者只有借助于共享经济的开放模式，才能让共享经济另一端的参与者参与进来。

2. 共享知识

当遇上自己不了解的专业问题时，除了向身边朋友请教的传统方式外，很多人会选择在知乎、百度知道或是果壳网上提问，然后等待平台上的其他用户来回答。一般来说，提问者的问题会得到不同人的回答，回答的内容也可能不尽相同。回答者在看到提问者提出的问题后，运用自己所掌握的知识来答复提问者，其实就是一个共享知识的过程。

3. 共享资源

共享资源赖以存在的前提是每个人都有一定的资源，但每个人的资源又都有所区别。家里衣服太多，放着压箱底又舍不得扔掉；房子建得太大人又太少，空间闲置；到处都有Wi-Fi，每月流量太多。这些都造成了资源的闲置，资源的闲置就是浪费。

4. 共享业务

传统而言，共享业务的存在是因为企业能力，或者说是现有的资源无法满足需求方的要求，而向外界寻求帮助，将自身的业务共享出去。或者是个人在无法应对某一业务时，寻求能胜任的人的帮助。然而，今天的共享业务已经不仅局限于无法满足，借助于互联网平台，企业或个人通过共享业务，可以大大地降低自己的成本，也能充分利用社会上的其他资源。

5. 共享管理

共享管理，即用共享来管理团队或组织。管理是在特定的环境下，对组织所拥有的资源进行有效的计划、组织、领导和控制，以便达成既定的组织目标的过程。管理是一个贯穿组织全程的工作，因此共享管理不仅意味着最终结果的共享，而且也在共享过程。

三、共享经济的赢利模式

共享经济正在打破传统的组织边界，实现人的自由联合，共享经济平台也走向轻型化管理。在此基础上，共享经济的赢利模式变成五个利润中心和两大运营平台，如图4-8所示。

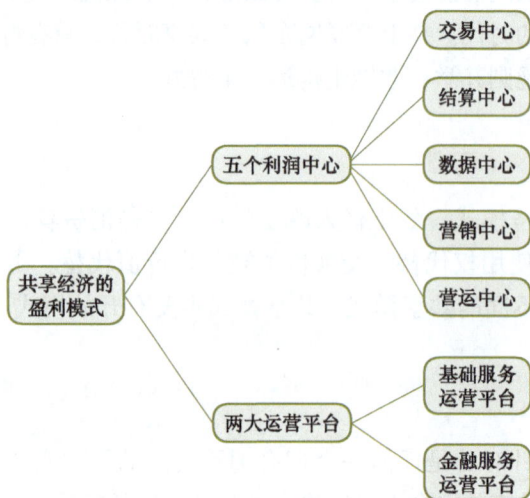

图4-8 共享经济的赢利模式

1. 五个利润中心

共享经济平台实现功能转型，成为交易中心、结算中心和数据中心，通过交易获取差额利润，通过结算形成资金池，通过数据处理沉淀数据资产。此外，随着平台的完善，继续裂变，形成营销中心和营运中心，前者达成品牌溢价，后者衍生增值服务。

2. 两大运营平台

交易、结算和数据三大中心沉淀出来的利润差额、资金池和数据资产，又可以整合起来做金融平台，由此形成两大平台，即基础服务运营平台和金融服务运营平台。资金池和数据资产将成为共享平台最重要的战略资源。

四、共享经济模式商业趋势

1. 共享主体不断换位

"互联网+"时代下，商业活动的最大变化就是交易主体的融合，买家和卖家的界线不再明晰。不同于以往消费者被动地接受商品和信息的情况，今天借助于互联网，人们不但可以主动发布自己的消费需求，轻松地找到商品；还可以从买家瞬间变成"卖家"，将自己闲置的物品、信息等资源有偿地共享给有需要的人。

传统意义上的消费者，在今天也开始扮演着生产者、创造者和服务者的角色。一句话，共享经济使得每一个"买家"都有可能成为他人眼中的"卖家"，反之亦然。这种"互联网+"下的新型经济模式，既能够充分满足市场多元化、个性化的需求，也使每一个人都可能成为微型企业家，真正让"大众创业，万众创新"变为现实。

2. 共享观念不断更新

共享并不是一个新概念，其内涵是随着社会的发展而不断自我更新扩展的。从某种意义上来说，人类社会就是在共享合作的基础上不断演进发展的。只不过，在"互联网+"时代下，共享经济理念被人们明确提出并得到了越来越广泛的关注，成为经济新常态下一个重要的发展趋势。

之所以如此，主要是基于三个方面：

（1）社会价值观发生了变化。不同于以往生产主导的社会，消费社会中物质产品已经极大丰富。因此，人们以往对资源"占有"权的重视，让位给了对环境质量、社会关系幸福指数等新价值观念的追求。

（2）随着社会环境意识的增强，人们开始重视对资源的高效和优化利用，使越来越有限的地球资源发挥出更多的社会价值。

（3）新媒体特别是互联网技术和平台的发展普及，使信息的交流沟通超越了空间和时间的限制，大大降低了人们进行资源共享的成本。这是共享经济能够从理论观念转化为具体社会现象的必要前提。

3. 共享规模不断扩大

社交网站和在线支付等互联网业务的发展，以及移动互联网智能终端设备的普及，催生了P2P（Peer to Peer，个人/伙伴对个人/伙伴）租赁式共享经济的规模化发展。因为人们不用只有前往酒店才能订房，也不必非得到租车公司才能租赁汽车，而只需在线上搜索沟通就能完成。根据资料显示，2020年我国共享经济市场规模为3.38万亿元，从我国共享经济市场结构看，位居市场规模前三的是：生活服务、生产能力、知识技能。

国外的共享经济市场成熟更早。根据奥特米特集团（Altimeter Group，商业咨询公司）2013年提供的数据，共享经济模式在当时已经催生出了200多家新企业，并获得了20亿美元的风投融资。全球最大的管理咨询和信息技术公司埃森哲（Accenture）的调查也显示出，共享经济在2013年的贸易总额就超过了2 600亿欧元。另外，2020年美国在线房屋租赁网站Airbnb住宿间夜和体验的预订总数达到1.93亿，总预订金额为239亿美元。

4. 共享范围不断拓展

互联网的发展普及重塑了人们的思维方式和消费行为，开放、合作、共享的价值理念被越来越多的人所接受和认可。"互联网+"时代下，共享经济彻底颠覆了传统经济学理论中内部性与外部性的关系，"使用"取代"占有"，成为人们关注的中心。

共享经济最初的范围，主要是对汽车和房屋等闲置财产的价值再创造，即暂时性地有偿转让物品的使用权，以达到物尽其用。随着互联网的发展普及以及移动智能终端设备（智能手机、平板电脑等）的流行，人们可以通过网络平台更方便地实现信息的交流沟通。这使得各种基于共享概念的经济行为不断涌现，共享经济的范围也已经远远超出原有的实物范围，拓展到了知识、需求、数据、供应等方方面面的共享。

5. 共享内容不断丰富

从知识、数据、经验、资源到基础设施等内容，在"互联网+"的推动下，共享经济的覆盖范围越来越广，内容不断丰富，并形成四大相互联系协作的内容：海量的数据管理、移动通信、社交媒介和云计算。

调查数据显示，大多数城市居民的驾（乘）车里程不超过50公里，每车的乘客数平均为1.2人。这不仅增加了城市的交通和环境压力，而且每辆车都不能得到最大化的利用，造成了资源闲置和浪费。

以海量数据管理和云计算为技术支撑，以移动互联网为媒介平台，通过汽车、交通、信息、通信等行业的协同合作，可以实现共享式租车的高效运转。这种共享租车既能满足居民日常出行需求，又实现了闲置资源的优化整合利用，大大缓解了当前城市普遍面临的交通和环境压力。

6. 共享形式不断创新

从社会发展趋势来看，开放、共享、合作已经成为"互联网+"时代下经济新常态的主题。因此，共享经济不仅是一种新的经济理念和商业模式，还是颠覆与重构传统产业、实现社会的互联网化转型的重要力量。

当前的共享经济形式主要表现在各个领域的共享消费趋势上。从最早的共享车辆，到共享床位（Airbnb）、停车位（Park At My Home）、家庭工具（Neiboughgood）、自行车（Spinlister）、服装（99dresses），以至土地种植（Landshare）的共享。共享经济理念在不同领域的渗透，必然会对这些领域的传统发展模式产生冲击。正如资深互联网趋势观察者提姆·赖利所说，传统租赁与共享经济式的租赁，将不可避免地实现融合。

"互联网＋"时代，社会经济的发展越来越离不开不同主体间的开放、共享和协作。共享经济理念和模式，正是顺应社会对合作共享的要求而出现和发展起来的。当前的发展情形和趋势，表明了共享经济具有广阔的发展价值和前景，正被越来越多的人所接受和认可。甚至在不远的将来，共享经济可能会成为新的中产阶层市场行为的主流形式。

7. 共享增量不断做大

生产社会中，有限的资源使人们不得不通过"占有"的方式来获得使用权。然而，在消费社会特别是互联网时代，社会资源已经极大丰富，可以充分满足每个人的消费需求。因此，人们对资源"占有"的关注，转移到了对如何最大化地整合利用资源，创造出更多价值的关注上。

传统经济多是在有限资源存量下"你死我活"的零和博弈模式。今天，借助互联网技术和平台，人们可以更加方便快捷地实现不同资源信息的交流共享。这让更具发展活力和前景的共享经济模式成为可能。通过共享，人们可以将手中闲置的资源暂时性地有偿转让出去。这既会使社会的整体资源存量变大，又使得共享主体得到了额外的收益。

8. 共享价值不断提升

总部型的传统经济模式，已经越来越无法满足市场个性化、多元化、碎片化和分散化的消费需求。而共享经济模式，依托于移动互联网、云计算、大数据以及社交网络等技术和平台，实现了超越时间和空间限制的资源信息的沟通和分享，既能够对分散闲置的资源进行最大化的利用，又以此满足了"互联网＋"下市场的个性化、多元化和碎片化需求，是向服务型与创新型经济发展的重要途径。

对我国经济来说，基于合作参与价值理念的共享经济模式，为我国的"四化"（工业化、信息化、城镇化和农业现代化）协同提供了新的发展思路。

具体而言：一方面，共享经济可以通过互联网的无限开放性和包容性，让我国的二、三线等中小城市获得与大城市同等的发展机会，推动我国的城镇化发展；另一方面，以大数据和云计算为技术支撑和框架的共享经济，势必会以其颠覆性的价值理念和经济模式，实现对传统商业和经济的重构，为我国借助互联网革命的发展创造了更多的契机和空间。

9. 共享技术不断优化

从某种意义上来说，正是互联网和信息技术的发展，让"共享"这个并不新鲜的理念变成了现实，并焕发出巨大的发展活力。例如，云计算是一种按使用量付费的模式，这种模式提供可用的、便捷的、按需的网络访问，进入可配置的计算资源共享池（Cloud，包括网络、服务器、存储、应用软件、服务），这些资源能够被快速提供，只需投入很少的管理工作或与服务供应商进行很少的交互。

这样，资源的每一次使用都能够创造价值。可以看出，正是通过云计算和其他互联网技术，共享经济得以找到一个实践支点，从一种单纯的理念变为一种社会现象，并不断地发展、优化、更新。

10. 共享社交不断本地化

共享经济关注资源、信息的交流、汇聚与整合，以实现资源的最大利用。移动互联网和智能终端技术带来的本地化共享经济，则是一种新的社交活动形式。除了音乐、电影、软件等产品外，由互联网所带来的各种虚拟 P2P 活动，还越来越多地涉及借贷等金融内容。这些活动促使着共享社交不断本地化。

单元八　新零售模式

随着互联网和移动互联网的全面普及，广大商家为消费者提供了海量的商品选择，不遗余力地来提升消费者的购物体验，消费者的消费习惯也因此发生了变化，新的零售场景模式自然形成了，消费者成了真正的"上帝"。这种移动商务时代的典型商业模式就是新零售模式。

一、新零售概述

新零售就是所谓的"消费升级"，是指消费者既想要网络的便利和便宜的价格，又想要实体店的体验和服务，更想要有品质的产品这种既注重品质也注重体验，既看重价格也看重价值的消费观念和消费需求。以消费升级为大背景，人工智能、大数据、云计算带来的新技术，打通线上线下、高效物流，以及整个零售业产业链的创新，形成了"新零售"。比起传统零售，新零售具有全渠道、去中心化、全场景、线上线下融合等特点。

"新零售"融合线上、线下和物流，成为未来商业新模式。随着数字化技术的普及和消费者需求的升级，零售也开始转向智能化，人脸识别、自动化、无人化和大数据支撑的零售门店已经出现，一个全新的零售时代已经到来。

新零售是以互联网为依托，通过运用大数据、人工智能等先进技术手段，对商品的生产、流通与销售过程进行升级改造，进而重塑业态结构与生态圈，并对线上服务、线下体验以及现代物流进行深度融合的零售新模式，可以简单地理解为"O2O+ 高效的物流配送体系"。

新零售的兴起源于消费升级和科技创新。消费者的生活与消费习惯已发生巨大的变化。随着网络零售的成熟发展，产品的多元化选择增加、价格透明度增强，实体零售店的商品采购、组织以及销售上压力加重了。中产阶级的队伍不断扩大，占消费额的比重越来越大，购物理性化倾向明显，相较于价格，消费者更在意质量以及相应的性价比，对于高质量的商品和服务，消费者愿意为之付出更高的价格。此外，消费者对商品的个性化以及店铺、产品、服务、用户体验等提出了新的要求。

线上电商缺乏能够提供真实场景和良好购物体验的现实路径，而移动支付的普及，使得线下场景智能终端越来越多地呈现在我们的生活中，随着移动支付、大数据、虚拟现实等技术的发展，线下场景和消费社交让消费不再受时间和空间制约，新零售也就应运而生。

新零售的出现，有利于消费者，更有利于商家以及整个实体经济，所以它的发展是大势所趋。原因如下：

（1）因为受限于地理位置、高额的房租、门店装修、员工招募、产品更新、同行间的竞争、营业时间、天气、推广渠道等因素，其经营被推到了风口浪尖。

（2）线上零售也遭遇了天花板。虽然线上零售一段时间以来替代了传统零售的功能，但从两大电商平台——天猫和京东的获客成本可以看出，电商的线上流量红利见顶。

（3）移动支付等新技术开拓了线下场景，智能终端的普及，以及由此带来的移动支付、大数据、虚拟现实等技术革新，进一步开拓了线下场景和消费社交，让消费不再受时间和空间的制约。

（4）新中产阶级崛起，80、90、00后接受过高等教育，追求自我提升，逐渐成为社会的中流砥柱。新中产消费倾向理想化明显，相较于价格，更在意质量以及相应的性价比。对于高质量的商品和服务，愿意为之付出更高的价格，消费升级正是新中产可以选择的解决方案。

二、新零售模式的核心及与传统零售的不同

新零售的核心：以用户为中心＋极致用户体验。新零售一切以用户为核心，利用数字科技和智能化技术整合零售资源，搭建零售平台，吸引和创造更多的用户群体。智能化技术遍布于线上、线下和物流行业，通过大数据、虚拟现实、智能支付、物联网等商业智慧，建立新型用户群。围绕以用户为核心的思想，打通用户画像、支付情况、库存情况、个性化服务等方面的全数据。

物流仓储行业利用大数据协调作业，建立智能分担系统和物流共享网络。线下门店也进行数字化管理，协调完成全渠道布局，开展线下扫码购、门店自提和最近门店配送等运营。在仓储管理中，顺丰、圆通、中通和韵达等建立智能分拣设备项目和仓储运营机器人，基于混沌管理理论，利用机器人实现订单自动下发到包装出库的全流程自动化。

新零售不仅是线上线下联动和物流的简单融合，同时还融入云计算、大数据等创新技术，打破了过去所有的边界，以一种全新的面貌与消费者接触，使消费者随时都可以在最短的时间内买到自己所需要的商品。

新零售只有与新制造、新金融、新技术和新资源相结合，才能实现良性发展。新零售的核心是提升用户体验，其模式有三种：

（1）线上线下与物流结合的同时，实现商品与物流渠道整合。

（2）提供更广范围内的体验式消费服务，实现消费场景化。

（3）营造包括零售企业内部员工及上下游合作伙伴在内的新零售平台，即打造全渠道产业生态链。

对于新零售，业界有多种多样的解读，总结起来，新零售与传统零售相比具有以下不同特征。

（1）新零售的商业逻辑发生了变化。

零售的商业逻辑中有三个基本商业元素——人、货、场。

传统零售是以"货"为起点，虽有多种形式的"场"，如超市卖场、百货店铺、便利店、购物中心及电子商务店铺，但传统零售基本还是表现出"人找货"的商业逻辑。而新零售是基于多种新科学技术的应用，包括大数据技术、移动支付技术、物联网、人工智能等，精准营销得以大量推广应用，导致"场"发生了重大变化，商业逻辑体现的商业价值链也表现为从商品制造端转移到消费者端。新零售的相关商务活动从一开始就围绕"人"（消费者）展开，"货"更加精准优化，"场"实现全域打通，零售的所有商业逻辑行为要全面围绕满足消费者需求和消费者体验展开，新的零售场景实现重构，商业逻辑发生根本性变化，这是新的零售革命的核心。

（2）新零售产出新的内容。

在新零售模式下，零售商的产出具有新的内容，重视建立持续互动的"零售商—消费者"

关系，强化多场景购物体验，提供消费数据服务。

在传统零售活动中，交易围绕商品展开，零售商的经营活动以商品为核心，并通过低买高卖获取中间利润，产出的数据和内容是单一的、小量的。而在新零售模式下，零售产出的内容更加丰富、更加新颖。新零售模式中零售商的分销服务成为零售产出的重要内容，由商品的销售者转变为商品和服务的提供者。新零售更加关注消费者的体验，零售活动不再是简单的"商品—货币"关系，而是持续互动的"零售商—消费者"关系。

（3）新零售全链行为有大数据保证。

从一定意义上讲，新零售之所以能够在近几年出现并广泛推广开来，与大数据开始得到全面应用息息相关。新零售时代，在零售活动的开始阶段，如店铺选址、场景设计、产品制造等均可以依据大数据技术进行分析，力争在优质的位置以最优的设计、最低的成本来建设和管理零售店铺；在零售店铺运营阶段，大数据技术的应用能够全面保障零售企业打通线上与线下的用户数据，完成对用户的精准营销，尽最大可能保证零售企业实施正确的消费者政策，实现企业利益目标。

三、新零售模式案例——盒马鲜生

目前的消费正从价格型消费转向价值型、体验型和个性型消费，消费的结构性升级也必将推动新零售时代的发展。

盒马鲜生完全打通了线上线下渠道，既是生鲜超市、便利店，又是餐饮店，也是送货到家的电商品牌。盒马鲜生创造了超市加餐饮加物流加 App 的复合业态，实现了"一店二区五个中心"的商业模式。盒马鲜生运用了大数据、移动互联、自动化等技术及先进设备，实现了人、货、场三者之间的最优化搭配，重构了商品结构、零售形式、店仓结构三大体系，与传统生鲜模式相比具有强竞争力。在商品结构上，盒马鲜生以生鲜食品为主，通过天猫的海外采购团队实现对生鲜产品源头直采，在保证生鲜商品新鲜度的同时也降低了价格。

在零售形式上，通过线上线下一体化运营以及全链路的数据化和食品追踪，提高了人效、坪效以及物流效率，线上下单最快 30 分钟免费送到家。同时，依靠阿里云的大数据算法，对多维度的销售数据进行分析挖掘，精准定位消费者群体、反映消费诉求。在店仓结构上，物流仓储作业前置到门店，和门店共享库存。融合饮食场景，店仓内提供生鲜加工，消费者购买后只需稍作等待即可在饮食区享受生鲜。整个门店完全按全渠道经营的理念来设计，完美实现了线上和线下的全渠道整合，提升了到店客流的转化率和线下体验，也带动了整个客流的高速增长。

从提出新零售概念，到创造"新物种"盒马鲜生，再到赋能大润发等传统商超，阿里巴巴过去这几年可谓是高举新零售旗帜，风风火火走南闯北。

新零售这一概念的实践和理论都尚在摸索之中。阿里巴巴入股银泰、苏宁云商、三江购物，并且与上海百联达成战略合作协议，可以看作零售行业的线上与线下联姻。零售行业的未来并不是"虚拟"取代"实体"那么简单，而是不断融合后，借助智能化手段和金融支持，不断优化商业模式，在消费者需求匹配、购物体验和仓储、物流等方面实现更新换代。

上海市商务发展研究中心黄宇认为："零售业未来的增长动能是以消费者诉求为核心，以技术为支撑的线上和线下相融合的新零售。"实体商业和电子商务并不是矛盾的，数据显示两条曲线逐步平稳，趋于融合，而且实体商业在发掘新的消费潜力，特别在服务消费、体验消费以及多元化、个性化消费需求满足中有比较明显的优势。新零售完成变革后，必将成为未来商业新常态。

单元九 直播电商模式

直播电商作为内容电商的最新形式，其"现场＋同场＋互动"的本质特点，实现了内容多维度的升级，能够通过更紧密的互动与用户建立起难得的更为长久的"信任感"，更好地输出品牌价值，真正实现"品效合一"。因此，在移动通信技术的快速创新下，直播电商应运而生。

一、直播电商的含义

直播电子商务简称直播电商，是指主播[明星、网红、KOL（关键意见领袖）、KOC（关键意见消费者）、创作者等]借助视频直播形式推荐卖货并实现"品效合一"的新兴电商模式。

（1）直播电商是视频直播这一新型传播方式与电商行业的有机融合，是一种全新的电商形式。

（2）主播来源的多样化，明星、网红、KOL、KOC、创作者等都可以当主播。

（3）直播电商的交易效率会得到显著提升，明显高于之前的其他电商形式。

（4）能够更好地实现"品效合一"，直播电商不仅能够更好地实现交易，还能通过构建价值认同感来实现品牌传播。

二、直播电商的本质与分类

在当前物质极为丰富的背景下，用户已经不再满足于单纯依据商品价格和商品的功能参数去判断的消费行为方式，用户更关注整个消费过程中的精神体验，且越来越多的用户希望获取更多的知识性、专业性的信息内容来为购买行为做决策参考。直播可以很好地满足用户这方面的诉求。

1. 直播电商的本质

直播电商的本质是消费场景的升级，而消费场景升级的背后则是用户需求的升级，直播电商通过新的消费场景，结合消费者洞察及消费引导，让商业与情感、人性的结合更为紧密，进而更好地满足用户需求。直播电商崛起的根本原因是它重构了零售最基本的三个要素：人、货、场。直播电商很好地促进了人、货、场的精准匹配。直播电商的产业链包括平台、用户、主播、MCN（Multi-Channel Network，多频道网络）机构、供应链、品牌方、内容电商整合营销机构和服务支持共八个环节，可以按照人、货、场划分直播电商具体环节，具体内容如下：

（1）"人"：包括主播和MCN机构。主播包括普通人、网红、KOL和明星，MCN机构包括内容MCN、品牌MCN和电商MCN。

（2）"货"：包括品牌方和供应链，对货源的把控，供应链能力是考核直播电商的核心能力，只有头部MCN机构有这种整合能力。

（3）"场"：包括平台，值得注意的是，现在已经没有纯电商平台和纯内容平台，主要是内容电商化和电商内容化。

2. 直播电商分类

直播电商因用户消费动机不同而差异显著，主要分为网红电商、内容电商、社群电商三类。

（1）网红电商（转化率高）：用户和网红、达人或KOL之间建立强信任关系，易产生基于信任的消费冲动，以网红、达人为主，可打造独有的IP品牌，用户黏度高，粉丝因为信任人而忠于品牌。

（2）内容电商（推荐率高）：基于推荐的产品和推荐逻辑，内容的设计主导用户的消费冲动。以工具性内容为主，能解决用户目前的需求，内容成为表述产品的手段，用户因为信息而忠于品牌。

（3）社群电商（复购率高）：群体性质，基于群体化引导消费，基于社交属性建立圈层信任链，以社区属性为第一入口，粉丝因为自主力忠于品牌。

三、直播电商的运营

可以通过罗振宇的"罗辑思维"自媒体来了解网红的运营模式。

1. 直播电商的运营模式

罗振宇的自媒体"罗辑思维"，采用以下几步进行运作：

首先借助罗振宇在央视工作的经历，打造"罗辑思维"个人的品牌；接着通过优酷和喜马拉雅、微信公众号吸引线下粉丝，建立粉丝群；继而每周发布读书的读后感，持续、高频次地输出读后感的内容；然后通过有趣、生动的内容获取用户的信任；最后让用户有进一步提升空间，引导用户去购买相关的书籍。

可见，"网红＋直播"营销主要包括三个部分的内容：网红包装、品牌传播和品牌变现（如图4-9所示）。

图4-9 直播电商运营模式

（1）网红包装。网红包装需要一个专业的市场营销团队，花费时间来筹划和实施。成功打造一个网红的个人品牌，和打造一个企业品牌一样，都要对这个品牌的目标人群、市场需求、背后内涵以及品牌形象，进行深入的分析和策划。同时，还要参考与定位类似的网红的竞争内容。

（2）品牌传播。这个是重点，就是利用社交媒体和优势平台，向目标人群进行精准传播，并维持与粉丝的良好、高频次互动。维持与粉丝的双向沟通互动是很琐碎的，需要花费大量的时间和精力。一个拥有几百万粉丝的网红，每天要与成千上万的粉丝互动，并要做到让每一个粉丝开心满意，仅这一点就需要两到三个人的全职团队打理才能完成。网红一个人自己打理这些是不可能的。

（3）品牌变现。完成了品牌形象的包装和内容的策划，并建立了与粉丝的连接和互动，接下来的工作就是将粉丝经济变现。如何选用合适的商业模式，选用哪一家变现平台，用什么样的方式促销，开展标准化的运营，需要一个团队合作才能做到。

3. 直播电商的运营策略

直播电商运营中，用户一个看似偶然的购买行为，实际上是由每一个必然的细节组成的。抖音电商带货 4C 方法论可以很好地阐释直播电商的运营策略，即媒介策略——Characters、内容策略——Core value、引流策略——Cart-shopping、利益策略——Coupon。

（1）媒介策略：精准选号。影响媒介策略的几个因素包括：产品是什么？投放目的是什么？你的目标用户是谁？回答好这三个问题，媒介策略的选择就事半功倍了。

在抖音，产品属性决定了媒介策略瞄准的受众。比如美妆找垂类美妆博主，服饰找高颜值 KOL，文旅找旅行 Vlog 号……抖音作为内容型平台，账号类型丰富多样。了解产品，才能规划出一条清晰的媒介路径。

抖音商业化广告投放目的不外乎三种：品牌声量、效果转化、品效合一。基于投放目的的不同，在资源配比及媒介策略上也有不同的划分。比如汽车、文旅等货单价高或旨在做品宣的投放，目标应以提升品牌声量为主。在筛选 KOL 账号的时候，优选原生品类达人，高效保证互动数据；而美妆、个护、服装等售价较低，可以靠冲动消费狙击用户钱包的单品，以转化为目标，匹配带货类达人，展示产品的同时实现效果转化。明确投放目标，据此精准匹配垂类达人，效果才能事半功倍。

目标用户决定了选择什么样的账号，匹配什么样的内容，输出什么样的价值，影响什么样的人群。基于目标用户精准匹配 KOL 的粉丝画像，重合度越高，圈层影响力越强。基于抖音圈层分发、兴趣分发的特点，完成有效推广。比如目标用户在 18 ～ 25 岁之间的产品，匹配粉丝画像年龄分布最接近的 KOL，有效将内容锁定吸引这部分人群，实现最大程度的有效分发。媒介策略是抖音商业化内容投放的基础，明晰品牌需求，筛选风格类型，匹配用户画像，确定垂类达人，完成整个媒介策略链路。值得注意的是，这些达人不局限在一条赛道，而是呈现多赛道达人共同参与的态势。

在内容形式上，也不再僵硬地重复带货达人讲解产品功能、卖点的做法，而是寻求理念认同，软性植入，以此获得更大曝光和互动。

（2）内容策略：核心卖点。核心卖点 = 痛点 + 记忆点。经过媒介策略精准匹配的账号类型，基本具备了与产品高度一致的风格调性，而在产出内容的时候，要使传播效率提高，则需要格外注意以下两点。

1）紧抓用户痛点，形成爽点。购买欲源于对产品功能的需要，而对用户痛点的反复刺激，则会加速购买行为的完成。例如：丑是痛点，产品核心卖点提供美的价值，逆袭的结果则成为爽点。内容投放的目标之一是无限放大用户对产品的需要，无限增强用户对产品作用的想象，继而刺激用户加速购买行为。

2）围绕核心卖点进行内容创作，为产品增加记忆点。一段有趣的内容，只有围绕产品卖点展开，才会加深用户印象，最终形成购买行为。比如产品核心卖点为亮白牙齿，那么只有围绕牙齿变白的好处，或逆向思维围绕牙齿发黄的坏处，继而引出产品，才能让用户产生想要牙齿亮白就买它的想法。只有通过好的内容策略，产出优质的内容，才会高质量完成投放目标。但对于不同的品类，所采取的内容模型和路径不尽相同，大致可以分为"功能""情感"两种模式。一些具有独特功能卖点的产品，可主攻自身优势，比如扫地机器人，可突出比竞品扫地更干净彻底；电脑，比竞品速度更快，等等；一些在独特功能卖点上没有突出优势的产品，比如衣服，更适合谈情感诉求。

（3）引流策略：标配购物车。让购物车成为标配，随手一点，购买欲转化为行动。基于媒介策略和内容策略的内容已经激发用户购买的冲动，此时一条最短的购买链路，能最大限度地促成整个购买行为。购物车作为抖音最具带货实力的转化组件，还有如下优势：磁贴弹出，激起用户好奇心，促使点击行为发生；购物车意味着可购买，对于冲动消费人群具有天然吸引力。

一个优质KOL，一条高质量带货视频，在精准刺激用户购买的同时，配合相应购买链路，最大限度地满足用户的购买需求。

（4）利益策略：配置优惠券。为最大限度打消消费者购买疑虑，刺激消费者完成购买，配置优惠券是行之有效的手段——肉眼可见的优惠，最能刺激购物欲。优惠券可以满足消费者心理，少花钱买好产品。发放无门槛优惠券，刺激消费者消费，从而弱化消费者对价格本身的关注度。

优惠券促销能够细分用户市场，加强用户忠诚度。在了解优惠券对整个购买行为起到助益作用之后，我们来了解一下优惠券配置的正确方法。优惠券可置于抖音购物车中转页面，通过跳转平台领券购买的价格差异，吸引用户跳转电商平台，减少跳转步骤的用户流失。优惠券可置于落地页，通过领取优惠券获得利益，继而刺激用户完成整个购买行为。

|岗位介绍 移动产品运营经理|

→ 岗位职责

1. 制订微信、微博等新媒体的推广计划并落实实施。
2. 策划相关主题，负责每日推送、粉丝互动以及粉丝经营，并做好渠道监控工作。
3. 基于推广需要，进行内容的策划、采集、编写、发布、推广。
4. 拓展微信粉丝以及加强行业的合作与交流，做出微信的影响力。
5. 能够不断创新，挖掘粉丝需求，建立自己的粉丝社群，真正形成自身自媒体的行业品牌。
6. 深刻理解互联网、移动互联网的线上、线下推广之道，能够根据产品自身的特点精准定位推广渠道。
7. 负责公司移动电子商务客户端的业务运营管理、目标，并带领团队完成任务考核目标。
8. 充分了解用户需求，收集用户反馈，分析用户行为及需求，对电商运营进行持续的优化和改进。
9. 负责与研发、设计、销售等部门沟通，确保各个协作部门对产品运营拓展支撑。
10. 对产品运营数据进行监控，提供客户支持，持续不断地提升整体产品的用户满意度。
11. 负责移动客户端产品相关的合作推广、客户服务工作，并完成相应的任务指标。

→ **任职资格**

1. 具备一定的策划能力，能够基于业务需求策划相关的推广内容。
2. 敢于创新，能在工作中迸发新的思路，用各种创意不断诠释公司品牌。
3. 具备一定的写作功底，能够进行相关推广素材的二次加工。
4. 能够整合内外部各类资源，不断推广微信，建立微信影响力。
5. 喜欢移动互联网，拥有良好的阅读习惯，有冲劲和闯劲。

实训项目六　微店的搭建与运营

一、实训目标

（1）了解微店相关知识。
（2）熟悉常见的微店平台。
（3）了解微店的搭建与运营。

二、实训环境

4G/5G Android 或 iOS 智能手机，开通 4G/5G 网络或连接 Wi-Fi。

三、实训背景知识

微店又称移动端店铺，是一种能够让人们在手机 App 里浏览的同时进行购买，且通过各种移动支付手段进行支付而完成交易的手机 App 平台。同时，它也是给中小企业提供移动零售网店入驻、经营、商品管理、订单管理、物流管理、客户管理等服务的平台。微店是零成本开设的小型网店，是电子商务创业的新形式，具有零成本、无库存、无物流的优势。

微店主要分为两种：平台类型微店，如有赞的微商城、口袋购物微店。服务类型微店，如各大电商平台自己推出的微店。这些微店主要服务于开放平台，一方面立足于自身的购物 App 主导中心化电子商务，另一方面借助微店形成去中心化移动商务的布局。

有赞（原名口袋通）于 2012 年 11 月 27 日成立，是一家主要从事零售科技 SaaS 服务的企业，帮助商家进行网上开店、社交营销、提高留存复购，拓展全渠道新零售业务。2014 年 11 月 27 日，"口袋通"更名为"有赞"，有赞微商城是面向商家的线上开店系统，帮助商家搭建网上店铺，支持拼团、砍价、优惠券、分销员、会员储值等上百种营销工具，以及客户管理、数据分析、行业洞察等多种功能。"有赞"致力打造"微商城系统＋服务商平台＋分销平台"。

四、实训指导

微店的设置远没有淘宝网店那样复杂，无论是前期准备，还是安装注册、店铺优化，都可以在一部手机上随心玩转。下面将以口袋购物的微店为例，简要介绍微店的搭建与运营。

1. 注册微店账号

注册微店账号有两种方式，一种是电脑端的注册，另一种是手机端的注册。

这里以手机端的注册个人微店为例进行讲解，首先需要下载微店店长版 App，使用手机号即可注册。

操作步骤如下：

（1）选择您所在的国家和地区，并填写手机号，如图 4-10 所示。

（2）输入验证码，设置密码。若收不到验证码，请点击"收不到验证码"，会语音播报验证码，请注意接听电话，如图 4-11 所示。

图 4-10　选择所在的国家并填写手机号　　　　图 4-11　输入验证码并设置密码

（3）店铺注册成功后，填写真实姓名及身份证号，否则将无法提现（注册时要填写真实信息，若注册姓名和身份证号码与银行卡预留信息不一致，会导致提现失败）。

（4）进行实名认证和证件认证。在微店店长版 App，点击"设置"（右上角齿轮）→"店铺设置"→"店铺主体认证"，填写相关信息，提交认证信息，如图 4-12 所示。

图 4-12　实名认证

注册成功后，在电脑端登录微店，如图 4-13 所示。

图 4-13　微店注册成功后电脑端页面

拥有营业执照的企业或机构可以注册个体工商户店铺或企业店铺。

2．店铺基本信息设置

（1）店铺资料完善。微店注册好后，点击"设置"（右上角的齿轮），点击"店铺设置"，可以维护店铺资料、店铺主题认证、店铺资质认证、店铺注销等。

点击"店铺资料"（如图 4-14 所示），在"店铺资料"界面分别上传店铺 LOGO、店铺名称、店铺公告、店铺等级、主营类目、店铺地址以及客服电话等。

店铺 LOGO 需要选择图片（250×250 像素）进行修改；店铺名称是所开店铺的店名；店铺公告将买家关心的问题以公告的形式展示，如店铺故事、快递、店铺客服的联系方式，还可以将店铺促销活动及时在公告中进行更新，可大大提升店铺关注度；在"店铺等级"选项中，卖家可查看评分规则，了解微店卖家等级计算方式与积分规则。如果卖家有实体店铺可以添加实体店铺地址，便于买家光顾实体店铺。

图 4-14　店铺资料设置

（2）其他资料完善。除了店铺资料信息的完善，还需要完善交易设置、钱包设置、聊天设置等信息。

3．商品管理

（1）商品发布。发布商品时，需要维护商品的相应信息。如图4-15所示。

图4-15 添加商品

1）商品类型。根据实际情况选择商品类型。

2）图片和标题。商品图片可以通过手机拍照、相册选取进行添加。一个商品最多支持15张图片，第一张图片系统默认为商品主图。同时可以添加商品描述、商品价格、商品库存、商品分类。

标题最多为100字，尽量简单直接，能突出卖点。

3）在设置商品卖点时，要让买家看一眼就能知道商品的特点，知道卖的是什么商品。

4）关于商品类目的选择，系统会根据商品的标题匹配对应的类目，如推荐的类目与实际的不一致，可以自主选择对应的匹配类目。

5）填写所要销售的商品价格，根据商品情况设置库存，编码属于选填项。

6）点击"商品详情"对商品进行详细的介绍，用以丰富所出售的商品，如图4-16所示。

7）对店铺中分类进行设置，按分类展示商品，方便买家筛选，如图4-17所示。

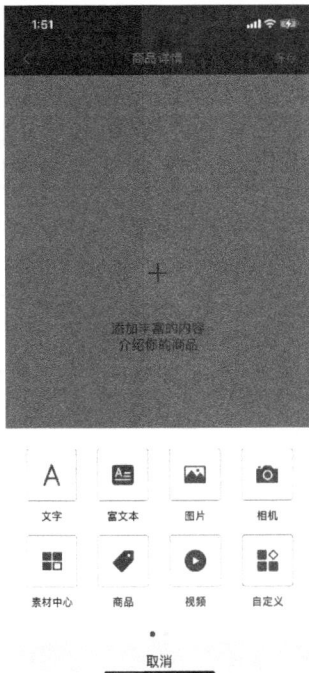

图 4-16　添加商品详情

图 4-17　商品分类

（2）商品上下架。如商品已经上架，需要下架商品，选择对应要下架的商品，进入"编辑商品"页面，拉到最后面，点击"下架"，如图 4-18 所示。

若想重新上架商品，请在"商品管理"→"已下架"中找到对应的商品，点击"上架"按钮进行上架，如图 4-19 所示。

图 4-18　商品下架

图 4-19　商品上架

我们还可以对多个商品进行批量下架或删除，点击"商品管理"→"批量管理"→选择需要下架或删除的商品，点击"下架"，如图 4-20 所示。

图 4-20　商品批量管理

（3）商品分类。商品分类可以让买家更容易地找到想要购买的商品，同时可以让卖家更好地管理自己店铺中的商品。注意：一个店铺最多可添加 150 个分类，含分类＋子分类；商城版店铺分类数量限制为 300 个。

点击"分类管理"，可以对分类进行如下操作：分类的排序、分类的删除、添加子分类、添加新分类等。点击"排序"，可以对分类顺序进行调整，如图 4-21 所示。

点击分类右侧的三个点，可以对已有分类进行删除、重命名、管理商品、移动和隐藏分类，如图 4-22 所示。删除分类后，分类下的商品如果无其他分类，则被移至"未分类"下，未分类下商品数量变更；有其他分类的商品则仍保留其他分类。还可以点击"添加子分类"按钮，可以对分类进行细分类。点击底部"添加分类"，可以添加新的分类；分类名称在 50 字以内，格式上支持表情符及特殊符号。

对于"未分类"商品的分类管理，点击"管理分类"，选择"未分类"，进入未分类的商品中，点击"批量管理"，可将商品添加至已经建好的分类中，或者将商品添加至"新建分类"中。

4．店铺装修

（1）进入店铺装修。在微店店主版 App 主界面点击"店铺管理"选项，再点击"店铺装修"，如图 4-23 所示。

图 4-21　商品分类（一）

图 4-22　商品分类（二）

图 4-23　店铺装修

（2）点击"编辑"按钮，可以编辑店铺信息和店招。微店的招牌，简称店招。一个店招的好坏，能够在一定程度上影响整体的店面效果其至营销效果。店招以宣传微店为主，所以建议选用能体现微店商品特色的图片和文字来装点店招。店铺近期有关于商品的优惠活动，也可以在店招中突出表现。店铺信息编辑需要点击"店铺动态"旁的编辑按钮，可编辑头像样式，还可设置店铺 Logo、店铺名称、店铺公告，如图 4-24 所示。

（3）点击"插入"按钮，可以插入不同的模块，如商品、导航、广告、文字、营销模块、特殊行业等，如图 4-25 所示。

（4）导航设置。点击商品旁的"编辑"按钮，可以编辑推荐商品，如图 4-26 所示。

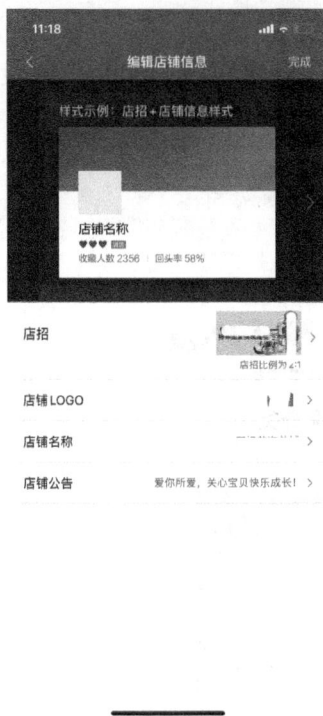

图 4-24　店铺信息编辑　　　　图 4-25　插入模块　　　　图 4-26　编辑推荐商品

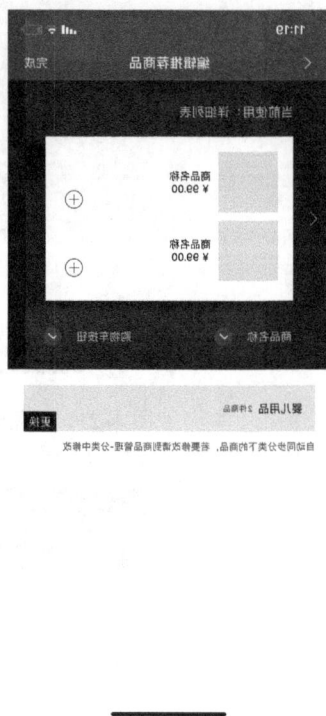

店铺装修分为免费模板和付费模板。我们可以进入装修市场寻找不同的模板，根据需求进行选择。

5. 店铺分享与推广方式

点击微店店主版 App 主界面的"分享店铺"，可将微店通过转发链接分享至微信朋友圈、QQ 空间、微信好友等，让大家帮忙转发推荐，如图 4-27 所示。

点击微店店主版 App 主界面，选择"营销推广"按钮，可以选择官方推广给流量的"拉新客""微客多""招商活动"等，也可以选择打折工具、引流获客、新客成交、老客复购等工具，如图 4-28 所示。店铺推广都会产生一定的费用，卖家需要仔细衡量。

6. 商品搬家

用户可使用"多平台一键搬家"应用进行店铺搬家，该应用支持一键复制京东、淘宝、天猫、1688、拼多多、有赞、微盟等网站上的商品到微店，支持批量复制搬家。

点击"服务市场"→"多平台一键搬家"，用户可根据平台使用教程进行商品搬家，如图 4-29 所示。

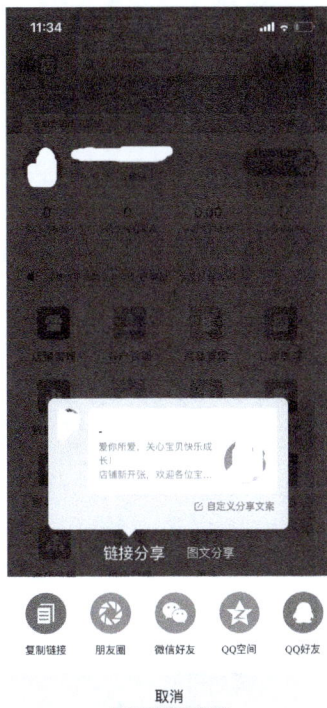

图 4-27　分享店铺

图 4-28　营销推广

图 4-29　商品搬家

实训项目七　电脑、平板电脑和手机响应式（自适应）Web 设计

一、实训目标

（1）掌握移动 Web 响应式（自适应）页面设计原理。

（2）能够设计电脑、平板电脑和手机响应式（自适应）页面。

（3）能够将电脑站点页面重构为响应式（自适应）页面。

二、实训环境

（1）连接互联网的电脑，安装 Windows 7 或 Windows 10 操作系统，安装 Dreamweaver 和高版本浏览器。

（2）4G/5G Android 或 iOS 智能手机，开通 4G/5G 网络或连接 Wi-Fi。

三、实训背景知识

移动开发设计面对的手机或平板电脑的屏幕尺寸相当丰富。电脑端常用的两种布局方式是固定布局和弹性布局，前者设置一个绝大多数电脑能正常显示的固定宽度，后者则采用百分比。但是，对于移动设备来说，这种布局方式就显得力不从心了。于是，响应式（自适应）页面布局应运而生。响应式布局使用的是 Media Query 技术，它在 CSS2 中就已经出现了，随着 HTML5 和 CSS3 的到来又增添了新的生机。响应式 Web 设计并非新的技术，只是将已有的开发技巧（弹性布局、弹性图片和媒体查询等）整合在了电子商务页面中。

响应式（自适应）页面布局主要基于以下技术：

（1）CSS3 的 Media Query 技术。其语法结构为：

```
@media screen and 屏幕大小{ 样式 }
```

例如：

```
@media screen and (max-width：600px){ width：400px; color:red; }
```

（2）CSS3 的 Viewport 技术。Viewport 技术用于正确识别移动设备的宽度，其语法结构为：

```
<meta name="viewport" content="...">
```

例如：

```
<meta name="viewport" content="width=device-width, initial-scale=1.0">
```

实训任务如下：

● 设计一个基本的响应式（自适应）页面布局框架。
● 将实训项目四的手机页面重构为响应式（自适应）页面。

四、实训指导

1. 设计基本的响应式（自适应）页面布局框架

（1）本实训中的手机网页素材包括页面描述文字、图片和视频三个部分，先建立一个站点文件夹 respage，在 respage 中再建立一个 index.html 页面文件，如图 4-30 所示。

（2）使用 HTML 标记及属性设计页面结构。使用 Dreamweaver 或记事本设计 index.html 页面结构，代码如下：

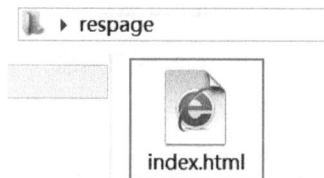

图 4-30 实训站点文件夹结构

```
<!doctype html>
<html>
<head>
<meta charset="utf-8">
<title> 电脑、平板电脑、手机响应式页面设计框架 </title>
</head>
<body>
  <div id="pagewrap">
    <div id="header">
        <h1> 头部（header）</h1>
        <p> 页面描述 <a href="#"> 作者信息 </a>（或者 <a href="#"> 延伸阅读 </a>)</p>
    </div>
    <div id="content">
        <h2> 内容标题 </h2>
        <p> 文本 </p>
        <p> 文本 </p>
        <p> 文本 </p>
        <p> 文本 </p>
```

```
        <p> 文本 </p>
        <p> 文本 </p>
        <p> 文本 </p>
        <p> 文本 </p>
        <p> 文本 </p>
        <p> 文本 </p>
    </div>
    <div id="sidebar">
        <h3> 边栏 (sidebar)</h3>
        <p> 文本 </p>
        <p> 文本 </p>
    </div>
    <div id="footer">
        <h4> 页脚（footer）</h4>
    </div>
</div>
</body>
</html>
```

（3）增加 Viewport 和 Media Query 代码（粗体部分）。

```
/*<!doctype html>
<html>
<head>
<meta charset="utf-8">
<!-- viewport meta to reset iPhone inital scale -->
<meta name="viewport" content="width=device-width, initial-scale=1.0">
<title> 电脑、平板电脑、手机响应式页面设计框架 </title>
<style type="text/css">
    body {font: 1em/150% Arial, Helvetica, sans-serif;}
    a {color: #669; text-decoration: none; }
    a:hover {text-decoration: underline; }
    h1 {font: bold 36px/100% Arial, Helvetica, sans-serif;}


/***********************************************************
STRUCTURE
***********************************************************/
    #pagewrap {padding: 5px; width: 960px; margin: 20px auto; }
    #header {height: 180px; }
    #content {width: 600px; float: left; }
    #sidebar {width: 300px; float: right; }
    #footer {clear: both;}


/***********************************************************
MEDIA QUERIES
***********************************************************/
    /*980px 以下的屏幕尺寸有效 */
    @media screen and (max-width: 980px) {
      #pagewrap {width: 94%; }
      #content {width: 65%; }
      #sidebar {width: 30%; }
        }
```

```
        /* 700px 以下的屏幕尺寸有效 */
        @media screen and (max-width: 700px) {
          #content {width: auto; float: none; }
          #sidebar {width: auto; float: none; }
            }
        /* 480px 以下的屏幕尺寸有效 */
        @media screen and (max-width: 480px) {
          #header {height: auto; }
          h1 {font-size: 24px; }
          #sidebar {display: none; }
            }
        #content {background: #f8f8f8; }
        #sidebar {background: #f0efef; }
        #header, #content, #sidebar {margin-bottom: 5px; }
        #pagewrap, #header, #content, #sidebar, #footer {border: solid 1px #ccc; }
    </style>
    </head>
    <body>
      <div id="pagewrap">
        <div id="header">
            <h1> 头部（header）</h1>
            <p> 页面描述 <a href="#"> 作者信息 </a> ( 或者 <a href="#"> 延伸阅读 </a>)</p>
        </div>
        <div id="content">
            <h2> 内容标题 </h2>
            <p> 文本 </p>
            <p> 文本 </p>
            <p> 文本 </p>
            <p> 文本 </p>
            <p> 文本 </p>
            <p> 文本 </p>
            <p> 文本 </p>
            <p> 文本 </p>
            <p> 文本 </p>
            <p> 文本 </p>
        </div>
        <div id="sidebar">
            <h3> 边栏 (sidebar)</h3>
            <p> 文本 </p>
            <p> 文本 </p>
        </div>
        <div id="footer">
            <h4> 页脚（footer）</h4>
        </div>
      </div>
    </body>
    </html>
    ……
```

（4）在电脑、平板电脑和手机浏览器中的预览效果，如图 4-31 所示。

a）

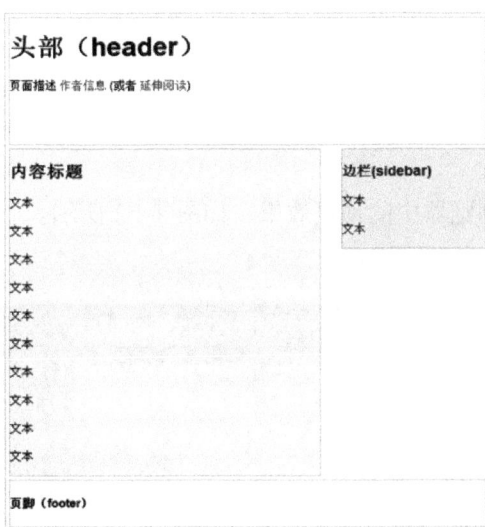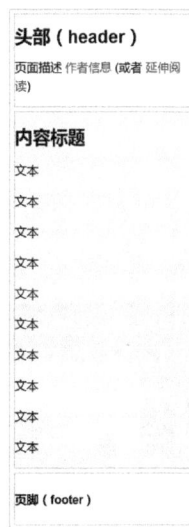

b）   c）

图 4-31　基本自适应页面布局框架的预览效果

a）电脑预览效果　b）平板电脑预览效果　c）手机预览效果

2．将实训项目四的手机页面重构为响应式（自适应）页面

（1）将 media-queries.css 文件进行修改，根据电脑、平板电脑和手机的宽度增加 Media Query 代码。修改后的 media-queries.css 文件完整代码如下：

```
.video  { width: 100%; height: auto; min-height: 300px;}
/****************************************************************
smaller than 980
****************************************************************/
@media screen and (max-width: 980px) {
        #pagewrap {width: 95%;}
        #content {width: 60%; padding: 3% 4%;}
        #sidebar {width: 30%;}
```

```
        #sidebar .widget {padding: 8% 7%; margin-bottom: 10px;}
    }
/*************************************************************
smaller than 650
*************************************************************/
@media screen and (max-width: 650px) {
    #header {height: auto;}
    #searchform {position: absolute; top: 5px;right: 0;z-index: 100;height: 40px;}
    #searchform #s {width: 70px;}
    #searchform #s:focus {width: 150px;}
    #main-nav {position: static;}
    #site-logo {margin: 15px 100px 5px 0; position: static;}
    #site-description {margin: 0 0 15px; position: static;}
    #content {width: auto; float: none; margin: 20px 0;}
    #sidebar {width: 100%; margin: 0; float: none;}
    #sidebar .widget {padding: 3% 4%; margin: 0 0 10px;}
/*************************************************************
smaller than 560
*************************************************************/
@media screen and (max-width: 480px) {
    html {-webkit-text-size-adjust: none;}
    #main-nav a {font-size: 90%; padding: 10px 8px;}
}
```

（2）在电脑、平板电脑和手机浏览器中的预览效果，如图 4-32 所示。

a）

图 4-32　修改后的页面在电脑、平板电脑和手机上的预览效果

a）电脑预览效果

b）　　　　　　　　　　　　　　　　c）

图 4-32　修改后的页面在电脑、平板电脑和手机上的预览效果（续）

b）平板电脑预览效果　c）手机预览效果

思考与练习

1. 试说明移动电子商务的价值链结构。
2. 移动电子商务的商业模式有哪些？
3. 简述 O2O 商业模式和发展前景。
4. 你最喜欢的移动电子商务杰出人物是谁？他（或她）有哪些值得你学习的地方？
5. 免费模式为什么受到移动电子商务企业的青睐？
6. 分析共享经济模式的成因及发展趋势。
7. 根据学过的知识和通过上网（或其他途径）查阅资料，对案例导引进行分析。

职 业 提 示

鼓励发展生鲜农产品新零售

2021 年 11 月 26 日，国务院办公厅印发《"十四五"冷链物流发展规划》。其中提出，鼓励发展生鲜农产品新零售，支持快递企业加强冷链物流服务能力建设，支持农产品流通企业、连锁商业、电商企业等拓展生鲜农产品销售渠道，扩大辐射范围和消费规模。加强城市冷链即时配送体系建设，支持生鲜零售、餐饮、体验式消费融合创新发展，满足城市居民个性化、品质化消费需求。

同时，规划还提出，积极推广"分时段配送""无接触配送""夜间配送"，发展与新消费方式融合的冷链配送新业态、新模式；鼓励物业服务企业开展冷链末端配送业务。

职业素养： 培养并践行社会主义核心价值观；培养创新思维，激发民族自豪感。

Module 5

模块五

移 动 营 销

学习目标

◎ 能够描述移动营销与传统网络营销的区别和联系。

◎ 能够描述移动营销常用的方法和手段。

◎ 能够使用二维码、H5、LBS 技术和移动 App 进行移动营销。

◎ 掌握微信营销、社群营销、短视频营销的方法。

◎ 能够为企业策划可操作的移动营销方案。

◎ 自觉强化网络安全和守法意识，在移动营销活动中自觉加强合法权益保护。

模块五导读

案例导引

某旅游服务公司的移动营销

公交车站旁，一位乘客正在等待公交车，同时不断使用手机翻阅各大搜索平台查询最便捷的回家路线。此时一搜索网站上弹出一条消息："你想知道回家换乘的最短路线吗？"

这一信息可以说是该乘客最需要的，于是乘客萌生兴趣进入界面，原来这是一家旅游公司的官方移动 App。进入该 App 后，该公司的后台人员就会收到系统提示有用户访问，接下来就会主动与用户打招呼，并主动发送信息，如"亲，您正在等候公交车吗？""您一定需要更便捷的回家路线吧？"等。

由于这些信息大多是用户最迫切需要的，因此通常也会吸引用户继续回复。通过简单的交流，公司后台获取了更多需求信息，此时，就会从数据库中搜索到最便捷的公交路线图、地图导航等，为用户规划出一条最佳路线。

用户在收到消息后兴趣就被进一步激发，通常会主动询问："你们是什么公司啊？是做什么的呀？为什么要给我规划回家路线图？……"

此时，后台人员就可以进一步互动进入正题，"我们是某旅游服务公司，专程为您提供××服务"等更具体、详细的信息，这些信息可以囊括公司所有的产品和服务，以使该用户对公司有全面、深入的了解。

用户对于这些信息如果感到有用就会收藏，或者上传微信朋友圈、微博等，这样一来定有更多人转发和分享，在一次次转发和分享中，公司的信息无形中就得到了曝光和扩散，为获取更多的用户奠定基础。

通过案例发现，这个互动过程就是某公司运营人员和用户通过互动交流共同创造内容的过程。公司运营人员在这里是从移动营销的角度出发，有意识地制造话题引导用户关注自己的企业、自己的产品和服务；而用户则是在需求的驱使下，无意识地制造内容（享用公司提供的服务、了解公司的信息等），并充当了内容的制造者和扩散者的角色（分享朋友圈、上传微博等），这样就形成了一个良性循环，拓展了移动营销的渠道，为内容输出注入了新鲜血液，效果远远高于运营者单方面地移动营销。

移动营销是移动电子商务时代企业利用移动互联网的营销活动。作为移动电子商务的从业者，在移动营销活动中必须加强对网络空间通信秘密、商业秘密、个人隐私及名誉权、财产权等合法权益的保护。

在最近几年里，移动互联网成为当今世界发展最快、市场潜力最大、前景最诱人的业务之一，它们的增长速度是任何以往预测家未曾预料到的，可以预见移动互联网正在创造经济神话，其主要呈现形式将是移动电子商务，而移动电子商务的成功取决于移动营销。本模块首先介绍移动营销的概念和相关理论，然后介绍常用的移动营销手段，包括移动 App 营销、H5 营销、二维码营销、LBS 营销、微信营销、移动广告、社群营销、短视频营销等。

单元一　移动营销概述

不管是什么样的企业，或大或小，也无论是在哪个时代，是之前的纸媒时代，还是之后的互联网时代，都离不开营销。智能移动端的不断普及以及无线网络的不断成熟，使我们进入了移动互联网时代，移动营销自然也就开始进入企业的视线中，成为企业营销的新宠。

一、移动营销的概念及其特点

移动营销（Mobile-Marketing）是指面向移动终端（手机或平板电脑）用户，在移动终端上直接向分众目标受众定向和精确地传递个性化即时信息，通过与消费者的信息互动达到市场营销目标的行为。移动营销涉及移动互联网和无线通信技术，又与市场营销有关，是以市场营销为基础，基于移动互联网网络平台实现的，其接入终端包括手机、平板电脑、掌上电脑、笔记本电脑或其他专用接入设备等。目前的主要应用有移动 App 营销、二维码营销、H5 营销、微博营销、微信营销和移动广告等。

与网络营销和传统营销相比，移动营销具有以下特点：

（1）个性化精准营销。由于每部手机对应着一个手机用户，因此，营销人员可以根据用户的兴趣、爱好、年龄层次、上网习惯和浏览记录等信息，向用户推荐相关商品，实现有针对性的个性化精准营销，提高营销的效率和准确性。

（2）实时交互。手机在交互性方面有着传统媒体无法比拟的优势，对企业营销应用来说，这是一个非常强大的有利功能。手机的互动性相比传统媒体在效率、速度和灵活性上都更胜一筹，使双方能产生很好的互动，起到立竿见影的双向功效。通过这种良好的沟通和互动，企业可以向用户提供更具个性化的产品和服务，有助于改善企业的用户关系管理，提高用户的忠诚度。

（3）灵活方便。移动终端的个性化及定位特性，使得在移动电子商务营销环境中，人们不再受时间和地域的限制，可以随时随地通过无线设备进行移动支付和在线交易，并进行信息反馈。这种灵活性可以使企业随时随地掌握市场动态，了解消费者的需求，并为他们提供优质的服务。

（4）经济环保。移动营销通过数字信息向用户进行商品和服务的宣传和推销，所花费的营销成本相对较低，与传统的营销手段相比，省去了印刷媒体所需要的实物成本、影视明星的代言费以及在电子媒体（如电视和广播）上所支付的巨额广告费，并且不产生任何营销活动带来的废物和垃圾。

（5）信息整合。移动营销充分发挥了多媒体技术的应用优势，使得企业可以将产品的价格、外观、评测和用户使用效果等信息，通过文字、图片、视频等方式详细地展示出来，用户通过移动终端就可以直接浏览这些内容，了解商品各个方面的信息。

（6）可监测性。在移动营销过程中，通过相关监测软件，企业还可准确地监控信息的回复率和回复时间，从而为企业提供了监测营销活动的便捷手段。这种监测能力，对于民意调查、信息反馈、用户服务及市场分析等具有极为重要的意义。

二、移动营销的运行模式

目前，移动营销的运行模式主要有以下几种：

1. 推模式

推（Push）模式是指企业直接向用户发送即时信息，进行商品营销的形式。在推模式中，以往应用最广的是 SMS 营销，即短信营销，现在以微信营销为主，也有大量的弹出广告。其优势是费用低廉、潜在广告对象群体巨大。因此，企业在采用推模式进行市场营销时，应建立许可与退出机制。

2. 网站模式

手机版网站（或者叫 WAP 网站）是指用 WML 编写的专门用于手机浏览的网站。随着手机向智能化方向发展，安装了操作系统和浏览器的手机，其功能和电脑是很相似的。WAP 网站模式有两种，一种是商家自建 WAP 网站模式，另一种是与其他知名 WAP 网站合作模式。商家自建 WAP 网站进行移动营销的特点是自由度较大，灵活方便，缺点是推广成本较高。WAP 网站的宣传，可以采用推模式，将具有超链接内容的短信或彩信发送给用户；也可以通过购买关键词的形式在搜索引擎网站进行推广，并且选择合理的搜索引擎营运商，实现效果监控和成本控制等。

3. 终端嵌入模式

终端嵌入模式是将广告以图片、动画、屏保和游戏等形式植入手机企业生产的手机中，通常以买断的方式，在一个品牌的每部手机里投放 3 ~ 4 个广告，并将一定的广告收入分给手机厂商。对终端的占有，是一种行之有效的模式。相对而言，这种模式是最具创新性而又最具难度的，同时也能最有效地形成壁垒。不过，这种嵌入式广告的模式只能覆盖少数几款手机，广告的覆盖范围有限，也容易造成用户的反感。

三、移动营销的理论

移动电子商务是传统电子商务的延续。在制定移动电子商务营销策略时，应该考虑传统商务营销的策略，通过分析传统商务营销的策略和方法，以服务用户为中心，结合目前移动电子商务发展的现状和特点以及未来发展的趋势，采用以下理论或以下理论的综合：

1. 4P 营销理论

4P 营销理论是 20 世纪 50 年代由美国密歇根州立大学的教授杰罗姆·麦卡锡提出的，4P 分别是指产品（Product）、价格（Price）、促销（Promotion）和渠道（Place）。该理论认为：如果一个营销组合中包括合适的产品、合适的价格、合适的分销渠道和合适的促销策略，那么这将是一个成功的营销组合，企业的营销目标也将得以实现。这一理论对以后营销理论的发展和实践都产生了深远的影响，被视为营销理论的经典，时至今日它仍是许多营销部门选择营销战略时的重要依据。

2. 4C 营销理论

4C 营销理论由美国的罗伯特·劳特伯恩在 1990 年提出，包括用户（Consumer）、成本（Cost）、方便（Convenience）、沟通（Communication）四个组成部分。将 4P 营销理论与

4C 营销理论进行对比可以看出，4P 营销理论的思维基础是以企业为中心的，因而适合供不应求或竞争不够激烈的市场环境；4C 营销理论的思维基础是以消费者为中心，是当今消费者在市场营销中越来越居主动地位、消费的个性化需求越来越高、市场竞争空前激烈、传播媒体高度分化、信息膨胀过剩的营销环境下的必然要求。4C 营销理论认为，只有了解到消费者真正的需要，并据此进行市场定位，才能确保营销的最终成功。

3. 4I 营销理论

随着网络媒体的发展，信息开始过剩，传统的营销理论已经很难适应新媒体的传播，20 世纪 90 年代，美国西北大学市场营销学教授唐·舒尔茨提出了 4I 理论，即整合营销理论，更加重视消费者导向，把内容整合得有趣（Interesting）、给用户带来利益（Interests）、做到和用户互动（Interaction）、让用户彰显个性（Individuality）。在互联网时代，企业应以充满趣味的文字、图片和视频展现内容，吸引用户的兴趣，同时为目标受众提供利益，给粉丝关注和分享的理由，刺激粉丝与企业交流互动，并根据企业自身的特点和文化，提供个性化营销，投其所好，让用户心理产生"焦点关注"的满足感，引发用户互动和购买。

4. 4V 营销理论

科技的迅猛发展使得产品与服务不断更新迭代。互联网、移动通信工具的持续推陈出新，使营销方法也得到了极大的完善和创新。信息透明化程度不断提高，企业与消费者之间的沟通也得到了极大提升，信息不对称的现象得以改善。企业与消费者的沟通渠道和沟通方式越来越多元化，4V 营销理论应运而生。所谓 4V 即差异化（Variation）、功能化（Versatility）、附加值（Value）和共鸣（Vibration）。

4V 营销理论的核心就是差异化营销。随着竞争的加剧，市场细分化现象严重，顾客的需求也呈现出个性化和多元化的特征，4V 营销理论提出企业要想保持在竞争中的优势地位，必须在营销策略的制定和执行上实现"差异化"。这就要求企业：第一，企业与企业之间进行定位区隔，从而树立差异化的企业形象。第二，进行目标消费人群的定位区分，精准的目标人群定位用以满足个性化的需求，培育消费者的忠诚度。第三，针对消费需求的多元化特性，企业提供的产品和服务必须具备一定的弹性空间。企业通过不同产品的组合搭配和多样化的服务组合设计，从而满足不同消费者之间的不同需求。

最后，4V 营销理论强调企业与消费者之间的情感沟通，企业进行推广时传递的信息必须具备更深层次的文化内涵，从而使企业能够和消费者之间进行深层次的沟通和交流，满足消费者的情感需求，从而达到企业与消费者之间的情感共鸣，进而形成消费者与企业品牌之间的黏性。

5. 4S 营销理论

在移动互联网时代，营销正在新技术时代发生革命性的演化和发展。企业只要掌握移动营销的基础规律，就能把这种规律与企业情况结合实现个性发展。移动互联网正在改造市场营销学，新时代的营销变得更加重要。

4S 营销理论是移动互联网时代营销要素组合成的基本营销规律，它包括超级产品（Super Product）、内容精华（Substance）、超级用户（Super User）、空间（Space）四种要素以及由此组成的营销流程。

（1）超级产品。好产品是移动营销成功的基石。在移动时代，所有的好产品都有两个基本特征：①追求极致化、人性化；②和用户共同创造。移动营销的第一步是提供在产品品质、产品理念与产品体验方面符合移动用户消费习惯的产品。

（2）内容精华。移动营销和大众传媒的整合营销传播关联不大，产品卖点、广告词、明星代言这三大传统的传播法宝被"内容"两个字替代，好内容是移动营销的第二法宝。而内容好不好的唯一标准是用户愿不愿意主动分享出去。移动营销的第二步是围绕用户需求制造产品文化、产品情怀和产品理念，便于用户获取更深、更宽、更广的消费信息。

（3）超级用户。传统营销是通过大众媒介传播，从海量用户中海选优质用户，并把用户按购买力和消费力分类，是基于交易关系确定营销关系的营销逻辑。移动营销刚好相反，从极少数关键用户的信赖感、参与感和产品口碑营销起始，形成强关系和超级用户后再扩散到大量的普通用户，是基于人际关系而确定营销关系的营销逻辑。移动营销的第三步是发现并培养超级用户。超级用户爱你优点的同时也爱你的缺陷，认为缺陷也是一种美。超级用户会不断使用你的产品和服务，并无偿向他人推广。

（4）空间。移动营销提倡在一个可交易的空间里实现产品体验、用户分享和服务的兼容性连接，没有任何一个词汇能比"空间"（亦称"空间连接"）更恰当地形容移动营销这一要素。移动空间连接包括三种方式：线下空间和线上空间的营销关系连接；现实空间和虚拟空间的体验；产品、服务、内容、用户分享、交易交换五种营销要素之间的有机连接。移动营销的第四步是发现或开发一个移动营销的空间，把产品、内容、用户、支付植入一个移动空间去完成。这个空间可能是一个移动 App 的界面，可能是一台内置移动支付软件的智能终端设备，也可能是移动互联网软件和实体体验店融合形成的交互体验空间。

4S 营销理论既是探索移动营销一般规律的理论原型，也是实践移动营销特殊新方法的应用工具组合。基于移动互联网时代用户对产品的极致化要求，移动互联网正在改造市场营销学，从 4P 营销理论到 4S 营销理论的演进不可避免。

单元二　移动 App 营销

作为移动营销体系中非常重要的一个部分，移动应用服务（移动 App）是针对手机这种移动连接到互联网的业务或无线网卡业务而开发的应用程序服务。随着移动智能终端的广泛应用，移动终端正向功能增强化、多模块化、定制化、平台开放化的方向发展，利用移动 App 进行移动营销来辅助其商品营销及品牌推广已经成为企业的主流做法。

一、移动 App 营销概述

移动 App 营销即客户端应用程序营销，是企业利用移动互联网，在第三方应用平台发布应用程序，吸引用户下载使用，以此进行发布产品、宣传活动或服务、提供品牌信息等一系列营销活动的营销方式。移动 App 营销是品牌与用户之间形成消费关系的重要渠道，也是连接线上线下的天然枢纽。

移动 App 营销具有如下特点：

（1）成本低。移动 App 营销的模式，费用相对于电视、报纸甚至是网络都要低很多，只要开发一个适合于本品牌的应用即可，可能还会需要一点推广费用，但这种营销模式的营销效果是电视、报纸和网络所不能代替的。

（2）信息全面。全面展示信息能够刺激用户的购买欲望，移动 App 能够全面地展现产品的信息，让用户在没有购买产品之前就已感受到产品的魅力，降低了对产品的抵抗情绪。通过提升用户对产品信息的了解，从而刺激用户的购买欲望。

（3）提升品牌实力，形成竞争优势。移动 App 营销可以提高企业的品牌形象，让用户了解品牌，进而提升品牌实力。良好的品牌实力是企业的无形资产，为企业形成竞争优势。

（4）跨时空，随时随地进行用户服务。营销的最终目的是占有市场份额。移动互联网具有的超越时间约束和空间限制进行信息交换的特点，使得脱离时空限制达成交易成为可能，企业能有更多的时间和空间进行营销，可每周 7 天、每天 24 小时、随时随地为用户提供全球的营销服务。用户通过移动 App 了解产品信息，可以及时地在移动 App 上下单或链接到移动网站进行下单。移动 App 易于开展商家与用户之间的交流。用户的喜爱与厌恶的样式、格调和品位，也容易被商家一一掌握。这对产品大小、样式设计、定价、推广方式、服务安排等均有重要意义。

（5）精准营销。移动 App 本身具有很强的实用价值，移动 App 程序本身就是一种实用性很强的工具。移动 App 程序可以为手机用户在生活、学习、工作中提供方便。手机移动 App 程序通过可量化的精确的市场定位技术突破传统营销定位只能定性的局限，借助先进的数据库技术、网络通信技术和现代高度分散物流等手段保障与用户的长期个性化沟通，使营销达到可度量、可调控等精准要求；摆脱了传统广告沟通的高成本束缚，使企业低成本快速增长成为可能；保证了企业和用户的密切互动沟通，从而不断满足用户的个性化需求，建立稳定的企业忠实用户群，实现用户链式反应增值，从而满足企业长期、稳定、高速发展的需求。

（6）用户黏性和互动性强。移动 App 营销的黏性在于一旦用户将应用下载到手机，则应用中的各类任务和趣味性的竞猜就会吸引用户，形成用户黏性。除此之外，还体现在移动 App 的使用便捷性和互动性强。无论是企业、商家还是用户，借助移动 App 都能最大限度地实现短、平、快的操作，例如可以随时随地上架商品、发布商品信息、查看销售动态、查看促销信息等，用户只要下载、登录即可浏览 App 里的所有信息，无论什么时候都能根据自身需求进行查找。

用户除了可以与 App 之间进行全天候、不间断的沟通、交流，还可以在 App 上获得更深层次、更完整的体验。有些 App 还将企业各种不同的平台整合起来，更加专注服务的便捷性和社交性。例如，2020 年 12 月 25 日，比亚迪发布了全新的移动 App "比亚迪汽车"，将比亚迪旗下的现有生态产品，包括云服务、迪粉汇、e 购等整合起来，聚焦成为唯一入口，给用户提供更完整、连续、统一的智慧出行体验。在全新的 App 中，可以看到很多不同属性的统一，例如：主打车辆远程操控的"功能性"以及围绕车辆售前、售后以及粉丝社群的"社交属性"；针对"借车"或者"家人开车"等场景，可以通过 App 实现虚拟车钥匙临时授权以及到期授权等方式，如果将车借给朋友，可以通过设定使用限期的方式，而针对自己的家人则可以进行长期授权，结合 NFC 车钥匙功能，就可以实现"一辆车、多人开"。

随着移动互联网的兴起，传统的营销方式因其性价比太低而越发不受企业的重视。事实上，在这样一个移动互联网的时代，以移动 App 作为企业的主要营销方式已经成为各大企业营销的常态。企业通过移动 App 营销，可以精准定位用户。在传统推广上，企业都面临着"传播贵""传播难""传播无法测量"等困扰，而移动 App 却能很好地解决这些难题。

它不仅入驻成本低，而且嵌入式移动 App 正"吞噬"着与人们生活息息相关的各行各业，它的推广效应深入人心，无须大规模广告、无须大规模行销人员，就能获得很高的曝光率、转化率和成交率。同时，移动 App 营销还能贴身黏住用户。与传统营销模式不同的是，移动 App 营销不再受时间和地点的限制，也不再只是信息的单向流通。更大的不同是，从接触用户、吸引用户、黏住用户，到管理用户、发起促销，再到最终的达成销售，整个营销过程都可以只在移动 App 这一个小小的端口内发生。随着智能手机等移动终端设备的普及，人们逐渐习惯了使用移动 App 上网的方式，而目前国内各大电商均拥有了自己的移动 App，这标志着移动 App 的商业使用已经初露锋芒。

二、移动 App 营销需要注意的问题

移动 App 营销模式和以往的任何一种营销模式都一样，主旨在于更好地体现营销方式，提升营销效果。在实施移动 App 营销时应该注意以下几点：

1. 营销定位要抓住人性

移动 App 营销功能的定位需要先调研品牌、产品与消费者之间的关系，根据大数据分析、挖掘他们内在的需求和兴趣点，并与能抓住目标人群人性的某些元素结合，如好奇、分享、愤怒、健康、善良、感性等。定位的成败关键在于与产品的贴合度，要既能适合品牌或产品，又能很好地满足用户的需求。

任何一种成功的营销模式都是从简单发展到复杂的。因此，创建的移动 App 营销模式在初期阶段应尽量保持一个主体，这就是营销。只有移动 App 具备了良好的用户体验效果，形成了完整的系统模式之后，才能在这种基础上进行扩展。万不可操之过急，在移动 App 发展初期就秉持获利、宣传和营销等多向发展的原则。

2. 内容创意超越软广告

好的定位就意味着好的创意，好的创意决定了好的品质，使得消费者和用户都会接受这款移动 App。好的移动 App 要么是实用性很强、生活的小助手、方便快捷，要么是娱乐性很强、可以消遣生活。好的移动 App 能自发传播，就算没花费多少营销预算也能脱颖而出，所以在开发产品时一定要将 80% 的精力聚焦到产品本身。从另一个角度来说，平庸的创意必然出现平庸的品质，也无法靠强营销赢得用户。

例如，iButterfly 这款 App 将各色优惠券变身为一只只翩翩飞舞的蝴蝶，利用手机摄像头进行捕捉，根据各个地区的特点，蝴蝶的种类也有所不同，帮助专卖店、生活服务、餐饮行业进行有趣的宣传。这一移动 App 正是将 App+AR+LBS 进行了完美结合，使用户既得到实惠，又得到良好的游戏体验。该移动 App 实用、好玩又有趣，推广投入不大即受到了广泛欢迎。图 5-1 所示为屈臣氏使用 iButterfly App 的营销创意。

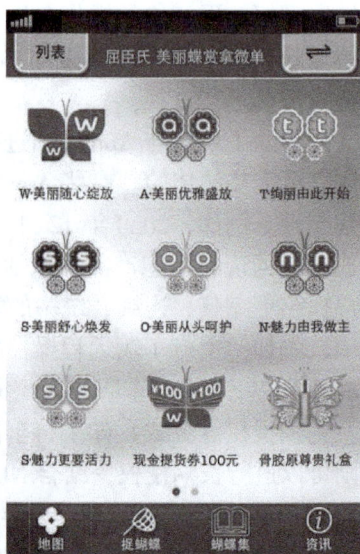

图 5-1　屈臣氏使用 iButterfly App 的营销创意

3. 营销模式不要遵循以利益为主原则

虽然安卓市场为谷歌公司带来了巨大的利益，但谷歌公司却不是遵循以利益为主的原则在发展，而是主打营销。因此，虽然当今移动互联网市场中移动 App 商店是一种不可被忽视的获利途径，但是移动 App 营销模式的目的却不是获利。移动 App 获利模式是建立在营销模式之上的。这是由于移动 App 营销模式属于企业与用户之间的直接连接，在这种接触上营销效果远远大于盈利效果，只有建立良好的营销模式才能够获利，而且是持久获利。如果利用移动 App 营销模式进行硬性获利，如将移动 App 商店中大部分软件设定为收费模式，或强制性为用户发送消费链接，则会引起用户的不满，较差的用户体验最后只能导致失去用户，从而走向失败，因此移动 App 营销模式坚决不能遵循以利益为主的原则。

开发一个移动 App 已经成为当前所有企业在移动互联网时代发展的必备选择，但并不是开发了移动 App 的企业都能获得成功。由此，要研究透彻移动 App 营销模式，在清晰分析过市场特点之后，才能进行这一动作，也只有这样，才能够从高端智能的移动 App 模式中获得成功。

三、移动 App 营销策略

移动 App 是一种连接品牌与消费者的工具，是品牌与用户之间形成消费关系的重要渠道，也是连接线上线下的天然枢纽。企业在进行移动 App 营销的过程中，只有精准地把握用户心理，深入用户的生活与内心，引发用户共鸣，才能最大限度地引导其参与其中，成功地实现营销。同时，企业应把"以用户为主导"的双向甚至多向互动作为移动 App 营销的主旋律，更要发挥整合效应，顺应移动 App 营销的多元化发展趋势，整合其他营销手段和多方技术，带给消费者突破性的体验，以延伸移动营销的价值。企业移动 App 营销的最终目的，是让消费者进一步了解品牌或产品，以建立起品牌与消费者的情感关联，因此企业的移动 App 营销还要注重有机地融合品牌元素，最终实现既提升品牌又促进销售的目的，具体来说需要做到以下几个方面：

1. 产品设计应符合自身品牌定位

传递个性化有价值的品牌信息是移动 App 营销成功的关键，产品设计须十分贴合自身品牌定位，这样才能通过用户体验最终实现品牌形象与产品销量的提升。例如，沃达丰为加深用户心中"最快速的移动网络数据传输服务提供商"的品牌形象，对抗德国的移动网络竞争者，推出"缓冲恶魔"App。该款移动 App 巧妙地将品牌因素植入游戏中，用户的工作便是作为一个"缓冲克星"，摆脱和狩猎"缓冲怪物"，让世界变得更快、更有效率。沃达丰通过此游戏应用声称其在德国的宽带速度已是最快，只有我们阻止这些"缓冲恶魔"，才能帮助维持网速。沃达丰在德国的狩猎"缓冲恶魔"营销计划中产生巨大反响，一个重要原因在于其移动 App 设计充分融入了品牌理念，让用户在体验游戏过程中提升对沃达丰移动通信的忠诚度。符合自身品牌定位的产品设计并不意味着过度植入品牌信息，品牌植入可增加品牌认知度，吸引潜在消费者，但过犹不及只能适得其反。因此，移动 App 设计在贴合自身品牌定位的同时，应注意努力弱化商业元素，巧妙植入品牌信息，同时满足用户好奇心，吸引用户持续关注，以此达到强化企业品牌地位的目的。

2. 极致的用户体验

苹果思维中有一点是公认的，即苹果公司的移动 App 中，每一个细节都凸显了高品质的用户体验，这一点也正是令所有企业、所有开发商最佩服的一点。因此，在分析苹果 App Store 里的应用之前，先要了解这一点的重要性。其实，早在中国刚刚进入互联网时代开始，用户体验就被人们重视起来，也正是这种市场转变，导致很多企业纷纷走向落寞。诺基亚的没落也是因为用户体验。手机还没有进入智能时代的时候，所有手机性能尽皆相似，主要具有打电话和发信息功能。还有定制的移动 App，一般在合作伙伴支付了费用后，诺基亚等手机厂商就会将其产品放在手机最显眼的地方，作为主打推荐，不管用户是否喜欢，也就是说，没有考虑用户的体验和感受。当时的手机企业，如诺基亚、摩托罗拉等很少有深度用户体验的思维，从而导致了没落。

3. 功能设计符合目标消费者的需求

移动 App 营销与传统媒体营销的一大区别在于变"被动接收"为"主动吸引"，其传播对象不再称为"诉求对象"，而是"用户"。然而，要使用户主动选择移动 App 下载并持续使用，那么在设计开发中就要始终从用户需求出发，注重用户体验，使移动 App 创意与品牌诉求相契合，将用户体验与品牌形象相结合，以保持并增强品牌用户的黏性。吸人眼球、激发用户好奇心的创意只能让消费者发现产品，但忠诚感形成的关键还在于产品功能设计以人为出发点，满足用户从功能到精神上的需求。只有以用户需求为设计出发点，从用户角度进行设计思考，才能设计出人性化、情感化的优良作品，使用户主动选择接收品牌信息。

例如，宜家手机 App 可以让用户自定义家居布局，用户可以创建并分享自己中意的布局，同时可参与投票选出喜欢的布局，宜家还会对这些优秀创作者进行奖励，利用个性化定制营销来达成营销传播效果。

4. 创意要贴心入微

在生活和工作节奏日益加快的今天，用户尤其是年轻女性更加注重自己的健康，大量健康类移动 App 不断涌现，这类 App 设计的初衷就是帮助女性用户保持健康的生活方式，满足女性用户的生理和心理需求。例如，美柚月经期助手 App 就是一个为女性量身定做的非常有代表性的 App，其设计创意十分贴切地符合了目标用户群的特征。不仅有越用越懂你的经期智能提醒模式，还可根据需要切换为备孕 / 怀孕 / 育儿模式，为准妈妈们提供丰富的孕产知识，贴心的孕期提醒等。

5. 移动 App 模式要注重横向扩展

每一个企业都应具备自己的移动 App 模式，但这一模式无论收获多大、效果多好，都要始终坚持求精不求多的原则。正如苹果公司一样，iPhone、iPad 等电子产品的软件更新全部包含在一个 App Store 中，而非不同的应用中。这就凸显出了移动 App 模式横向扩展的重要性。

所有企业的移动 App 模式都一样，在这一原则下可以保持多个优点：

（1）企业内品牌营销快捷。在苹果App中，可以随时得知苹果公司所有产品的最新情况，并且了解各种产品对生活品质提升的状况，这就是利用用户体验进行的到位营销。

（2）横向扩展便于企业移动App模式的发展。企业内部产品必然存在关联性，可以把这种关联性当作营销重点在移动App商店中展示，正如苹果App Store中可以看到苹果各种电子产品配合使用的优势一样，这种结合非常便于企业移动App模式的发展。

（3）便于企业对移动App模式的操控。横向扩展后的移动App模式可以包含企业的所有产品，这就代表所有产品的升级换代可以保持同步，移动App模式统一升级可以带动企业所有产品的发展，这种同步的节奏有利于企业对移动App模式的操控。从以上三点可以看出移动App模式横向扩展的优势，也正是因为这些优势，笔者才总结出了移动App模式求精不求多的原则。

（4）移动App模式的广告效应。这一特点虽然比较陈旧，但是依然有效。可以看到在国内三大运营商的广告中，苹果手机的出现频率永远是最高的。实际上，苹果App Store中的各种智能软件的曝光率也非常高。三大运营商想要展示给消费者的并不是苹果手机的外表，而是它可以给生活带来的改变，因此移动App商店是广告模式中不可缺少的元素。目前，各大手机制造商都在使用这种方法，如三星和OPPO等，完全可以从这些广告中体会到移动App模式的存在。

也正是因为如此，打造优秀的移动App模式必然要经过广告这条必经之路。如果移动App广告也可以为用户带来苹果的感受，那么移动App模式就一定会成功。移动App模式已经成为这个时代企业发展不可或缺的元素。了解了移动App模式的特点、获利方式以及发展方向后，所需要的就是一种成功的思维。虽然笔者不敢断言"苹果思维"就一定是这个时代中最成功的思维方式，但是就目前的形势而言，"苹果思维"仍然是企业发展不可缺少的重要元素。

6. 有机融合品牌元素，让品牌App成为消费者深化品牌形象的有效助力

让消费者进一步了解品牌或产品，建立起品牌与消费者的情感关联，是企业移动App营销的核心所在。在以消费者的情感和信任为基础开展营销活动的时代，利用品牌App传递品牌理念，深化品牌形象，树立品牌口碑，帮助品牌和产品认知的提升，搭建起品牌与消费者间沟通的桥梁，无疑是企业营销者的明智之举。

企业可以让与众不同、新颖奇特的创意内容与品牌或产品的核心概念相融合，这样能有效地反映产品的主旨或品牌理念，让消费者在使用App的过程中自然而然地了解产品和品牌信息，让用户在娱乐的同时对品牌形成一定的黏性，使其在选择此类产品时能更多地考虑自己的品牌。同时，企业还可以通过推出能为消费者提供主动便捷服务的App来为消费者创造价值，提升品牌的亲和力，树立品牌的良好口碑。营销专家刘杰克老师指出，在能够使用户通过App实现某种功能与支持的同时，融入品牌或产品元素，同时与推广品牌和产品进行有机结合，让品牌App成为消费者接触品牌与产品的最前端，与品牌其他"营""销"渠道有机结合，这样才能最终实现促成产品销售的目的。

7. 时刻修正，不抛弃，不放弃

没有任何一款移动App是完美且永不过时的，只有不断创新，持续修正并升级应用的功能与服务，创造不可复制的用户体验，才能在同质化时代脱颖而出，真正搭建起用户与品

牌间稳定关系的桥梁。短暂的销售成功和社会影响力不是移动 App 营销的结束，持续创新以维系品牌与消费者的情感关联才是企业实施移动 App 营销的意义所在。

综上所述，在不断深入的移动互联网时代，随着智能手机和平板电脑等移动终端设备普及率的大幅提升，用户的行为习惯逐渐被改变，企业通过移动 App 开展营销活动成为一种趋势与必然。

单元三　H5 营销

H5 是一系列制作网页互动效果的技术集合，是 HTML5（Hypertext Markup Language 5）的简称。HTML5 是万维网的核心语言、标准通用标记语言下的一个应用超文本标记语言（HTML）的第五次重大修改。HTML5 的设计目的是为了在移动设备上支持多媒体。新的语法特征被引进以支持这一点，如 Video、Audio 和 Canvas 标记。HTML5 还引进了新的功能，可以真正改变用户与文档的交互方式。

2014 年起，H5 页面正式进入人们视野，无论是基于 H5 页面开发的小游戏还是邀请函、招聘公告，乃至网易、腾讯、人民网等大型网站开发的 H5 新闻页面，都试图通过这种以触碰、滑动为第一接触方式的页面技术向用户推荐产品、传播信息。当前 H5 页面也成为各大商家和网络公关传播者普遍采用的表现形式。在移动端各个领域，H5 页面有多个名称，会被称为翻翻看、手机微杂志、广告页、场景应用、海报、画报等。

一、H5 营销及特点

H5 营销是通过 HTML5 技术，将文字、图片、音乐、视频和链接等多种元素融合为一体的一种多媒体展示页面，可将品牌核心观点展示出来，还可以使页面形式更加适合阅读、展示、互动，方便用户体验及用户与用户之间的分享。正是具备了这样的营销优势，H5 技术的运用为移动营销开辟了新渠道。

目前，H5 营销主要有以下三大特点：

1. 简单易用

现在 H5 技术已经相当成熟，有很多网站已经实现了无须代码的可视化制作 H5 页面技术，无须下载客户端即可使用，网站内置海量精美模板，只需要套用模板简单修改一些内容，还有很多丰富的组件，就像搭积木一样，就能做出一个精美的 H5 宣传界面。

2. 炫酷特效

随着 HTML5 的发展，可以利用 HTML5 中的新技术实现非常炫酷的特效，完美呈现各种创意，给用户带来不一样的用户体验。例如，可以利用 HTML5 Canvas 模拟出来的 30 000 个粒子动画，当你用鼠标在 Canvas 画布上移动时，鼠标周围的一些粒子就会跟着你移动，并形成一定的图案，就像你在玩沙画一样，效果非常不错，如图 5-2 所示。

还可以基于 HTML5 Canvas 制作 3D 蓝宝石动画，可以通过鼠标的拖拽来实现蓝宝石的各视角的观察，并且通过鼠标滚轮来缩放宝石的大小，同时蓝宝石的表面会不时地发出闪亮的光芒，如图 5-3 所示。

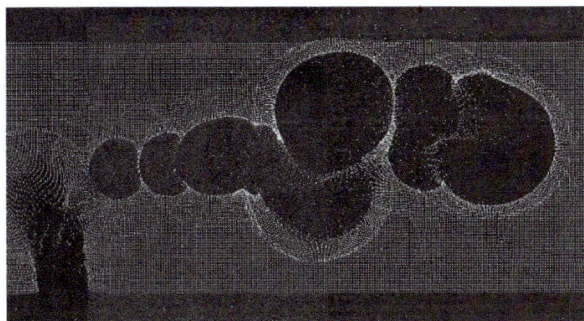

图 5-2　H5 制作"粒子动画"

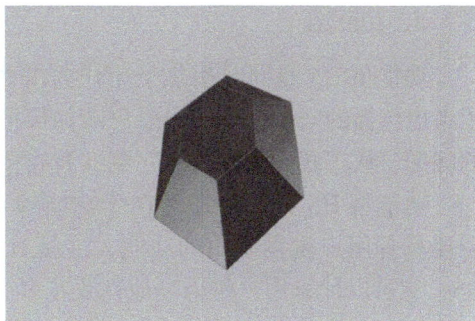

图 5-3　H5 制作"3D 蓝宝石动画"

3. 数据监测

H5 营销可以实时监控、统计用户访问 H5 的数据、来源，并提交数据等，从而进一步优化 H5 营销的界面，更好地提升精准营销的效果。

二、H5 营销的表现形式

H5 营销的表现方式可以分为幻灯片式、交互式、功能型等方式，每种表现方式都各有特点，使用场景也有所区别。

1. 幻灯片式

这是 H5 最初期也是最典型的形式，由于简单、实用，所以至今还很流行。其效果就是简单的图片展现、翻页交互，其整体的表现很像幻灯片展现。其实幻灯片式的 H5 现在已出现了很多在线制作软件供大家使用，所以制作成本几近等于零。

由于制作简单，周期短，这类 H5 适用于频繁、小型的需求。用在线编辑器的话，不需要任何开发，只需要配备一名设计和文案。幻灯片式 H5 到目前为止有以下使用场景：

（1）定期发布的内容，几近零预算。这些内容相对而言比较常规，如新上线的产品或功能、活动邀约、活动相册等，微信图文信息无法达到理想效果，通过 H5 页面的形式会更容易传播。

（2）结合热门的营销，周期极短。这类情况下，时效性是非常重要的，如果开发一个 H5 用了半个月，热门想必也"结冰"了。所以，应当以最快的速度推出才是明智的选择，而这时候引发广泛传播的关键就在于文案和设计。

2. 交互式

2020 年 4 月，人民日报发布的《野生动物映像馆》H5 就是典型的交互式 H5 的例子，通过运用 AI 技术让用户参与绘画，用并不写实的色彩和线条脑补出它们生前的模样，也利用 AI 为追踪非法野生动物交易助力，吸引了 1.46 亿的阅读量和 48.7 万的讨论量，成功绘制出 135 万张野生动物艺术画作。

这些交互式的 H5，本质上都是基于 H5 的动画技术做的，以下为交互式应用场景：

（1）中小型活动 / 品牌事件的传播，预算不多、周期较短。这类情况一般就是某些新品发布、企业招聘、公关事件、中型会议等的传播。此时你需要权衡周期和预算等因素。

（2）大型活动 / 品牌事件的传播，预算充足、计划性强、周期较长。大家看到的那些极具传播性的 H5 基本上都属于这一类。

3. 功能型

功能型 H5 是同时聚焦于用户需求并且注重传播性的 H5 轻应用，在设计 H5 的时候除了考虑传播的问题以外，也要思考如何把它变成一个持续运营的产品。这实际上是思考角度的问题，从"我要传播什么"到"我希望用户传播什么"的转变。

功能型 H5 页面的特点在于功能型 H5 除了具备针对受众的热点内容传播以外，它还需要具备用户重复使用的功能，这使 H5 传播变得持续不断，如：百度针对地铁涨价做的 H5，它可以计算用户每天坐地铁要花多少钱并且实时显示大家的评论。

轻交互重功能的功能型 H5 制作周期较短、成本也不高，成功的关键不在于酷炫的交互，而在于用户需求的把握以及后续的运营。因此，这类 H5 需要的是高水平的产品经理，以设计、开发为辅。功能型 H5 适用的应用场景有：

（1）品牌账号的粉丝运营。功能型 H5 由于具备一定的产品特性，主要的价值在于提高粉丝活跃度和忠诚度。需要根据本身品牌的形象定位以及受众的特性设计功能型 H5，要将品牌或产品的功能性特征抽象到生活方式或者精神追求的层次。

例如，洗衣液的产品可以抽象设定为健康干净的生活方式，来设计一个改善生活健康状态的功能型 H5；鞋品服饰可以抽象设定为追求时尚前沿，来设计一个定期更新时尚潮流资讯的功能型 H5。事实上，以粉丝需求为中心的功能型 H5 将潜移默化地提升品牌影响力，在提升粉丝忠诚度的同时也会带来持续的口碑传播。

（2）结合热点内容进行品牌传播。这种类型的 H5 传播是当下比较热门的，可以根据市场上很多的热点，如节日热点、活动热点、剧情热点、人物热点、事件热点等来传播 H5，可以在热点流量的基础上进行短时间的大量吸粉涨粉，由于这一类型的 H5 属于娱乐性消费，周期范围较短，后面还需要辅助功能型 H5 来增加粉丝黏性。而且如果能从用户需求挖掘和产品运营的角度去思考，许多针对热点的 H5 传播都有很大提升的空间。

三、H5 营销实施

1. 前期策划

H5 从立意、创意、设计，到制作、传播，是一个一气呵成的系统工程，技术的把握、创意与文案的优化、传播的执行不可或缺，所以在 H5 营销的前期策划中需要做的主要工作为确定页面主题、页面内容、推广方式、形式。

（1）确定页面主题。为吸引用户关注，主题须在突出产品特点的同时增加创意，避免抄袭。

（2）确定页面内容。要从用户角度考虑，通过图文并茂的展示并添加用户互动功能，促使用户点击，提高粉丝活跃度和忠诚度，同时根据产品本身的定位以及受众的特性设计 H5 的页面内容。在文案设计中要抓住用户心理，添加用户感兴趣的词汇，同时可根据用户群的不同特点编写标题。

（3）确定推广方式。目前比较常用的 H5 页面推广方式有公众号的图文群发推广、微信群推广、线下二维码推广，以及 KOL（意见领袖、微博达人）转发和投稿等。

（4）确定形式。H5 的形式非常多样，如幻灯片、小游戏、海报等各种形式，可以选择最合适的形式进行营销。

2. H5 页面制作

（1）制作工具的选择。H5 制作的工具很多，如初页、MAKA、易企秀、兔展等。不同的制作工具有其各自的优缺点，但一般都可分为免费版和付费版，免费版中包括部分广告，如需去除广告需支付相应的费用，广告形式主要有两种：①在加载页显示对应 Logo 和"由 ×× 提供技术支持"字样；②在最后一页显示"免费创建这样的展示""点击制作我的 ××"等。

这里介绍四款常用的 H5 页面制作工具：

1）初页。初页的门槛比较低的，容易上手，可以直接在手机上编辑，制作极为便利，图文混排的模板也很丰富。可免费下载安卓版和苹果版初页 App，或通过电脑在线创建、编辑，可轻松创作优雅、炫酷、利于微信传播的 H5 海报。

2）MAKA。在 MAKA 平台上制作 H5 相对简单，编辑界面有新手（有模板）和高阶（无模板）两种编辑模式，提供一些特效模板，都是设置好的效果。

3）易企秀。易企秀是比较早发展起来的 H5 页面制作工具，所以功能上比较齐全。由于起步较早，易企秀俨然是目前国内市面上功能比较齐全的 H5 微场景制作工具。同时，易企秀也是免费的，有多种动态模板，可以简单、轻松制作基于 HTML5 的精美手机幻灯片页面。

4）兔展。和其他工具一样，兔展也有免费版本和付费版本，免费版本没有对功能做限制。付费版本提供品牌推广、电话顾问支持、定期培训以及加速流量等基础服务支持，品牌推广是在兔展官方微信、网站首页对作品进行展示推广。

（2）H5 活动设计。在设计 H5 活动页面时要避免以下误区：

1）不设定目标。任何设计项目开始前，设计者必须要弄清楚项目的核心目标是什么，在项目进行中再去确认目标，即使发现问题，也很难跳出已有的思维框架。现有的 H5 活动虽然内容较为丰富多变，但万变不离其宗，基本可以分为三类：拉新、曝光、促活。

① 拉新，通过 H5 传播，引导新用户访问，最终进行转化。

② 曝光，利用 H5 跨平台、兼容性高、易传播的特性，引导用户通过关系网络进行分享和传播。

③ 促活，这种主要针对社交类产品，通过持续的站内活动保持用户活跃的稳定。

2）不考虑真实场景套用一般模式。任何一种方式都只能适用于一定的场景。例如，在微信或微博的传播中，最常用的登录方式就是授权登录，这样可以大大降低用户的参与门槛，但是授权登录并不是万能的，只能获取用户头像、昵称等基本信息，并没有任何联系方式，对于存在奖励 / 派奖的 H5 活动并不一定适用。

在真实场景下，用户参加完活动后再次访问的可能性是很低的，更不会手动收藏 H5 链接，如果你的活动存在奖励，就一定要引导用户留下手机号或引导用户下载移动 App，这样才能确保奖励及时、有效地触达用户。

3）过分考虑成本，忽视体验。活动成本的考虑是所有策划者无法避开的环节，但过分考虑成本而忽视活动体验将会产生一个本末倒置的结果，即分享、下载、促活这三个目标，一个也达不到。例如，在某 App 中看到一个新用户领红包活动，虽然以拉新为目的，但是参与活动的前提需要上传一张线下彩票店的彩票照片，该活动的本意应该是希望以这种方式筛选目标用户以节约成本，但是线下购买彩票再在线上上传方案的方式，不但极大地提高了真实用户的参与门槛，而且存在伪造、刷单等漏洞，在无形中提高了活动成本。

4）行为引导不唯一。在用户参与活动结束后，需要对用户的行为进行引导，如分享、下载、再玩一次等。一个活动只能有一个核心目标，因此在活动结束页面中，应尽量避免让用户选择，当出现两种行为引导时，核心目标一定会被次要行为分流进而受到影响。

3. 页面推广

影响 H5 传播量有两大重要因素：转发率（内容）和打开率（标题和转发文案）。

转发率取决于内容，除了内容要贴合受众场景，要有创意之外，最重要的是参与感。

打开率是非常重要的因素，但同时也是最难把控的。因为决定打开率的，就是短短几十个字的标题和转发文案。

除了提升 H5 本身的转发率和打开率，渠道也是影响传播的重大因素。好的 H5 就如同一个产品，如何把它传播出去，触及更多用户，需要媒介的作用。据不完全统计，H5 推广的方式主要有：微信公众号、朋友圈、微信群、微信广告、微博、QQ 群、QQ 空间、新闻用户端、App 广告、线下海报等。在传播过程中，可以多种方式让 H5 与用户连接：

（1）线上线下的结合传播。通过线下活动推广、扫二维码玩游戏送礼品等有趣的互动，可以引发粉丝互动转发朋友圈、微博等。H5 的独特价值在于除了具备传播性以外，它通过用户的重复使用行为使得 H5 的传播成为一个持续不断的过程。

（2）品牌微信公众号推广。一般采用"软文 +H5 落地页"的推广模式。从用户角度挖掘 H5 的价值点，写一篇软文，通过图文群发来推广 H5 无疑是最重要的方式。

一个好的 H5 一定具备打动用户的价值点，从一个角度切入写一篇软文，无论通过投稿的方式还是大号转发，都能带来意想不到的传播效果。投入再大再精彩的 H5，如果没有好的推广也只能孤芳自赏。

（3）充分利用"阅读原文"。由于微信的限制，图文中唯一能跳转的链接就是"阅读原文"。关于如何利用好"阅读原文"有三点小技巧：

1）不要浪费每一篇图文的"阅读原文"链接，可能的话，对于每一篇图文用不同的文案引导点击。

2）如果你的目的是推广 H5，不要在"阅读原文"的提示之后或者"阅读原文"引导和正文之间插播公众号的广告。

3）可以通过字体或者颜色的视觉跳跃引起读者的注意，而且不要长期使用同一个格式，因为当用户习惯了固定的格式之后，会不自觉地忽略这些内容。

（4）微信自定义菜单。微信自定义菜单也是需要充分利用的功能，一般来说，新增粉丝都会浏览一遍公众号的菜单栏。根据数据监测，平均每个菜单项会有 20% 的新增粉丝点击。假如你的账号每天能增长 500 个粉丝，就会有 100 个以上的人点击了菜单栏的某一项，因为这是持续进行的主动行为，由此为 H5 带来的浏览量可能比图文群发还要高。

（5）利用身边社群。首先需要列出所有能用到的资源，并发动内部人员转发，每个微信群其实都有自己的定位——工作、生活或者闲聊，所以为了提升打开率可以适当地为不同的微信群定制转发的文案。

（6）主流短视频平台推广。利用各大短视频平台，如抖音、快手等，并通过和 KOL、明星合作，通过他们的转发，来触达相关消费者，以吸引消费者的浏览和引发二次传播。

（7）朋友圈推广。朋友圈推广要以生活属性为主，有趣、好玩，有参与感是关键。朋友圈的传播完全依靠用户自愿，没有任何讨巧的办法，唯一能做的就是优化标题和内容，同样的 H5，换一个标题，产生的流量是大大不同的。而朋友圈的转发，仅仅依靠个人力量毕竟是有限的，可以发一些红包请朋友转发。但是能不能产生二次传播，就完全依赖于内容了。

四、H5 营销技巧

H5 营销技巧主要有以下四个方面：

1. 在创意和内容上追新求异

创意上要结合所推广的品牌并融入网络视频、音频媒体技术，达到视、听创新；内容上要做到有趣、好玩、实用、有价值，另外还需紧跟热点，利用话题效应，只有这样才能抓住用户的眼球，才能促使用户进行分享、传播，达到营销效果。

2. 深挖 H5 的价值点

一个好的 H5 一定具备打动用户的价值点，尤其是功能型 H5，需要根据本身品牌的形象定位以及受众的特性设计，要将品牌或产品的功能性特征抽象到生活方式或者精神追求的层次，只有这样才能与用户产生共鸣。例如，卖体育用品的可以抽象为体育锻炼与健康生活方式，设计一个改善身体健康状态的功能型 H5。

3. 从技术上寻求突破

要想让 H5 营销脱颖而出，其核心应用技术也必须"高大上"，必须大胆应用其多媒体特性、三维图形制作及 3D 特效等功能属性，而不是仅体现在触摸、滑动等传统 PPT 幻灯片的简单操作上。

4. 多渠道推广 H5 页面

可以充分调动身边任何可以利用的渠道资源，进行多种形式的推广，如通过公众号进行图文群发推广、微信群推广、线上线下二维码推广，以及 KOL 转发和投稿等。另外，可以策划开展多样线上线下活动，促进用户品牌倾向性。

单元四　二维码营销

二维码应用当前已如火如荼，并渗透到了餐饮、购物、汽车、IT、传媒和旅游等多个行业，用户只要用手机对印刷在介质媒体上的二维码扫一下，就能通过手机上网获知相关信息，轻松获得电子优惠券、打折信息或电子门票等。

二维码营销，就是将企业的营销信息植入到二维码中，通过二维码图案进行传播，引导消费者扫描二维码，来推广相关的产品资讯、商家推广活动，刺激消费者进行购买的新型营销方式。

企业可以通过二维码向自己的特定目标用户群传递商务信息，真正实现精准营销。对于二维码达人而言，匆忙上班的路上拿出手机随手拍一下，到办公室时早餐就已放在桌上；外出旅行无须导游，拍一下便能感受动态的现场讲解；还有 O2O 购物、登机和看电影等。

完成这些动作，不再需要保留厚厚一沓纸质票据，只要晃一晃手机就可以轻松做到。二维码已经成为移动营销的重要技术手段之一。

一、二维码的商业价值

二维码（二维条码）是在二维方向上都表示信息的条码符号（GB/T 12905—2019《条码术语》）。目前，市场上二维码的商业价值主要可以分为以下三种：

（1）传播商业信息。不论是电子凭证，还是图表、媒体或商品信息，其实都是信息传播的概念，用户用手机扫描二维码即可进入它对应的地址，获得完整的数据。商家则通过发送电子凭证和铺设扫码硬件设备到本地商户，来建立一个完整的商业圈模式。

（2）提供互动入口。例如，通过扫描二维码来关注微信好友，或领取优惠券、投票报名、参加调研等，向企业回传用户信息，这样企业就能将广告投放效应最大化，获得宝贵的用户互动数据。这样的互动购买模式已经在电影、电视、杂志、宣传册和广告等领域开始使用。

（3）产生线上交易。通过二维码直接把消费者带往某个商品的电子商务平台，产生交易。原来需要进实体店或在网上购买的流程，现在可以通过扫描二维码来实现，在手机上完成购物支付流程，这样的方式可以弥补在原来无法涉足的空间进行消费的需求。例如，支付宝与分众传媒的合作就是采用这一模式，消费者只要扫描分众传媒广告上的二维码即可在手机上实现购物并支付。

二维码与O2O模式的结合如今被商家大量运用，即利用对二维码的读取将线上的用户引流给线下的商家。尽管有些人不看好二维码的应用，但不可否认，只要培养了足够多的用户群，再结合良好的商业模式，二维码将成为连接现实与虚拟最得力的移动营销工具之一。

二、二维码移动运营与营销模式

二维码已经悄然渗透进我们的生活中，在地铁、商场、餐厅，处处都可以看到二维码的身影。而二维码营销已经成为很多商家在探索的领域，特别是对于电商而言，目的都在于从中挖到"金矿"。企业可以利用二维码进行移动用户端或微信公众号的推广，也可以利用二维码进行品牌推广营销，还可以在促销活动中用扫码优惠提高用户活跃度等。在移动营销活动中，二维码有以下几种典型应用：

1. 线下虚拟商店

早在2013年，1号店推出的地铁虚拟商店、京东的楼宇框架广告牌、好乐买的地铁包柱展示区都曾采用批量展示商品，并在每个商品旁边附上二维码，消费者可选择看中的商品并直接扫码购买。

2. 线下广告

品牌商使用二维码主要用于投放线下媒体广告。越来越多的品牌广告会附上一个二维码，扫描后可直接进入商品详情页面或者品牌店铺。对于有兴趣扫码的用户而言，这种广告是他们乐意接受的，可以更深层次地了解该品牌产品，甚至产生购买行为。

3. 实体包裹或包装

很多企业都在尝试用二维码刺激消费者二次购物：在快递包裹或者商品包装上加上店

铺地址的二维码，并承诺扫描二维码再次购物有优惠，以此鼓励用户返回线上购物。此外，若告知用户在特定时间段上网购物，还能拉动网站低峰时期的流量。

4. 线上预订，线下消费

上述三种情况均属于把消费者从线下带到线上，适用于实物类商品交易。而在 O2O 本地生活服务领域，二维码还可以作为消费者从线上预订到线下消费的凭证。麦当劳、哈根达斯、电影院以及许多团购网站采用的都是这种方式。

三、二维码移动营销技巧

使用在线生成器和专业制作工具可以很容易地制作并导出生成的二维码图片，利用文本编辑软件或图像处理软件可以将二维码图片任意放在不同的线上线下广告媒体中。因此二维码营销灵活多样，如果需要二维码移动营销产生实效，以下技巧应该考虑。

1. 价值

从营销者的角度而言，二维码的价值显而易见，创建成本低、可跟踪，而且打开了消费者与产品之间直接沟通的通路。但是，从消费者的角度，这些似乎并没有太大的价值。扫描二维码毕竟是一件消耗时间和精力的事情。

因此，必须为消费者提供一个有价值的扫描二维码的理由。想想目前哪些类型的二维码被扫描的概率最大？无非是获取优惠券、提供免费试用等对消费者有明确价值意义的二维码。如果只是单纯地链接到企业的网站或者官博，这样做会让人失望。提供二维码的广告或附带二维码的手机网站必须有足够的诱惑力，解决用户的问题，如售后、优惠以及用户需要进一步阅读的信息。

2. 体验

如果用户已经被吸引，但扫描完二维码后，手机入口页面迟迟无法打开，好不容易打开，呈现的却是电脑桌面版的网站，文字和图片小到几乎看不清楚，那么用户可能就选择放弃了，因此制作基于手机竖屏思维的移动版网页是必需的。整个网页必须为手机设备优化，能实现快速加载，适应不同的手机浏览器类型和屏幕大小。如果不能提供，简单地放一段文字和微博链接等内容也比链至电脑版网站强。小微企业如果不想费事做移动版网站，可以用二维码服务提供商"草料"的商用二维码，其本质就是一个为二维码扫描设计的，能够快速生成的移动网站。如果手上有素材，花几分钟就能做出一个看起来很专业的移动版网站。

3. 内容编排要简洁

不是有移动版网站就万事大吉了，要记住用户是有明确目的的，他们不想探索复杂的手机版网站，而是需要立即在网页中找到需要的内容。调查表明，按照竖屏思维，用户在手机上更愿意阅读一个维度的内容，稍微复杂的分类，用户就很可能会失去耐心而直接关闭网页。所以，牢记一个原则：简单而清晰。

4. 合适的地点

例如：过道广告牌、路边橱窗上的二维码，对于匆匆而过的人群，很少会有人停留扫码；楼顶灯箱广告上的二维码，由于距离过远更不靠谱了；在没有手机信号覆盖的地方，手机网页加载不出来，也不会有任何效果，所以电梯上如果没有覆盖手机信号，也不合适；而高速公路和高铁线路边的二维码广告就更无价值了。

二维码广告比较适合大家比较悠闲的地方，如公交车站的广告牌、餐厅的桌角、电影院排队的地方、时尚杂志等。

5. 消费者意识

对于营销行业的从业者而言，常常理所当然地认为消费者了解一切。但事实上，绝大多数的消费者对营销手段的发展没什么概念，更不关注。因此，营销人员非常有必要为消费者介绍什么是二维码，如何使用，并引导消费者去了解二维码。

可以在二维码旁边附上简短的使用方法介绍，来引导用户使用。当然，能用一些引人入胜的语言就更好了，但需要简单明了，不要太详细，避免过于繁杂。

四、二维码的其他应用

由于二维码容量大、存储信息多、扫码方便，符合当下人们的移动互联网思维，因此二维码不再只是一个简单的产品标识了，而是发展成为非常"多元化"的工具，二维码营销的模式也正式开启。其实，并不是说二维码本身有多么神奇，它存储的信息，也不是它本身产生的信息，而是由后台的系统大数据赋予的。所有一切的基础都是基于系统软件集成作为支撑产生的，不论是防伪造、防窜货、积分营销，还是仓储物流管理等，这一切都基于大数据系统。而物联网标识行业的系统软件商们，始终致力为标识创造更多多元化信息。

1. 二维码解决进口产品溯源问题，消除消费者后顾之忧

利用二维码可以为消费者打造一个安全、可靠的消费环境，利用一物一码技术为产品建立溯源体系，通过二维码防伪标签，图文并茂展示产品全流程信息，把产品信息在流通中的每一个环节进行信息关联，将产品的名称、产区、品种、颜色、储存等鉴别信息展示在终端消费者的面前，大大增加了造假难度和造假成本，不但使造假者望而却步，更能让用户进一步了解品牌的文化。

2. 杜绝窜货，二维码为企业实现精准内控

为了更好地管控产品，增加品牌附加值，通过产品防窜货系统，借助灵活多样的赋码技术，为每一件单品进行标识，并通过技术手段，有效保留产品的唯一身份信息，让消费者或市场稽查人员可以通过扫二维码、电话、短信、互联网等多种方式对识别码进行核查。通过辨别商品的真伪与物流信息，帮助企业对商品在分销网络中的有序流动实现严格的监督和控制，有效地杜绝窜货行为发生，防范假冒伪劣的冲击，降低和规避渠道风险，大大提高了市场的规范度及品牌形象。

二维码只能防伪造、防窜货还不够，自恒大冰泉和王老吉相继开启二维码营销模式后，物联网标识行业内的软件商们也迎来了巨大的商机。企业以扫码刮奖形式，通过与O2O平台结合，进行二维码营销。消费者扫码中奖后，可以直接获取利益，同时也刺激了消费气氛，对产品消费有显著的拉升作用。相比以往传统的促销，二维码营销得到的不再是一堆账单和无法核实的现场照片，而是无法想象的清晰的消费数据，更增加了与消费者的互动和黏度，企业的影响力也在逐步扩大。

单元五　LBS 营销

随着 4G/5G 技术的普及和流行，LBS 将越来越完善。品牌商们不再拘泥于传统的广告投放和时尚服装展示，而是将品牌营销从线下搬到线上、从屏幕后走到消费者眼前。可以看到，品牌商们开始挖空心思进行数字化营销，而 LBS 为品牌与消费者的互动创造了更多的可能。现在，移动用户经常可以收到附近的餐饮与购物消费信息。可以看到，基于 LBS 的移动端数字化营销蕴含着巨大的商机。

一、LBS 营销概述

LBS 英文全称为 Location Based Services，包括两层含义：一是确定移动设备或用户所在的地理位置；二是提供与位置相关的各类信息服务。LBS 意指与定位相关的各类服务系统，简称"定位服务"，另外一种叫法为 MPS（Mobile Position Services），也称为移动定位服务系统。LBS 营销就是企业借助互联网或无线网络，在固定用户或移动用户之间，完成定位和服务销售的一种营销方式。通过这种方式，可以让目标用户更加深刻地了解企业的产品和服务，最终实现宣传企业品牌和加深市场认知度的目的。

通过 LBS 营销可以实现以下移动营销目标：

1. 利用徽章提升品牌形象

LBS 应用最核心的产品机制是在某个地点签到，有机会赢取一枚特殊的 LBS 徽章。LBS 徽章对于 LBS 用户有非常大的吸引力。这也是品牌与 LBS 合作最简单的一种方式，利用用户赢取徽章的动力，与 LBS 合作发行具有特殊含义的品牌徽章，LBS 徽章一旦获得，将永远保留，对于品牌来说，将是长期的曝光，能够较好地让用户记住品牌形象。

2. 协助品牌进行产品促销

在移动用户通过移动终端登录 LBS 用户端后，LBS 会自动检索用户当前所在位置，并显示附近正在或即将举行活动的地点，用户可以点击查看活动详情，并选择前往任意一个地点签到、赢取 LBS 徽章、参加活动。这种定位式广告特别适用于有线下门店的品牌，通过签到营销机制能将消费者直接引入相应的线下门店，促进线下人流。

3. 通过同步形成口碑传播

在移动互联网时代，社会化媒体平台上的口碑对于品牌来说是提升形象和驱动销售的直接动力。目前，几乎所有 LBS 应用都可以绑定各类微博和常用的 SNS 网站，LBS 用户端的地点、签到、LBS 徽章以及商家优惠信息等都可以同步到这些平台。设置巧妙的签到营销机制，可以让消费者成为品牌的传播因子，以用户为核心，并通过好友圈子形成更大范围的口碑传播效应。

二、LBS 的主要特点

LBS 的特点主要包括两方面：一是能智能地提供与信息需求者及其周围有关事物的信息

与服务；二是无论普通用户还是专业人员，无论是在移动终端还是在台式电脑上，都能在任何时刻、任何地点获得有关的空间信息和服务。因此，移动性、分布性、个体感知和大众化是 LBS 最基本的特点。

1. 移动性

由于 LBS 的服务基础是用户的位置信息，而位置信息最大的特点是移动性，因此 LBS 最大的特点就是用户终端的移动性。以往大多数系统应用都是在固定的大型机和台式机上实现的。随着无线网络的快速发展，以及各种移动设备的广泛应用，无线网络运营商同服务提供者联合，为移动用户提供路径查询以及其他服务，使得用户可以在任何时间、任何地点查询所感兴趣的空间信息或属性信息。

2. 分布性

在 LBS 中，密集信息处理和存储变得极为困难，集中式的信息存储和处理不可能满足 LBS 的要求。因此，LBS 系统需要采用分布式技术。LBS 的分布性可以体现在存储的分布性、计算的分布性、设备的分布性以及用户的分布性几方面。对于这类分布式系统，由于移动设备的性能差异，一般都采用瘦用户端（用户端没有复杂的处理和计算）的方式，通过无线网络联入互联网，与应用服务器进行交互。

3. 个体感知

对于 LBS 系统而言，一个很突出的特点就是个体感知。个体感知是指系统从用户的角度出发，结合空间、时间信息以及个体用户周围环境的信息，自适应提取当前用户感兴趣的信息，这是 LBS 的一个主要特点。当一个系统实现了场景感知或位置感知的自适应后，则当以用户个体为中心时，LBS 服务就从传统的人机交互模式转变成了人与环境的交互模式。用户不再过多地与自己的移动设备交互，而是与所处的周边环境直接交互，系统则通过推送方式或事件驱动的模式在移动设备上展示用户感兴趣的信息。

4. 大众化

大众化是 LBS 应用的一个显著特点。LBS 作为一种服务和应用发展起来，主要是面向广大的非专业用户。LBS 的未来发展依然与其用户的大众化密切相关。

LBS 被认为是继短信之后的"杀手级"业务之一，有着巨大的市场规模和良好的盈利前景，但实际进展比较缓慢。不过，随着产业链的完善，移动位置和位置服务市场有望日益壮大。自 2008 年开始，全球 LBS 运营市场加速成长，但在开展的同时要非常注意业务和网络性能的平衡点，应该在保障网络性能的同时，最大可能地保证业务的开展。

三、LBS 移动营销应用

如果说之前的移动广告是帮助品牌提升形象服务，那么定位式的移动广告则是帮助本地企业和社区商家找到了推广的契机。定位式广告的最大优势在于，它能直接推动用户进行消费，于是，LBS 的移动营销价值得以显现，其营销应用主要有以下几种：

1. 签到服务

整合型地理位置签到服务（Location Check-in Aggregator）是指可以将地理位置信息同时

签到到多个地理位置服务的网站，商家能即时获取用户的位置，并提供相关的位置服务。

2. 移动搜索服务

移动搜索是指以移动设备为终端，进行对普遍互联网的搜索，从而高速、准确地获取信息资源。随着科技的高速发展，信息的迅速膨胀，手机已经成为信息传递的主要设备之一。尤其是近年来手机技术的不断完善和功能的增加，利用手机上网也已成为一种获取信息资源的主流方式。移动搜索服务的典型应用是基于地理位置的周边信息搜索。例如，在大众点评上用户可以搜索周边的一些饭店餐饮信息。同样，基于地理位置的其他的周边搜索服务（如休闲娱乐等）也有很大的需求。移动搜索服务的发展趋势是语音、图像搜索不断发展，行业发展从搜信息到找服务的演变主要是生活服务、教育培训与新闻资讯的移动搜索。

3. 移动游戏

基于地理位置的游戏（Location Based Games，LBG）即移动游戏，是另一个值得被关注的LBS方向。目前，很多游戏开发者将LBS与AR相结合，这种新玩法让玩家的体验更加丰富。LBS+AR融合了基于地理位置和增强现实，此前其主要应用在各类游戏之中，如2016年火遍全球的《Pokemon Go》，就正是这一应用的最佳代表。游戏在定位玩家的地理位置后，系统设定分布在该地域的口袋妖怪品种以及出现概率，玩家跟着导航就能找到各种口袋妖怪，并且游戏中还运用AR技术，让玩家捕获口袋妖怪的扔球动作原汁原味地再现于现实。在玩《Pokemon Go》的过程中，玩家们一改以往宅在家里动也不动的情况，为了自己心爱的皮卡丘、小火龙和杰尼龟纷纷出门探险，运动量直线增加。该游戏之所以会取得这样的认可，除了岩田聪时代塑造口袋妖怪的粉丝情怀外，LBS+AR技术带来的全新体验也是不可忽视的因素。

4. 即时信息推送

所谓推（Push）技术是一种基于用户服务器机制，由服务器主动地将信息发往用户端的技术。基于地理位置向用户实时推送，是指通过检测用户位置向用户主动发送"推"信息的方式。例如，母亲节期间，OLAY在线上以H5的形式号召年轻妈妈对自己好一点，吸引用户在线上进行免费的肌肤测试，同时可以预约并获取滴滴专车百元礼券，鼓励用户搭乘滴滴专车前往OLAY专柜进行肌肤测试，获得护肤大礼包。在母亲节当天，所有使用滴滴打车的用户只要输入能覆盖OLAY专柜的商圈作为目的地，就会收到推送的OLAY活动信息。

基于LBS的营销分为三步：①基于地理位置开展大数据挖掘，洞察消费者的不同需求，完成营销前期的用户调研和消费者"画像"等工作；②搭建起完整的线上线下营销通道，将品牌真正O2O化，从而将服务、产品与传播结合，最终缩短从品牌到购买的转化路径；③整合全平台资源，以百度为例，围绕百度地图、百度导航、百度团购等商业出口，搭建跨屏的整合营销平台，完成对真实生活信息的全覆盖。总体来说，一个品牌是否成功，就看它能否在"最后一公里"成功拦截用户需求，并促成用户消费行为。

单元六 微信营销

随着移动互联网、电子商务和手机App的快速发展，微信作为目前主流的移动互联网入口之一，积累了大量的活跃用户，并渗透到人们生活和工作的方方面面，基于腾讯强大的产品基因，坐拥十多亿活跃度足够高的用户。微信营销作为网络经济时代企业营销模式的创新之一，是伴随着微信而兴起的一种新型网络营销方式，其一对一的互动交流方式和精准推送信息的特点受到许多商家的青睐，微信营销无疑成了移动电子商务时代较好的营销选择。

一、微信简介

微信（WeChat）是腾讯公司于 2011 年 1 月 21 日推出的一个为智能终端提供即时通讯服务的免费应用程序，由张小龙所带领的腾讯广州研发中心产品团队打造。微信支持跨通信运营商、跨操作系统平台通过网络快速发送免费（需消耗少量网络流量）语音短信、视频、图片和文字，同时，也可以使用通过共享流媒体内容的资料和基于位置的社交插件"摇一摇""朋友圈""公众平台""语音记事本"等服务插件。

根据腾讯发布的 2021 年第三季度业绩报告，截至 2021 年 9 月 30 日，微信及 WeChat 的合并月活跃账户数达 12.626 亿，同比增长 4.1%。用户覆盖 200 多个国家、超过 20 种语言。此外，各品牌的微信公众账号总数已经超过 800 万个，移动应用对接数量超过 85 000 个。

微信提供公众平台、朋友圈、消息推送等功能，用户可以通过"摇一摇""搜索号码""附近的人"、扫二维码方式添加好友和关注公众平台，同时微信支持将内容分享给好友以及将用户看到的精彩内容分享到微信朋友圈。

二、微信营销及其优势

伴随着微信的快速发展，微信营销是基于微信应用端的一种网络营销方式。微信有强大的"熟人"社交关系，因此在营销实施上更易取得用户信任，也能取得更精准的用户定位，从而营销效果更好。

相对于一些传统的网络营销，微信营销具有以下几点优势：

1. 营销成本低廉

传统营销一般需要借助大众媒体或开展落地活动，营销推广成本高。而微信推广成本很低，团队组建、运营、监控等都便于管理。

2. 定位精准

微信营销是在微信庞大用户群体的基础上实施的，通过分析用户分享的朋友圈内容等，可以判断出用户的喜好、消费习惯和购买能力，并且与手机短信群发和邮件群发被大量过滤不同，微信公众号可以通过后台的用户分组和地域控制，实现精准的消息推送，到达率高达 100%。

3. 营销方式多元化

对于传统营销渠道而言，企业介绍和产品介绍大部分都是枯燥无聊的，无法吸引用户的注意力，而与用户生活息息相关的信息反而更能吸引眼球。有一句话说得好：要在丰富的内容中营销，而不是为了营销而敷衍内容。微信营销不仅是向用户传递信息，更多的是引导用户反馈信息，企业与用户实时沟通提升用户的活跃度，将品牌理念无形地传给他们各自的朋友圈、关注群。

4. 自我分裂的推广模式

通过朋友圈和微信公众号的加入，微信的社交能力被激活，使用户更加愿意将视频、应用等分享到朋友圈中，并且这种应用支持以网页链接的形式打开，让更多的朋友能够看到，得到分享。微信营销这种自我分裂的推广模式为"口碑营销"奠定了一个很好的基础，是一种全新的营销宣传方式，吸引了更多的用户的注意并使其逐渐加入进来。越来越多的企业微信公众号的出现，让企业营销方式变得更加细化和明确。

三、微信营销的主要类型

微信营销主要有两种类型：微信个人营销和微信企业营销。

1. 微信个人营销

微信个人营销是基于个人微信号所进行的营销，主要是利用个人的朋友圈、微信群等进行营销推广。微信朋友圈营销不仅成本低、效果好，而且互动性强、易于传播。因此，在利用微信朋友圈营销时，应集合自身优势进行清晰的定位，例如如果对美妆特别有研究，可以在朋友圈定时发送化妆品科普、试妆、化妆技巧等内容，长期积累，赢得客户的信任，还应坚持发送有价值、有思想的原创内容，并积极在朋友圈和用户互动，增强用户黏性。

微信个人营销可以为目标人群提供更持续、更精准的服务，并在服务基础上做一定程度的口碑传播，对于建立个人品牌、促进产品销售和维护客户关系，具有良好的营销效果和价值。

2. 微信企业营销

微信企业营销主要采用企业公众号、企业微信群的运营、朋友圈的广告、工作人员的个人微信号、微信小程序、微信视频号进行营销推广。微信群最大的好处是可以进行一对多的沟通，而且基于熟人关系，沟通的盲目性大大减少，提高了沟通效率，为企业、商家进一步宣传和推广产品提供了良好的平台，是企业、商家进行微信营销重要的渠道。

随着微信用户的日渐增长，为创造更好的用户体验，形成不一样的生态循环，2012 年 8 月 23 日，腾讯正式推出微信公众平台。微信公众平台功能的开通，为个人提供了施展才华创作的舞台，为企业提供了新型的营销渠道，为政府及机构提供了与公众交流的新通道。

无论是个人还是企业，都可以通过微信公众平台打造微信公众号。个人通过微信公众平台建立公众号，可以发布文章、推送信息；企业通过微信公众平台建立公众号，可以打造具有自身特色的企业号，从而与特定群体进行全方位的沟通与互动。同时微信公众号提供了智能回复、图文回复等功能，不仅可以传送更丰富的信息，还可以方便运营者实现一对多的互动交流。

四、微信支付

微信支付是集成在微信用户端的支付功能，用户可以通过手机完成快速的支付流程。微信支付向用户提供安全、快捷和高效的支付服务，以绑定银行卡的快捷支付为基础。

微信支付支持的支付场景有微信公众平台支付、App（第三方应用商城）支付和二维码扫描支付。

微信支付的规则如下：

1）绑定银行卡时，需要验证持卡人本人的实名信息，即姓名和身份证号等信息。

2）一个微信号只能绑定一个实名信息，绑定后实名信息不能更改，解卡不删除实名绑定关系。

3）同一身份证件号码只能注册最多10个（包含10个）微信支付。

4）一张银行卡（含信用卡）最多可绑定三个微信号。

5）一个微信号最多可绑定10张银行卡（含信用卡）。

6）一个微信账号中的支付密码只能设置一个。

7）银行卡无须开通网银（中国银行和工商银行除外），只要在银行预留了手机号码，即可绑定微信支付。

注：一旦绑定成功，该微信号将无法绑定其他姓名的银行卡和信用卡，因此需要谨慎操作。

单元七　移动广告

近年，全球移动广告市场风起云涌，移动互联网迎来新的发展机遇，移动广告平台作为移动营销产业链的重要一环，已经凸显出独特的魅力和商业价值。各式各样的手机 App 为人们的生活提供了很大的便利，用户所有的需求都被细化成每一个用户端，用户消费入口更加多元化。当下用户的目光、时间、消费都已经转移到了移动端，丰富的手机 App 吸引了用户的注意力，广告商们深知用户的注意力在哪里商机就在哪里的道理，所以当人们使用手机刷微博、看新闻、玩手游的时候，不知不觉中就被移动广告包围着，毫不夸张地说，移动广告已经无处不在，并融入日常使用的各种应用当中。

一、移动广告的概念及其特点

移动广告是移动互联网广告的简称，是通过移动终端设备（手机、平板电脑等）访问移动应用或移动网页时所显示的广告，广告形式包括图片、文字、插播广告、H5、链接、视频、重力感应广告等。相较于传统互联网广告，移动广告具有以下特点：

1. 精准性

相对于传统广告媒体，移动广告在精确性方面有着先天的优势。它突破了传统报纸广告、电视广告、网络广告等单纯依靠庞大的覆盖范围来达到营销效果的局限性，而且在受众人数上有了很大超越，传播更广。移动广告可以根据用户的实际情况和实时情景，将广告直接送到用户的移动终端上，真正实现"精准传播"。例如，基于大数据和 LBS 的广告推送，企业可以根据用户的性别特征、兴趣爱好、消费习惯及当前定位向该用户推送其感兴趣的广告内容。

2. 即时性

移动广告的即时性来自移动终端的可携带和可移动性。以手机为例，手机属于个人随身物品，绝大多数用户会把手机带在身边，甚至 24 小时不关机，所以手机媒介对用户的影响力是全天候的，广告信息到达也是最及时、最有效的。

3. 互动性

移动广告的互动性为广告商与消费者之间搭建了一个互动交流平台，让广告主能更及时地了解用户需求，使消费者的主动性增强，提高了自主地位。

4. 扩散性

移动广告的扩散性即可再传播性（二次传播），是指企业通过一些策略方法，引导用户可以将其自认为有价值、有趣的广告通过各种不同的方式转给亲朋好友，向身边的人扩散信息或传播广告。

5. 整合性

移动广告的整合性优势得益于 4G/5G 技术的发展、无线技术的普及和移动终端设备功能的多元化。移动广告可以通过文字、声音、图像、动画等不同的形式展现出来。

6. 可测性

对于广告主来讲，移动广告相对于其他媒体广告的突出特点还在于它的可测性（或可追踪性），这种方法下的受众数量可准确统计。

二、移动广告的形式

在日常使用手机 App 过程中遇到的移动广告形式可以说是多种多样的，如在应用开启时出现的 3 ～ 5 秒的全屏展示开屏广告，在手机屏幕的顶部或底部出现的 Banner 广告，应用开启、暂停、退出时以半屏或全屏的形式弹出的插屏广告，在微博、QQ 空间、微信朋友圈中的信息流广告，玩游戏过程中获取积分的积分墙广告，还有根据不同用户类型和用户搜索习惯进行精准投放的搜索广告等。

1. Banner 广告

横幅（Banner）广告又称旗帜广告，是最早的网络广告形式，常常以一条横幅（横跨网页的矩形公告牌）的形式出现在网站的顶部或底部，可以是 GIF 等格式的动态图像文件，也可以是 JPG 等格式的静态图像文件，所以横幅广告表现形式上可分为静态横幅广告和动态横幅广告。其优点是尺寸较小，对用户的干扰影响较小，且重点突出，尤其是一些购物类 App 主页上的横幅广告，对引导用户消费起到很大作用，其缺点是因为手机屏幕的尺寸限制，横幅广告的尺寸不能太大。

2. 插屏广告

插屏广告一般在应用开启、暂停、退出时以半屏或全屏的形式弹出，展示时机巧妙地避开了用户对应用的正常体验。

插屏广告最大的特点就是用户的点击率高，转化效果明显，广告图片丰富绚丽，并能够大尺寸展现应用特点，现在已经成为广告主喜爱的投放方式之一。在尺寸方面，插屏广告拥有占据手机屏幕超过一半的大尺寸，可以更好地展示品牌广告主的创意，点击率和广告效果也比 Banner 广告更为明显。在用户体验方面，插屏广告一般不固定占用应用界面，而是以事件触发式的方式弹出，不会影响用户的正常体验。在用户质量方面，插屏广告的用户高于其他广告形式，也是效果类广告主的首选，但缺点是广告费用较高，如图 5-4 所示。

图 5-4　开启百度 App 出现的插屏广告

3. 信息流广告

信息流又叫 feed 流，feed 的英文含义是供给、喂送。顾名思义，信息流广告就是主动推送广告，是夹杂在用户想要阅读内容中的广告。因为内容的原生加工，它让用户容易忽略其广告属性，在第一道心理防线上放下警惕，能够有效吸引用户的注意力。

信息流广告最早于 2006 年出现在社交巨头 Facebook 上，现在 QQ 空间、微博、今日头条、微信等资讯媒体和社交媒体也相继推出信息流广告。信息流广告之所以成为一种趋势，不仅是因为整个互联网环境催生的社交信息爆炸，更是因为它在实际的运作模式中，能完全融入每个用户的社交生活中。

以国内最早涉足信息流广告的微博为例，2013 年第一季度，微博推出粉丝通，这算是国内最早正式推出的信息流广告。粉丝通推出后两年内，已有超过四万家用户投放了微博信息流广告，重复投放比高达 50%，而在后期口碑中可以看到，无论是品牌用户还是中小企业都取得了不错的效果。

信息流广告通过在平台的信息流中发布具有相关性的内容，来为用户提供有价值的信息，让用户自然地接受广告所传播的信息，换句话说，信息流广告把广告内容化，通过精准投放实现"广告是一条有价值的信息"的效果，这与以往赤裸裸的广告存在根本的区别，也是信息流广告最大的优势，如图 5-5 和图 5-6 所示。

图 5-5　新浪微博中的广告

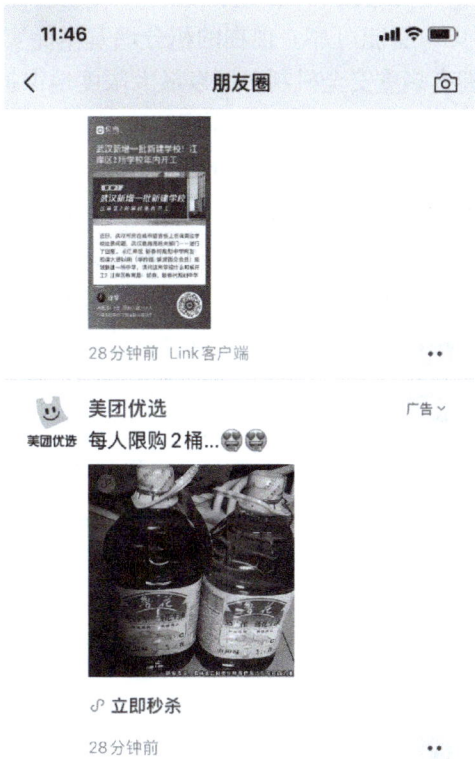

图 5-6　微信朋友圈中的广告

4. 积分墙广告

积分墙是指在一些应用中嵌入软件包，这个软件包里会嵌入一个类似于墙的屏幕，这个屏幕上会展示各个广告主的应用，用户下载这些应用就会获得一定的积分或虚拟货币，当积分或虚拟货币累积到一定量时，就可以用来购买应用中的道具，继续应用，该应用的开发者就能得到相应的收入。

积分墙广告属于激励型广告，通过激励的形式吸引用户的参与，并尽量延长用户在应用的停留时间。积分墙广告因有用户的互动从而使用户下载应用转化率较高，受到对广告效果日益严苛的广告主的青睐。

积分墙广告的本质是交叉广告，而因为激励的存在，导致用户更多是为了获取道具而去下载，广告的效果更为利己而非利人。对于一些游戏开发商来说，在产品早期，可以通过积分墙广告提高低价值的非付费用户的留存率，同时换取一定的广告收入。而在产品的发展期，积分墙广告又可以用来提高排名。在产品的成熟期，积分墙广告还可以用来增加用户。

（1）积分墙广告的特点

1）操作简单。不管是用户还是开发者，在操作上都很容易实现，无须烦琐的过程和步骤。

2）丰富多样。积分墙内的应用丰富多样，只要愿意，基本都可以在积分墙上体现。当然，那些劣质的应用除外。

3）智能可靠。现在的积分墙基本能实现实时表现数据，能够有效地避免数据延误，同时拥有多重安全机制，可以最大限度地保护积分墙聚合服务不间断。

（2）积分墙的运作原理。常见的积分墙运作如下：广告商将自家 App 按照一定的单价（随时可变）投放到积分墙，开发者将积分墙的 SDK 接入自己的 App 中，用户便能在积分墙上看到广告商的 App，下载后获取若干虚拟奖励，而广告商支付的推广费用由积分墙和开发者共同分成，所以这是一个多方共赢的局面。

（3）展现模式。有积分的模式内含有"虚拟积分"的功能，开发者可以在自己的应用中设定消耗积分的地方，如购买道具，以刺激用户在应用中安装积分墙的产品，获得积分进行消耗。无积分的模式分为列表和单个应用两种展示模式。通常以推荐"热门应用""精品推荐"等为推荐墙入口，用户点击进入，便可看到推荐的优质产品。

（4）积分墙的计费方式。积分墙按照 CPA（Cost Per Action，每行动成本）计费，只要用户完成积分墙任务（下载安装推荐的优质应用、注册、填表等），开发者就能得到分成收益。CPA 单价根据广告价格而定，广告价格高，单价也会越高。

5. 搜索广告

搜索广告是根据用户搜索意图来进行广告软投放，它能够精准地锁定目标用户群，从而获得高质量用户。

现在的移动 SEM 广告多是比较大的平台，推广效果真实可控。推广的关键字按点击量计费，并不是按账户里有多少个关键字来收费，展现也是完全免费的。假定账户里有 10 万个关键字，每天有 20 万次展现，但却没有带来点击量，则是不会产生任何费用的。最重要的一点是，移动 SEM 广告是一个非常有效的收口渠道，与其他的渠道一起配合投放，效果极佳。

三、移动广告评估指标

移动广告有效性的评估指标主要有用户总数、日活跃率、人均使用时长、页面访问占比和留存率等。

1. 用户总数

用户总数是指安装应用的用户总值。这是一个基础数据，主要取决于应用的质量和推广的效果。

2. 日活跃率

日活跃率是指当日活跃用户占用户总数的比率。这取决于应用的类型和运营的情况，如快递查询应用，用户不可能每天都使用，只是在希望了解快递的进度时才会使用此应用，应用的日活跃率就低一些。

3. 人均使用时长

人均使用时长是指平均每个用户一天的使用时长，由人均日启动次数乘以平均使用时长来获得。这与应用的类型和应用内容相关，开发者可以通过适当地丰富应用的内容来提高用户的使用时长，如目前很多与天气相关的应用都增加了洗车指数、穿衣指数、当日运势等功能来丰富应用的内容，很好地提高了用户的使用时长。

4. 页面访问占比

页面访问占比是指用户访问各个页面总时长的占比，此数据可作为内容优化的基础参考。例如，用户停留时长很短的页面，页面内容无法吸引用户，就可以考虑对页面布局和内容进行调整。

5. 留存率

留存率是指用户安装应用后，持续使用的比率。根据时间维度的不同可将留存率分为日留存率、周留存率、月留存率。如果增加推广后，用户的留存率却出现了明显的下降，那么意味着用户流失增加，需要尽快找出原因并调整广告投放策略。

四、移动广告的投放技巧

如果说以往投放广告就是选媒体、定天数、报价格，那么现在移动广告的投放越来越像一门"技术活"，现在的移动广告已经从简单的"广告位时代"迈向精准的"人群时代"，广告主可以直接在整个互联网上按照"人群"来投放广告。这意味着要在如此碎片化的网络海洋中挖掘到"自己的目标用户人群"，除了需要借助更为先进的数据和技术手段作为支持外，还需要运用大数据优势充分把握互联网人群的行为特征及趋势，深入洞察，发现规律。

首先，手机、iPad等电子产品的屏幕都是有限的，不及电脑屏幕，这就导致移动用户在一个屏幕上能够观看和浏览到的信息是有限的，也可以说没有电脑上那么多的。除此之外，手机用户在使用手机进行网上信息浏览时的速度远比在电脑上要快得多，因此，在移动互联网上进行网络广告投放时，广告信息一定要简短精悍，要保证在较短时间内实现信息的最大化展示，这样才能方便移动用户在使用手机上网时快速浏览到广告商投放的广告信息。

其次，移动广告的投放也必须重视用户体验，这要求其投放的广告信息不仅要在内容上最大化满足用户，也要在其展示模式和展示时间上满足用户的需求和个别要求。手机用户对于网络广告的用户体验感受更为严格，他们都希望可以自主选择自己想观看的或者自己需要的广告信息，而不是被一大堆广告信息强制性绑架，所以，在移动广告投放中必须重视用户体验。

最后，在移动广告投放时，广告的投放模式和展示模式一定要实现多样化，目前网络广告市场中有太多相似的网络广告模式，同质化现象越来越严重，已经无法对用户和消费者产生较大的吸引力了。因此，只有实现网络广告投放和展示的与众不同性，才能对移动用户产生视觉冲击效果，吸引更多的消费者关注投放的广告信息。

1. 移动广告投放的条件设置

（1）根据广告受众的手机价格进行区分。不同档次的设备可以代表受众不同的收入情况，以选择性地进行广告投放。

（2）根据广告受众的网络类型进行区分。根据网络类型分为移动网络和 Wi-Fi 情况下收到企业广告。

（3）根据广告受众的手机操作系统进行选择。手机操作系统主要有 iOS、Android、Harmony OS 和 Windows Phone 等。

（4）根据地域进行定向。适用于在较大范围、精度要求较粗的情况下进行广告投放，最大精准到区。

（5）根据广告受众的使用习惯进行专业时间设定。用户上下班途中、午间休息以及睡前是智能终端设备的使用高峰期。

（6）根据智能终端设备的保有量以及地域受众的使用习惯设定。广告可集中投放在六大经济区，包含以北京、天津为首的华北，以上海、杭州、南京为首的华东，以沈阳、长春、哈尔滨为首的东北，以武汉、长沙为首的华中，以广州、深圳、福州、厦门、三亚为首的华南以及以成都、重庆、西安为首的西南。

（7）移动互联网上经典的投放广告形式——LBS 营销。定向某一个地点或多个地点周边人群，适用于定向商户周边、精度要求较细的情况。

2. 移动广告投放的策略

（1）与用户第一时间产生互动。手机媒体最大的优势是互动，更多的互动才能产生更多的信赖和行动。

建议：不要采取单独的广告展示，广告要带有活动性质，如问卷调查、抽奖、小游戏等。

（2）让用户手机里留下你的东西。移动营销最大的特点是把你的东西植入用户手机里，要在用户看广告的时候，留点你的东西给用户。

建议：如果有 App，一定要引导用户下载 App，如果有公众平台或者个人微信号等要引导用户去关注，或是让用户主动把页面截图保存到手机里等。

（3）收集用户的联系方式。收集用户的信息是移动营销最重要的目的和手段，多设置一些让用户主动留下联系方式的引导。

建议：采取填写手机号、邮箱、QQ、微信号，以及发送验证码的形式等。

（4）选择可利用的平台载体做推广。选择目标人群集中的载体，将它的目标人群变成自己的用户。推广的终极秘籍：不管线上还是线下，只要花钱做了推广，就要想办法把这些目标人群变成你的用户。

（5）避免投放广告的恶意点击。恶意点击主要有四个来源：①竞争对手；②自己不慎点入；③网络游民；④不良网站和 App。

建议：①选择 IP 定向控制；②自己人上线以域名方式登录；③引导到粉丝平台，通过微信公众平台等；④每天做详细的统计，每周统计投放计划表与对比表，选择最好的网站及App。

单元八　社群营销

在当今这个移动互联网高速发展的时代，日新月异的变化让我们目不暇接，每一个人都有自己的自媒体，每一个人都有自己的社交圈子。价值取向和兴趣爱好相同的人聚集在一起沟通、互动、交流，成为主流圈子的活动方式，这样的群体被称为社群。有些企业能很好地将一个兴趣圈打造成为消费家园，在实现盈利的同时，使自己品牌的知名度得到更大的延伸。社群营销算是一种最贴近消费者的营销模式。社群营销将人放到第一位，企业所获得的用户都具有精准性与忠实性，并且随着社群的不断发展，社群营销的技巧也层出不穷。

一、社群概述及其价值

自古便有"物以类聚，人以群分"的说法。可见，人类与自然界中的其他生物都有"集群"的天性。也正是这种天性使然，我们才组合成一个个不同的社群。那么，什么是社群呢？简单地说，社群就是一群人的集合，他们因为有着共同的社交属性，诸如相同的兴趣爱好、价值观等而聚集在一起，成为一个群体。

如今的社群，更多的是指互联网社群，特别是移动互联网社群，是一群被商业产品满足需求的消费者，以兴趣和相同价值观集结起来的固定群组。它的特质是去中心化、兴趣化，并且具有中心固定、边缘分散的特性。随着移动互联网的崛起，破碎化的实时在线与沟通成为常态，社群迅速"火"起来了。它以"自组织性"和"再生产性"为特征，秉承"有态度的内容、圈层化互动、共享中互利"的运营原则。不同的定位和性质成就了多样化的社群，包括产品型社群、兴趣型社群、品牌型社群、知识型社群、工具型社群等。

互联网的出现改变了人与人的链接方式，互联网时代下的一大商业显著特征已从物以类聚走向人以群分。而随着链接的不断打通，会产生很多无效的链接，这种过渡的链接最后造成信息的负担，而社群的出现就是为了让链接更加高效、有深度。

二、社群营销

社群营销是在网络社区及社会化媒体基础上发展起来的一种基于圈子和人脉的营销模式，是基于相同或相似的兴趣爱好，通过某种载体聚集人气，通过产品或服务满足群体需求而产生的商业形态。它借助社群内部的横向沟通，发现社群及成员的需求，并为这些需求提供服务，以此达到营销目的。

社群营销是品牌传播及商品销售的热点方式，其载体不局限于微信，各种平台都可以做社群营销。论坛、微博、微信群、QQ群，甚至线下的社区，都可以做社群营销。

现如今，借助社群进行营销的个人或企业越来越多，一个运营成功的社群不仅能够打造出具有影响力的品牌，促进产品销售，还能够提高用户黏性和忠诚度。

三、社群营销的策略

社群的价值在于运营，要想让社群运营成功，持续发展，做好社群营销，必须掌握一定的运营方法和思维。

1. 清晰的社群定位

建立社群的关键是必须先做好社群定位，明确社群要吸引哪一类人群，社群定位能够充分体现企业的核心价值定位。如小米手机的社群，吸引的是追求科技与前卫的人群；"罗辑思维"的社群，吸引的是具有独立和思考兴趣标签的人群；豆瓣的社群，吸引的是追求文艺和情怀的人群。只有当社群有了精准定位之后，才能推出契合粉丝兴趣的活动和内容，不断强化社群的兴趣标签，引起社群用户的共鸣。

为了更好地进行社群定位，在建立社群前，运营者可以先考虑一下建立社群的目的（建群动机）。每一个社群可能有不同的价值，但其目的大多比较类似，如销售产品、提供服务、拓展人脉、打造品牌、提升影响力等，确定了建立社群的目的，可以更准确地进行社群定位。

2. 持续输出价值

输出决定了社群的价值，持续输出有价值的内容是考验社群生命力的重要指标之一。如果一个社群没有持续输出有价值的内容，对内无法发挥"交叉的关系"和"深入的情感链接"，对外没有存在的价值。

社群运营人员需根据社群成员的痛点，持续不断地输出价值。社群运营者需要思考群成员为什么要加入这个社群，希望加入与参与社群而得到什么。同时，社群价值也要聚焦，让群成员看到具体价值在哪里，例如提供一些知识干货，也可以提供咨询答疑、相关行业的信息资讯等。例如："拆书帮"不断输出高质量的读书笔记，形成了独具特色的读书社群；"十点读书会"以持续不断输出高质量的文字、视频，引起用户的情感共鸣。

优秀的社群一定要能给群员提供稳定的价值，如坚持定期分享，某些行业群定期可以接单等，所以，"输出"还要衡量群成员的输出成果，好的社群里所有的成员都有不同层次、不同领域的高质量输出，能够释放出更强大的能量，社群成员之间逐步建立了互惠互利关系。

3. 维护用户活跃度

社群成员之间的在线沟通多依靠微信、QQ等社交平台进行，也可用微信公众号、自建的App或网站。对于社群运营而言，能否形成紧密的成员关系直接影响着社群最终的发展，因此社群活跃度也是衡量社群价值的一个重要指标。现在大多数成功的社群运营已经从线上延伸到线下，从线上资源信息的输出共享、社群成员之间的优惠福利，到线下组织社群成员聚会和活动，目的都是为了增加社群的凝聚力，提升用户活跃度。因此，策划线上与线下的社群活动必不可少。通过策划活动，不仅可以调动社群成员参与社群建设和维护的积极性，还能使成员之间建立起信任关系。

社群线上活动可以开展社群分享、社群讨论、社群打卡、社群红包和社群福利等活动。社群分享是指分享者面向社群成员分享一些知识或心得体会等，也可以是针对某个话题进行的交流讨论。社群分享一般是一对多，由一个分享者主导输出，其他人学习。社群讨论主要是通过一个话题，使每一个社群成员都参与进来，通过相互的讨论获得高质量的输出。社群打卡就是社群中的成员为了养成某一个习惯所采取的某一种行为。打卡意味着一种承诺，代表一种态度，有助于养成好习惯。发红包的目的主要有活跃气氛、新人报到、激活群员、宣布喜讯、打赏个人、发小广告等。不同目的下的红包运营规则不太一样，但都有一个共同的特征，就是活跃社群气氛。因此，如何发挥红包的最大效用，是社群运营者需要思考的问题。社群福利是提高社群活跃度的有效方式，一般来说，不同的社群通常会采取不同的福利制度，或者多种福利形式结合使用，包括物质福利、现金福利、学习福利、虚拟福利和荣誉福利等。线下活动主要包括核心成员聚会、核心成员和外围成员聚会、核心成员地区性聚会等，在这几种聚会方式中，核心成员和外围成员聚会人数更多，组织难度更大，核心成员地区性聚会则组织方便，很容易成行。

4. 打造社群品牌

要想打造社群品牌必须依靠好产品、好内容、好服务来进行支撑，并经过不断的积累和沉淀才能逐渐形成。一个社群要拥有良好的品牌及影响力，必须先从基础做起，抓好社群服务，为成员提升价值，然后逐渐形成口碑，带动成员自发传播社群，逐渐建立以社群为基点的圈子，这样社群才能真正得到扩大和发展。

同时，社群还应积极打造社群品牌自媒体，建立好的输出矩阵，如微信公众号、微博、小红书、抖音等；还可以打造社群品牌爆款活动以及爆款产品，爆款活动有利于形成焦点，获得足够的引力，聚合足够的关注，而且爆款一般意味着有可观的回报。

单元九　短视频营销

从 2016 年开始，以抖音、快手和淘宝直播为代表的短视频平台迅速崛起，凭借短视频节奏快、信息量大、阅读门槛低的优势，在很短的时间内便获取了数亿的用户。有无数的草根借助短视频的红利成功逆袭；同时也有无数的企业通过短视频获得了较快的发展和巨量的曝光，而如此巨量的曝光，在传统电视媒体时代，往往需要花费过亿的资金，而在短视频时代却有可能是免费的。短视频营销的发展持续火爆，据统计，截至 2020 年，短视频平台抖音的月活跃用户达到 4.77 亿人，快手平台用户达到 3.7 亿人，此外还有千万用户级的西瓜视频、火山小视频、腾讯微视等。短视频的异军突起，不仅让用户的生活发生了巨大的变化，也为各行各业开辟了全新的营销渠道。

一、短视频概述

1. 短视频的概念

短视频是一种以秒为单位计算视频长度的内容呈现方式。短视频更新频率很高，时长从几秒到几分钟不等；基本上都是依托移动智能终端（手机），实现快速拍摄、美化编辑等工作，在社交媒体平台上实时分享，把视频内容展现出来。有很多企业利用短视频推广产品和品牌，具有营销内容的短视频在微信、微博等社交媒体平台实现快速、高效的推广。由于短视频内容可以随时分享，同时其内容既可以幽默诙谐，也可以充满时尚元素，并且碎片化时间短、用户体验好，所以越来越受到用户的喜欢。

2. 短视频的类型

短视频有以下几种类型：

（1）短纪录片型。短视频制作团队可以把内容以纪录片的形式呈现，制作精良的内容可以通过渠道运营开启短视频变现的商业模式。

（2）网红 IP 型。网红形象在互联网上具有较高的认知度，其内容制作贴近生活。庞大的粉丝基数和用户黏性背后潜藏着巨大的商业价值。

（3）草根趣味型。以快手为代表，大量草根借助短视频风口在新媒体上输出搞笑内容，这类短视频虽然存在一定争议性，但是在碎片化传播盛行的今天，也为网民提供了不少娱乐谈资。

（4）情景短剧。该类视频短剧多以搞笑创意为主，在互联网上有着非常广泛的影响力。

（5）技能分享型。随着短视频热度不断提高，技能分享类短视频也在网络上获得了广泛的传播。

（6）街头采访型。街头采访也是目前短视频的热门表现形式之一，其制作流程简单，话题性强，深受都市年轻群体的喜爱。

（7）创意剪辑。利用剪辑技巧和创意，制作精美震撼，并可以加入解说、评论等元素。不少广告主选择利用新媒体短视频热潮植入新媒体原生广告。

二、短视频营销的概念及特点

短视频营销是内容营销的一种，主要借助短视频，通过选择目标用户群体，向他们传播有价值的内容，来吸引用户了解企业品牌、产品和服务，最终形成交易。做短视频营销最关键的是找到目标用户和创造有价值的内容。

短视频营销的特点主要有以下几点：

1. 满足用户需求

用户观看短视频不仅是为了打发时间，还隐藏着多种心理需求。例如，独自在异地打拼的年轻人，工作压力大、能谈心的朋友少，没有太多时间进行线下社交活动。具备分享和社交功能的短视频平台就成了他们生活中一个重要的情感寄托。用户能在短视频平台上看到各种各样有趣或者有用的内容，来满足自己的好奇心。用户可以关注自己喜欢的短视频账号，将其认为有意思的内容分享给好友。用户还可以自己创作和上传短视频，通过这种方式来展示自我、吸引他人关注，从而满足自我实现的心理需求。

2. 互动交流较强

短视频营销具有很强的互动性，能够轻松实现双向甚至多向的互动交流。企业的官方短视频账号能够在留言区收到大量用户的反馈意见，短视频运营者还可以直接解答用户提出的各种问题。如此一来，短视频就成了企业传递信息和展示产品特色的重要窗口，对塑造企业文化形象和提高品牌知名度有很大帮助。当企业用短视频来展示产品或者宣传品牌形象时，能给用户一个动态的直观感受，达到一呼百应的营销效果。

3. 展示立体直观

短视频是文字、图片、音频的结合体，比起单纯的文字、图片和音频，更容易给用户带来立体直观的展示效果。用户从短视频中获取信息，与从电视上获取信息本质上是相同的，只不过短视频的时长更短，且能随时随地观看。因此，短视频营销同时具备了内容丰富和欣赏性较高两大优点。这对企业展示产品或者宣传某种应用教程非常有利。如今的短视频营销往往带有产品购买链接，能让用户在观看视频内容之后直接实现"一键购买"，大大简化了购物流程。

4. 营销推广精准

相对于其他类型的营销手段，短视频营销的指向性更强，能够更加精准地锁定目标用户。耐心看完短视频的用户一般都是认可短视频的内容或者短视频推荐的产品或服务。因此，短视频可以跟电商进行无缝对接，也可以跟其他的社交媒体平台展开合作。短视频运营者通过短视频平台发起各种活动比赛，吸引众多用户参与，再借助平台的搜索排行榜形成垂直领域的品牌影响力，这就形成了一个不断涨粉的良性循环。

5. 效果可测可量

短视频营销不是虚无缥缈的东西，其营销结果可以即时实现数据化展示。短视频运营者可以用数据衡量营销效果。通过分析短视频传播后产生的各种数据来评估其营销效果。各大短视频平台本身就有大数据统计的功能，可以为短视频运营者提供比较全面、准确具体的决策依据，这使短视频营销具备较多的科学依据，能够最大限度地避免短视频运营者盲目做出决策。

6. 营销成本较低

传统的广告营销成本高，要投入大量的资金。相对而言，短视频做广告的营销成本要低得多，主要包括视频制作成本、传播成本及团队运营成本。视频制作成本主要包括拍摄器材、道具、布景等方面的费用，最简单的直接用抖音、快手的短视频拍摄功能就能完成。传播成本低是因为短视频运营者只要在短视频平台上传内容就能起到较好的推广效果。团队运营成本包括团队成员的工资和各种运营管理费用。短视频营销团队通常规模较小，运营成本也比较低。较低的营销成本大大降低了人们用短视频做营销的门槛。

三、短视频营销的实施

短视频营销的实施包括短视频定位、短视频平台选择、短视频剪辑制作、短视频运营等过程。

1. 短视频定位

定位就是品牌或者产品在用户的心目中相对于其他同类型产品而言占据的一个位置。简言之，商品定位就是当用户想到某一种产品的时候，第一时间想到的就是你的商品。因此短视频运营中，要想方设法让账号占领用户的心智，让自己的短视频成为用户不二的选择。具体来说，短视频定位可以分为领域定位、内容定位和风格定位。

（1）领域定位。不仅自媒体平台有领域之分，短视频平台也有领域划分。我们可以选择自己喜欢的、擅长的、熟悉的领域来做，如果你是一个宝妈，对育儿类的内容很擅长，那么你就可以选择育儿领域输出内容；如果你是一个美食专家，对美食类的内容很熟悉，那么你就可以选择美食领域输出内容。我们可以选择一个领域，但不可以每个领域都做。如果你今天做育儿明天做美食，就很容易导致定位混乱。而我们要做到的是，读者提起"育儿"的时候，就能想起来你的账号，这样才是一个成功的领域定位。

（2）内容定位。短视频应向观众传递信息和价值，只有观众看完短视频的内容，并觉得对自己有用，才会关注你的账号，成为你的粉丝。我们创作的短视频内容也要遵循这个准则，最好的办法就是输出干货类的内容，满足用户的不同需求。

（3）风格定位。我们首先应确定我们的短视频风格是讲述道理还是传递知识，是幽默诙谐还是犀利毒舌，是卡通漫画还是真人出镜。风格定位其实就是长期使用一种表达方式，从而形成在观众心中的印象。如果你在某个领域有专业的知识，那么我们尽可能要选择真人出镜类的视频，因为这样可以更加形象地展现在观众面前，也可以让观众认为你是一个更加真实的作者。

2. 短视频平台选择

短视频平台可分为三类，第一类是满足个人制作短视频需求的工具类产品，如小咖秀、小影等，通过提供手机录制、逐帧剪辑、电影滤镜、字幕配音等功能，让非专业用户也能在手机上剪辑出专业的短视频作品。第二类是满足发现新鲜事物需求的资讯类产品，如与微博绑定的秒拍、今日头条旗下的西瓜视频等，通常依托社交或资讯平台并为其提供短视频播放功能。第三类是满足用户社交需求的社区类产品，以快手、抖音、美拍等为代表，通过互动式创作分享，营造浓郁社交氛围，吸引高黏性用户，这类产品市场占有量最高，引流能力最为明显。

抖音与快手是短视频领域的头部平台，各种数据表现处于行业前列，渐渐与其他平台拉开差距。今日头条旗下西瓜视频，腾讯微视、视频号，以及美拍、秒拍、好看视频等短视频平台，也以各有所专的平台定位收获大批用户和流量，形成实力强大的第二梯队。与此同时，一批新兴的短视频平台另辟蹊径，深耕某一垂直细分领域，取得不俗成绩。例如，超能界 App 以二次元用户为主要目标用户，以录制真人特效短视频为特色；爱奇艺上线的"爱奇艺锦视" App 则瞄准中老年人群。这些创新的力量不断延展着短视频市场的天际线，也为整个行业的发展持续注入活力。

3. 短视频剪辑制作

短视频剪辑制作可以使用以下几个软件工具：

（1）Adobe Premiere。Adobe Premiere 是一款常用的视频编辑软件，目前这款软件广泛应用于广告制作和电视节目制作中，是视频编辑爱好者和专业人士必不可少的视频编辑工具，可以提升创作能力和创作自由度，是一款易学、高效、精确的视频剪辑软件。

（2）爱剪辑。爱剪辑是最易用、强大的视频剪辑软件之一，也是国内首款全能的免费视频剪辑软件。爱剪辑从一开始便以更适合国内用户的使用习惯与功能需求为出发点进行创新设计。爱剪辑倡导人人都能轻松成为出色剪辑师，甚至不需要视频剪辑基础，不需要理解"时间线""非编"等各种专业词汇，让一切都还原到最直观易懂的剪辑方式。

（3）会声会影。会声会影是一款功能强大的视频编辑软件，具有图像抓取和编修功能，可以抓取转换 MV、DV、V8、TV 和实时记录抓取画面文件，并提供 100 多种编制功能与效果，可导出多种常见的视频格式，甚至可以直接制作成 DVD 和 VCD 光盘。该软件操作简单，适合家庭日常使用，具备完整的影片编辑流程解决方案。它不仅符合家庭或个人所需的影片剪辑功能，甚至可以挑战专业级的影片剪辑软件，适合普通大众使用，操作简单易懂，界面简洁明快。

（4）剪映。剪映是由抖音官方推出的一款手机视频编辑工具，可用于手机短视频的剪辑制作和发布，带有全面的剪辑功能，支持变速、多样滤镜效果，以及丰富的曲库资源。

（5）喀秋莎。喀秋莎（Camtasia）是 TechSmith 旗下一款专门用于屏幕录制及视频剪辑的工具，它能轻松地记录屏幕动作，包括影像、音效、鼠标移动轨迹、解说声音等。另外，它还具有即时播放和编辑压缩的功能，可对视频片段进行剪切、添加转场效果等。它输出的文件格式很多，包括 MP4、AVI、WMV、M4V、CAMV、MOV、RM、GIF 动画等多种常见格式。

4. 短视频运营

（1）拍摄内容的选择和更新。内容是短视频运营的核心，也是获得平台流量的关键，靠内容获得的粉丝更加精准、更加有效，因此，短视频拍摄内容选择和更新总体应体现设计简单、价值实用、内容相关、内容系统、持续迭代的思路。

1）设计简单。短视频内容应尽量简单，而且要逻辑清晰、排版敞亮，可列出步骤、标明序号。短视频内容不需要表述太多内容，语速要适当，吐字要清晰，也可以直接展示图片、文字。

2）价值实用。除了分享的内容要简单之外，同时还要实用。实用也是吸引粉丝的关键点。

3）内容相关。分享的内容需要跟粉丝相关，并可为其提供价值，这样的视频会更受到粉丝的追捧。

4）内容系统。内容越系统越好，例如，企业打造所在领域的行业号，使得粉丝有相关行业的问题时，首先就会想到这个短视频平台，马上到这个平台上去查询。用户查询的时候有一个营销关键点，就是视频封面一定要有视频标题，以方便粉丝快速辨别。

5）持续迭代。持续迭代，简单点说就是短视频内容要不断更新迭代，不能只是去模仿同行，要有自己的创新。例如，账号定位是某个领域的专家，那么就要不断地去奠定在本领域的地位，所以要有稳定的更新机制，可以每天更新一个视频。

（2）视频内容诱因策划。短视频平台对短视频的原创度和质量度要求都较高，因此尽量使用专业的工具，搭建影棚，配备摄像机、灯光道具、拍摄支架、背景墙、演员服装等。拍摄短视频时应保证每一帧的质量，尽量真人出镜。

即便是同样的拍摄方式，同样的演员，视频点赞和涨粉数据也可能相差百倍，爆款视频通常胜在选题，这也是内容创作的灵魂。例如丁香医生抖音号是一个医学号，视频以科普医学知识为主，顺便带点儿搞笑，他们的选题需要经过反复筛查，才能最终确定下来。在拍摄制作短视频过程中，在前几秒钟的内容中建立粉丝期待，让粉丝决定看下去。拍摄过程中用适当的方法，在视频的起始处设置一些诱因，在观看者心中植入某种动机，就可成功建立观看期待，制造强大的吸引力。

（3）视频编辑、发布和维护。经过前期的视频内容策划和拍摄后，运营人员还需重视视频编辑、发布和维护工作。

1）视频编辑。策划好短视频拍摄思路与形式后，就可以开始编辑了。首先是背景音乐的选择，选音乐一是要与视频内容完美配合，二是要选择用户认知度比较高的音乐。其次是标题和封面的设计，标题与封面对视频的播放量、完播率、转发量及转发后的点击量都有很大影响，如果能将标题与视频配合起来，能较好地引导用户留言评论。

2）发布和维护。选择短视频发布时间的原则是在用户最多时进行发布。结合用户使用习惯，优化短视频发布时间，可以获得更多自然流量。此外，需要有专人去维护用户的评论，回复用户的问题，与用户进行互动，这有利于提升粉丝活跃度和忠诚度。

3）提升指标。要想获得平台的推荐就必须在视频发出之后，发动所有资源去提升点赞量、评论量、关注量、转发量、完播率这五个指标，不断让用户通过这五个指标来认可发布的视频，从而让视频得到平台不断的推荐。

4）提高曝光度。多关注自己领域的一些拥有众多粉丝的优秀视频，在对方的视频推送之初就抢先留下精彩评论，通过不断抢热评来进行。此外，还可以使用平台的一些营销推广工具来提高曝光度。例如，抖音就有DOU+为创作者提供的视频加热工具，能够高效提升视频播放量与互动量，提升内容的曝光效果，助力抖音用户的多样化需求，操作便捷、互动性强、流量优质。

5）视频数据复盘优化。根据平台的数据分析功能，运营人员进入数据中心查看作品数据，开展单品的精细化运营分析。选择点赞率不高的短视频，分析作品每秒观看人数占比，了解用户在观看短视频过程的跳失情况。如果发现数据曲线中某一个趋势图的观看人数急剧下降，如视频第9秒用户流失严重，可以对第9秒的内容进行复盘，分析用户在这一时间点离开的主要原因。同理，根据数据趋势图，运营人员还可以分析每秒点赞人数占比情况，如在视频第5秒用户点赞率最高，运营人员则需要复盘这一点为什么打动了用户，让用户得到了共鸣。通过视频播放过程的用户行为，运营人员可以拆解作品的每一秒用户的情绪点，分析视频内容策划、拍摄过程中存在的问题，为后期视频策划提供借鉴依据。

| 岗位介绍　微平台运营专员 |

→ 岗位职责

1. 负责微商城的运营、维护和业务拓展；微商城活动的策划和执行；消费者沟通，对消费者和用户提出的问题进行及时反馈和响应；追踪销售数据，管理会员系统，跟进售后事宜，优化商城活动。

2. 维护公司旗下自运营及托管的微博，负责微信公众平台管理、粉丝互动、品牌维护、舆情监控、客服咨询，并定期收集分析其他微博的运营情况及最新活动信息。

3. 提高粉丝活跃度，除与微博、微信粉丝保持良好互动外，还需对微博粉丝的网络行为进行分析与总结。

4. 及时向项目经理反馈网络状况、微博和微信的运营情况，协同其他部门或同事完成微博和微信项目的运营要求。

5. 挖掘和分析网友使用习惯、情感及体验感受，及时掌握新闻热点，能够完成专题策划和编辑制作。

6. 更新及维护官方微博、微信，增加粉丝数，提高关注度；负责微博、微信运营策略的制订及执行；与网站相关部门配合，定期策划并执行微信营销线上及线下活动。

7. 建立有效运营手段，以提升网友活跃度；进行微信对手调查，掌握其他微博和微信产品的变化等。

→ **任职资格**

1. 精通微信使用方法，熟悉微信公众号后台的接口与功能。

2. 熟悉除微信外的其他网络营销手段。

3. 对产品网络的推广有敏锐的营销思路，能根据产品策划方案。

4. 具有对新闻事件的高度敏感性，具有良好的新闻、话题判断和标题把控能力；通晓活动策划、文案撰写与数据分析，具备良好的危机处理、用户管理能力和服务意识。

5. 对整合传播、新闻传播、活动与事件管理均有深刻的认识。

6. 热爱互联网，熟悉网络营销理论和思想，对微信、SNS、博客、论坛等产品有浓厚兴趣及深刻认识。

7. 有较强的数据分析能力，有优秀的文案写作能力、图片编辑能力、优秀的信息采编整合能力，熟悉网络推广；能够发掘移动互联网营销新渠道。

8. 熟悉口碑营销、网站 PR 值提升、论坛营销、SNS 营销者优先。

9. 熟悉微博、微信数据分析工具者优先。

10. 能够独立完成微博、微信营销策划方案的撰写，熟练使用 PPT 等 Office 软件，会使用 Photoshop 及其他图像处理工具更佳。

| 岗位介绍 移动 App 营销专员 |

→ **岗位职责**

1. 负责进行手机 App 产品包装上线，策划线上品牌推广方案，并提出建议及解决方案。

2. 负责组织搜集相关行业政策、竞争对手信息和用户信息等，分析市场发展趋势，能进行市场用户群分层。

3. 负责分析需求，不断为产品挖掘潜在及具有延展性的营销机会，制订营销策略、营销活动及营销方案，并负责营销策划活动的组织、执行、协调和监控，提升新用户数量。

4. 熟悉移动 App 的各类指标、手机用户行为数据以及相应统计方法，深入了解用户行为特征和互联网及移动互联网媒体特征，能针对不同需求进行数据分析支持。

5. 熟悉各种软件商店、论坛和渠道商，熟悉 iOS 和 Android 平台及移动 App 产品，对移动 App 的推广和运营有自己的认识。

6. 结合品牌推广需求，深入挖掘网络资源并进行整合，完善营销推广规划。

7. 参与产品研发，能对产品设计、销售策略提出合理化建议。

8. 策划营销活动结束后，提交活动总结文档。

→ **任职资格**

1. 电子商务或计算机类专科以上学历，1～3 年有关移动 App 推广策划工作经验。

2. 具备出色的提案写作、整合和包装能力。

3. 对互联网有自己的认知和了解。

4. 擅长文字编辑。

5. 对数字敏感，擅长数据分析。

6. 具有手机端 App 社交软件工作经验者优先。

一、实训目标

（1）掌握订阅号、服务号、企业微信（原企业号）的区别和联系。

（2）掌握微信公众号的开通流程和认证步骤。

（3）能够使用微信公众号进行移动微营销。

二、实训环境

（1）4G/5G Android 或 iOS 智能手机，开通 4G/5G 网络或连接 Wi-Fi。

（2）连接互联网的电脑，安装 Windows7/10 的操作系统。

（3）个人身份证、银行卡等资料；中小企业资质材料（营业执照、法人代表信息和保证函等）。

三、实训背景知识

微信公众平台上有四种账号类型，分别是订阅号、服务号、企业微信和小程序。企业利用微信公众平台进行自媒体活动就是企业对消费者进行一对多的媒体性行为活动，如商家通过申请微信服务公众号进行二次开发，展示商家微官网、微会员、微推送、微支付、微活动、微报名、微分享、微名片等，已经形成了一种主流的线上线下微信互动营销方式。

订阅号为媒体和个人提供一种新的信息传播方式，可以构建与读者之间更好的沟通与管理模式。其功能类似报纸杂志，提供新闻信息或娱乐趣事。适用于个人、媒体、企业、政府或其他组织。订阅号每天仅能群发一条消息。发给订阅用户（粉丝）的消息将会显示在对方的"订阅号消息"文件夹中，单击就可以打开。个人只能申请订阅号。

服务号给企业和组织提供更强大的业务服务与用户管理能力，能帮助企业快速实现全新的公众号服务平台。服务号旨在为用户提供服务，主要偏向服务类交互（功能类似 12315、114、银行，提供服务查阅）。适用于媒体、企业、政府或其他组织。一个月（自然月）内仅可以发送四条群发消息。发给订阅用户（粉丝）的消息，会显示在用户的聊天消息列表中，相对应微信的首页。服务号会出现在订阅用户（粉丝）的通讯录中。通讯录中有一个公众号的文件夹，点开可以查看所有服务号。

企业微信旨在帮助企业、政府机关、学校、医院等事业单位和非政府组织建立与员工、上下游合作伙伴及内部 IT 系统间的连接，并能有效地简化管理流程、提高信息的沟通和协同效率、提升对一线员工的服务及管理能力。企业微信主要用于公司内部通信使用，需要先有成员的通信信息验证才能关注企业微信。

小程序是一种新的开放能力，可以在微信内被便捷地获取和传播，同时具有出色的使用体验，针对个人、企业、政府、媒体、其他组织开放注册。

如何选择合适的公众号，需要根据自身情况而定。如果想发送消息做宣传推广服务，达到宣传效果，建议选择订阅号。如果想进行商品销售，建议申请服务号，后续可以认证再申请成为微信支付商户。如果想做好内部管理，面向企业内部员工或企业的上下游用户，建议申请企业微信。

四、实训指导

1. 申请微信公众号

下面以订阅号的操作为例演示申请过程。

（1）打开微信公众平台官网：https://mp.weixin.qq.com，在右上角单击"立即注册"，如图 5-7 所示。

图 5-7　微信公众平台官网

（2）按照相应的提示完成相应操作。

2. 微信公众号的注销

目前只有个人类型订阅号或者已将支付、卡券、广告、公众号第三方服务等服务或功能关闭后的组织类型订阅号可以注销公众号。

微信公众号注销流程图，如图 5-8 所示。

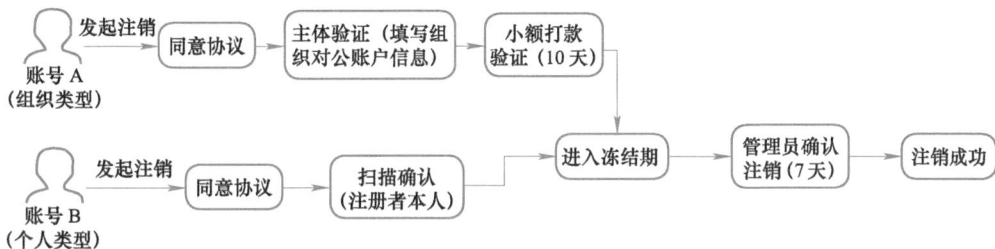

图 5-8　微信公众号注销流程

3. 微信认证

微信认证是微信公众平台为了确保公众号信息的真实性、安全性，提供给微信公众号进行微信认证的服务。申请微信认证后，公众号会有专门的认证标识，在用户搜索时可以排名靠前，用户关注的机会会更大一些。微信公众平台申请微信认证，需一次性支付 300 元/次审核服务费。认证无论成功或失败，都需要支付给第三方审核机构这笔费用（审核服务费）。微信认证成功后，该公众账号名称、认证标识及认证特权会被保留一年（自认证成功之日起计算，一年内有效）。

微信认证的步骤如下：

第一步：登录微信公众平台，在页面左侧，单击"设置与开发"→"公众号设置"→"账号详情"→"申请微信认证",如图 5-9 所示。

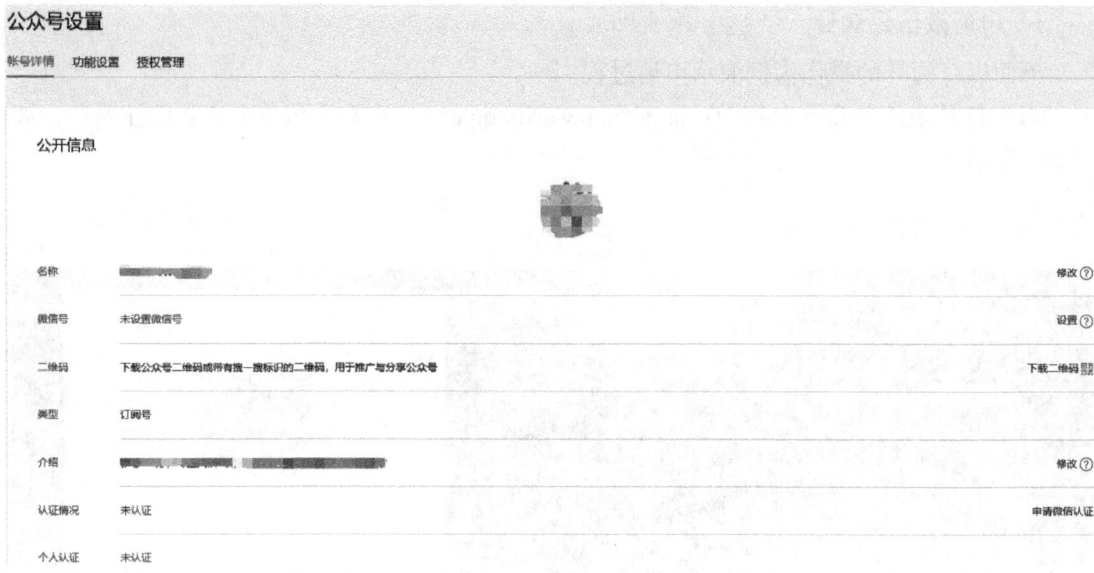

图 5-9 微信认证

第二步：勾选"在使用微信认证时，须遵守公众平台相关协议，包括但不限于《微信公众平台服务协议》《微信公众平台微信认证服务协议》"，如图 5-10 所示，选择认证主体类型，提交相应的材料，确认名称，填写发票信息并支付费用。

图 5-10 微信认证

4. 微信公众号图文消息推送

（1）图文素材。图文素材是把需要发布给粉丝的相关资讯进行编辑、排版的功能，可展现活动内容、相关产品资讯、新闻信息等。

单击左侧菜单栏的"草稿箱"，选择"新的创作"，就可以新建图文消息、文字消息、视频消息等，如图 5-11 所示。

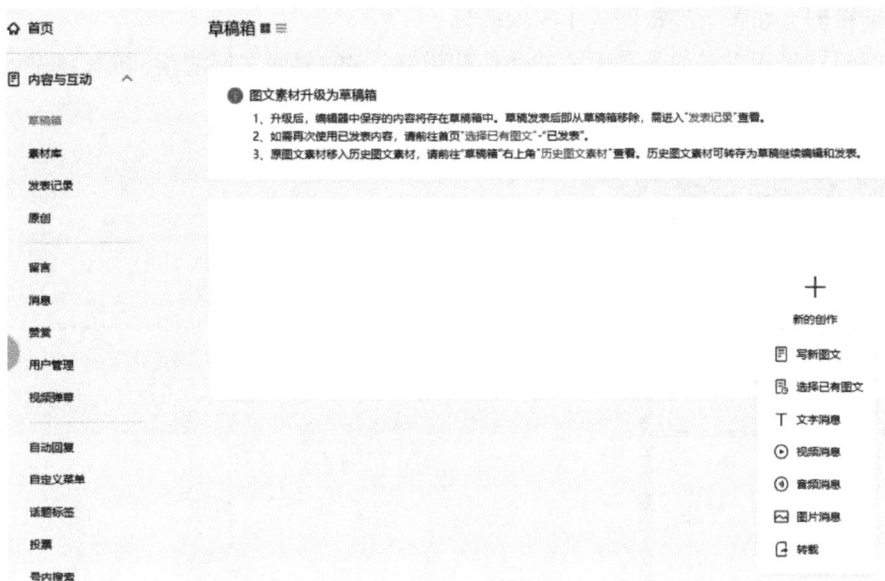

图 5-11　添加图文素材

可以编辑单图文，输入标题、作者、正文内容，把需要发布给用户的相关资讯进行编辑、排版，展现活动内容、相关产品资讯等。如果需要编辑多图文消息，直接单击左侧图文导航中的"+"可增加一条图文消息，最多可编辑八条图文内容，如图 5-12 所示。

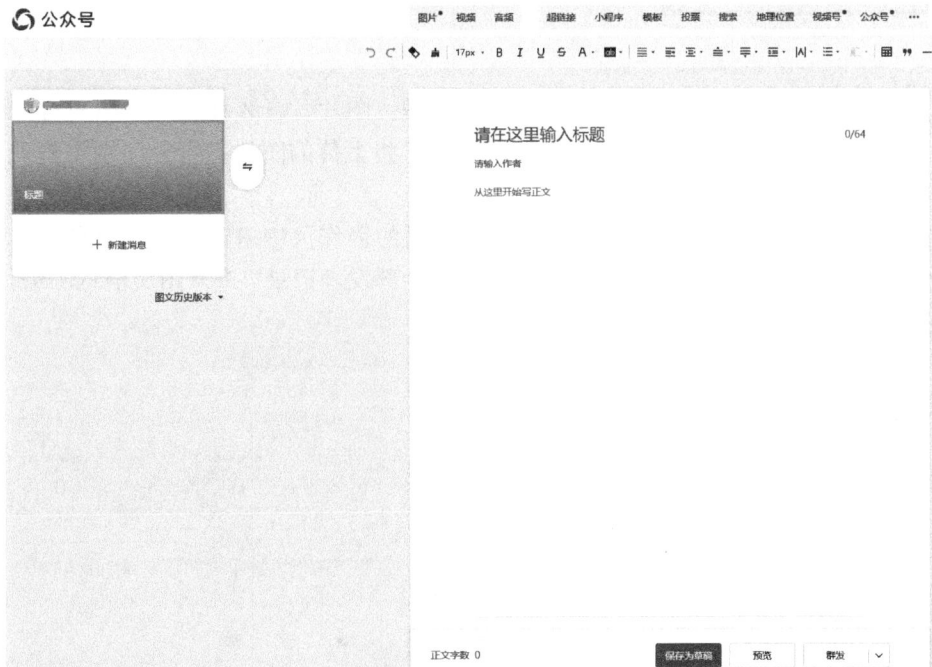

图 5-12　图文消息的编辑

单击图文素材页面的最右侧图文模板，还可以新建自己的图文模板，然后保存为后续可以使用的模板。

利用微信公众平台的编辑器可以进行简易排版，但要实现比较复杂的效果需要借助一些第三方编辑器，如秀米编辑器或 135 编辑器。

秀米编辑器是相对来说容易上手的微信编辑器，它的界面友好清新，推荐新手入门使用，如图 5-13 所示。

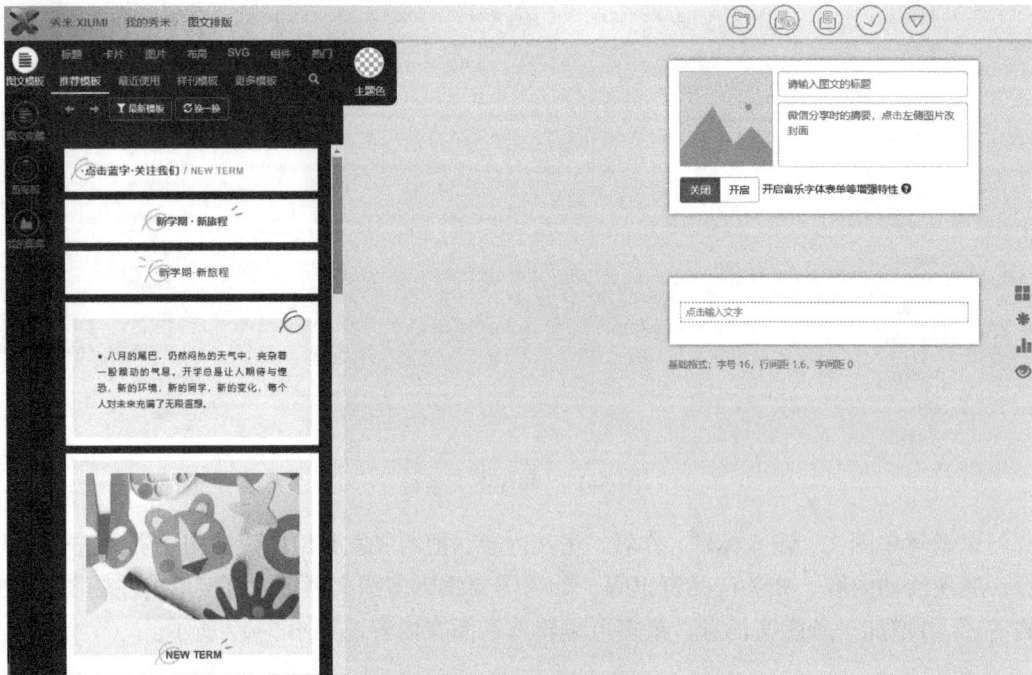

图 5-13 秀米编辑页面

（2）素材库。素材库里的素材主要有三种类型：图片、音频和视频。用户可向图片素材库上传大小不超过 10M 的图片，可以新建分组，将上传的图片进行分门别类整理，方便索引使用。

我们可以在打开微信公众号的首页后，在"新的创作"中单击"图文消息"进入图文消息的编辑页面，也可以在"近期发表"中单击"全部发表记录"进入图文消息的编辑页面，还可以查看已群发的图文消息，如图 5-14 所示。

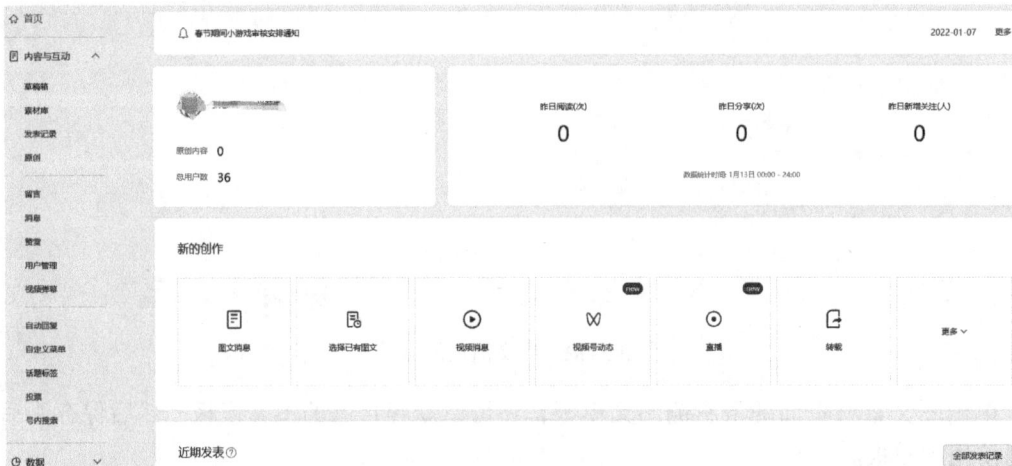

图 5-14 微信公众号首页

5．微信公众平台内容工具模块

（1）自动回复。自动回复功能是指公众号运营者可以通过简单的编辑，设置"被关注回复""关键词回复""收到消息回复"的功能。可以设定常用的文字、图片、音频、视频等作为回复消息，并制定自动回复的规则。当订阅用户的行为符合自动回复规则的时候，就会收到自动回复的消息。

1）被关注回复。用户关注公众号时将会立即收到回复。可设置文字、图片、音频、视频为被关注回复内容，如图 5-15 所示。

图 5-15　被关注回复

2）关键词回复。用户发送的信息含有多个设置的关键词，则会随机回复。

设置时需要注意：设置匹配功能时，若选择了"全匹配"，在编辑页面则会显示"全匹配"，用户发送的内容与设置的关键词须完全一样，才会触发关键词回复，不能多一个字符也不能少一个字符。例如，设置的关键词为"123"，仅回复"123"才会触发关键词回复。在没有选择"全匹配"的情况下，编辑页面则会显示"半匹配"。只要用户发送内容包含设置的完整关键词，就会触发关键词回复。例如，设置的关键词为"123"，回复"1234"会触发，但回复不完整的关键词"12"则不会触发关键词回复，如图 5-16 所示。

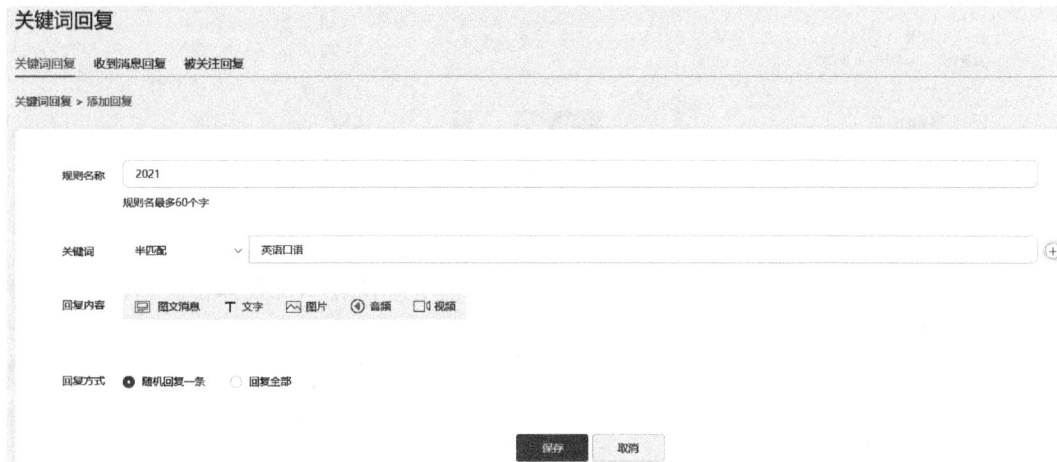

图 5-16　关键词回复

3）收到消息回复。订阅用户只要对公众号发送消息便会收到回复，如粉丝发送的消息包含关键词，将会优先关键词回复。

在设置收到消息回复后，系统会自动回复设置的文字、语音、图片、视频给粉丝，但是只能设置一条信息回复，暂不支持设置图文、网页地址消息回复；一个小时内可回复1～2条内容。

（2）自定义菜单。公众号可以在会话界面底部设置自定义菜单，菜单项可按需设定，并可为其设置响应动作。用户可以通过单击菜单项，收到设定的响应，如发送消息、跳转链接等。

单击内容工具下的"自定义菜单"，选择"+"添加子菜单，然后设置菜单名称、菜单内容，保存并发布。最多可创建三个一级菜单，一级菜单名称名字不多于4个汉字或8个字母。每个一级菜单下的子菜单最多可创建五个，子菜单名称名字不多于8个汉字或16个字母。在子菜单下可设置动作。

发送消息：可发送消息类型包括图片、音频、视频和图文消息等。

跳转网页：所有公众号均可在自定义菜单中直接选择素材库中的图文消息作为跳转到网页的对象。认证订阅和服务号还可直接输入外部链接。

跳转小程序：自定义菜单可跳转已经绑定的小程序，如图5-17所示。

图5-17　设置自定义菜单

6. 微信公众平台互动模块

微信公众平台互动模块包括留言、消息、赞赏、用户管理和视频弹幕。下面主要介绍消息和用户管理。

（1）消息。消息功能用于接收用户对公众号发送的消息。消息保存5天，多媒体消息3天后无法查看。可以选择"最新消息时间"，也可以按照"按赞赏总数、按留言总数、按精选留言总数"进行排序。

若勾选"隐藏关键词消息"，粉丝发来的关键词消息会隐藏掉，让公众号运营者更方便人工回复用户消息。

（2）用户管理。用户管理功能不支持显示粉丝微信号，只能看到昵称。如果要给用户添加备注，选择需要修改备注的粉丝，单击即可修改（支持特殊符号，在30个字符内，修改没有次数上限）。

在"用户管理"中可以将关注用户进行分组。将鼠标放在头像上，在浮出的用户信息上单击"加入黑名单"或添加"标签"，也可以批量勾选后进行操作。

微信公众平台粉丝分组最高可以设置100个，单击建立的分组进入，可以对该组重命名；若要删除分组，可从"用户管理"进入需要删除的分组，单击"删除"即可。

在微信公众平台"用户管理"中将关注的粉丝添加到黑名单分组后，该粉丝将无法收到公众号的群发消息及自动回复消息，但可以通过"查看历史消息"查阅10条历史消息。

（3）视频弹幕。视频弹幕是用户基于视频时间线的互动能力。上传视频并群发视频消息后，可以在这里管理弹幕列表，并可以优先展示精彩有趣的弹幕内容。通过公众平台上传视频，并以视频消息的方式群发才可以开启弹幕。在图文中插入的视频素材暂不支持弹幕能力。

7．小程序管理

所有公众号都可开通此功能。小程序注册流程与订阅号、服务号、企业微信注册流程非常类似。在填写小程序信息时需要注意以下事项：

（1）小程序名称。小程序在发布前，名称设置成功以后有两次修改名称机会，两次机会用完，必须先发布，再通过微信认证进行改名。

（2）小程序头像。选用的头像应遵守法律、行政法规，不违反社会公序良俗；图片格式必须为 bmp、jpeg、jpg、gif；不可大于 2M。一个月内可修改五次。

（3）小程序介绍。确认介绍内容不含国家相关法律法规禁止的内容，介绍字数为 4 ～ 120 个字符，一个中文占两个字符。一个月内可申请五次修改。

（4）服务范围选择。可申请不少于一个不多于五个服务范围。服务范围分两级，每级不能为空。特殊行业需提示特殊资质。一个月内可修改一次。

为扩展小程序的使用场景，便于用户使用小程序的服务，公众号可关联小程序，并在公众号图文消息、自定义菜单、模板消息等场景中使用已关联的小程序。

公众号关联小程序的操作流程是：登录公众号→小程序→小程序管理→开通，管理员扫码确认，输入需要绑定的小程序 App ID，查找小程序并发送绑定邀请，小程序管理员接受邀请，绑定完成。关联小程序后系统将自动向公众号粉丝推送关联成功消息，单击消息即可跳转至小程序。

公众号可将已关联的小程序页面放置到自定义菜单中，用户单击后可打开该小程序页面。公众号运营者可在公众平台进行设置，小程序可被添加至一级菜单和二级菜单内。用户单击自定义菜单即可跳转至小程序页面。

8．广告与服务

（1）广告主。公众号运营者通过广告主功能可向不同性别、年龄、地区的微信用户精准推广自己的服务，获得潜在用户。通过认证的微信公众号可申请开通投放服务，成为广告主。

展示位置：图文消息的全文页面底部。

要想使用广告主服务，必须先开通广告主服务。申请开通广告主功能的微信公众号（订阅号、服务号）需通过认证。具体流程如下：进入公众平台→广告主→申请开通→同意确认协议→选择主营行业以及行业资质材料，提交审核。

（2）流量主。公众号运营者自愿将公众号内指定位置分享给广告主做广告展示，按月获得广告收入。微信公众号运营到 500 名粉丝（该账号关注用户）且符合平台运营规范才能申请开通。

展示位置：图文消息的全文页面底部。

具体流程如下：进入公众平台→流量主→申请开通→同意协议→选择广告标签（最多可选择三个标签）→填写结算财务资料→提交。

流量主的收益主要由广告主的出价、广告质量得分、用户有效点击量等综合因素计算得出。

提升广告收入目前没有捷径和固定模式可循，建议通过扎实运营，提高自身公众号内容的质量，来吸引更多关注用户，提高有效点击量；运营的内容最好与自己公众号定位一致，这样可吸引到精准人群，提高有效点击率。

思考与练习

1. 移动营销相对于传统网络营销有哪些特点？
2. 二维码在移动营销中的主要应用有哪些？
3. 移动 App 营销和手机网站营销应注意的问题有哪些？
4. 什么是 LBS？基于 LBS 的移动营销有哪些特点？
5. 分别列举社群营销、短视频营销的优秀案例。
6. 谈谈你对移动营销发展趋势的看法。
7. 为某知名蛋糕店策划一个可操作的本地化移动营销方案。

职 业 提 示

营造天朗气清的网络生态、安全可信的网络空间

随着新媒体技术的快速发展，纷繁复杂的海量信息在自媒体空间大量涌现。一方面，自媒体激发了社会公众的表达欲望，拓展了社会公众的表达空间，丰富了人们的信息来源。另一方面，由于自媒体缺少专业化或组织化的内容把关机制，其传播不良信息而造成的乱象日益成为网络社会治理的一大难题。

营造天朗气清的网络生态、安全可信的网络空间，是亿万网民福祉，尤其事关青少年的健康成长。

党的十九大报告指出："坚持正确的舆论导向，高度重视传播手段建设和创新，提高新闻舆论传播力、引导力、影响力、公信力。"这也为自媒体发展提出了明确的方向。只有提升自媒体良好的舆论引导功能，才能体现自媒体的积极社会价值。优化自媒体传播空间的舆论生态，根本之策在于提升自媒体从业人员的法律素养。

职业素养：培养并践行社会主义核心价值观；培养从业人员的法治意识和职业道德。

Module 6

模块六

移动电子商务物流管理

学习目标

◎ 能够说明移动电子商务物流管理的概念和内容。

◎ 能够描述移动电子商务物流的特点。

◎ 能够说明移动电子商务物流模式的创新形式和内容。

◎ 能够说明智慧物流的具体应用场景及优势。

◎ 通过了解我国智慧物流的崛起，增强爱国意识，提升民族自信心。

模块六导读

案例导引

顺丰速运 App——打造全新移动物流体验

顺丰速运 App 是顺丰速运专为手机用户设计研发的一款具有下单、查件、查询服务以及管理个人资料功能的一站式手机操作软件，主要针对中国大陆地区安装有 Android、iOS 操作系统的手机用户推出。自 2013 年推出以来，顺丰速运 App 的 Android 与 iOS 版本的月均用户活跃人数均达到了各自版本总人数的 80% 以上，这反映了其用户群体具备极高的用户忠诚度。这些数据都证明了顺丰速运 App 在快递物流 App 产品中已经建立起较强的品牌优势。

顺丰速运 App 发布的用户统计数据显示，快递物流和经济发展水平呈正相关，北上广作为国内几大一线城市，其经济发展水平自然毋庸置疑；浙江作为电商巨头阿里巴巴及快递公司"四通一达"的大本营，快递发展水平也相对较高；江苏则存在着海量的密集型企业，每天都有大量的商品流入及流出。未来，随着我国经济的不断发展，快递物流 App 产品的用户规模将会迎来新一轮增长。

对于抽奖及优惠券这两种商家普遍采用的吸引消费者的有效手段，顺丰自然也不甘落后。早在 2014 年 12 月 4 日至 12 月 31 日，顺丰推出"寄件赠送 5 元顺丰电子券"活动，凡是成功寄件的用户即可获得价值 5 元的代金券。顺丰在旗下的顺丰速运 App 中投入如此多的精力的根本原因，在于其了解到寄件业务在移动终端的巨大发展前景。顺丰希望在进一步增加用户流量的同时，能够让更多的用户养成使用移动终端寄件、查件的习惯，这对于顺丰完成消费闭环将产生巨大的推力。与微信、支付宝、滴滴、百度地图等 App 应用产品类似的是，顺丰从为用户创造价值的角度出发，通过不断对产品的功能及体验进行优化，争取为用户创造出优质的快递应用产品。

毋庸置疑，一个国家的经济发展水平与其快递物流发展水平存在着直接的关联，快递物流将直接关系到整个国家的资源利用效率，而顺丰以快速高效的配送实力在国内市场建立了强大的品牌影响力。虽然在价格方面顺丰并不具备优势，甚至和"四通一达"相比还处于劣势，但仍有大量的消费者愿意为之买单；在高端商务配送市场，顺丰更是几乎处于垄断地位。

现在，我们可以自豪地说，我国的智慧物流产业已经走在全球前列，引领世界潮流。进入移动互联网为代表的"互联网+"时代，我国一批创新型的物流企业诞生和成长起来，一批传统的物流企业也积极与"互联网+"融合，颠覆自身的商业模式与运营思路。移动电子商务引领物流发展，我国物流行业将全面实现转型升级，得到质的飞跃。共享物流、物流 App、物流 O2O、智慧物流、无人仓、无人配送的新的物流模式、方法、手段已经走进我们的生活。

单元一 移动电子商务物流管理概述

移动互联网和移动电子商务快速发展，推动了电子商务物流的演进。在 2016 年 7 月召开的国务院常务会议上，李克强总理对发展"互联网＋物流"的战略意义做了进一步强调，他指出："推进'互联网＋物流'，既是发展新经济，又能提升传统经济。能大大降低企业成本、提高经济整体运行效率。"随后，国家先后出台了多个与物流行业相关的政策，而且李克强总理还亲自前往企业园区、快递公司参观指导，这充分显示了国家对物流行业寄予的重大期望。在我国经济转型及传统物流产业的变革中，"互联网＋物流"将发挥十分关键的作用。

一、移动电子商务促进物流行业转型升级

相对于互联网行业的高速发展，物流行业虽然起步较早，但其发展速度相对滞后一些。从诞生起，物流的发展就需要经济商品的生产形成足够规模，这就要求商品的大规模生产，从而降低成本消耗。随着移动互联网、5G信息通路的高速发展，在市场需求和政策利好的双重驱动下，以及线上线下一体化模式的问世，给物流行业的彻底革新带来了新的希望。互联网依靠其本身巨大的优势，能够有效促进信息交流，提高企业参与市场竞争的积极性，丰富产品的多样化，给消费者更多的选择与参考。物流企业在发展过程中更加注重用户体验，其竞争焦点也从货源方面转到服务上。

移动电子商务物流管理变革的动因主要有以下几个方面：

1. 移动互联网的应用有助于物流管理的改革升级

移动互联网正逐步渗透餐饮、房地产、汽车等诸多行业。就物流行业而言，移动互联网将有效促进其改善服务质量，加速物流运转。发挥互联网的作用，不仅能够提高整个行业的运转效率，还能提升用户体验。

2. 快速发展的电子商务带动了物流管理的进步

近年来持续发展的电子商务对物流行业提出了较高的要求，若物流滞后，无疑会阻碍电商领域的发展。一方面，在电商行业发展的带动作用下，物流行业的运转效率逐渐提高，能够与现阶段用户分散的、个性化的、服务质量要求较高的需求相对接。另一方面，以前的货物运输多以小批量运营为主，与传统模式相比，同一时间段内的货运次数大大增加。在这种形势下快递行业若仍然停留在传统发展模式，就无法满足现代社会的物流需求，因此，物流企业必须注重相关的改革。

3. 跨境电子商务的崛起倒逼物流产业变革

在海淘逐渐普及的今天，互联网物流得到快速发展，越来越多的用户通过跨境电商或海淘来满足自己的消费需求。跨境电商经营者在为国内消费者直供海外原装进口商品时，需要与物流企业进行合作，通过提升用户的物流体验，完善整体服务，并突显自身的竞争优势。

4. 移动互联网在物流领域的渗透作用不断加强

在移动互联网不断发展的今天，物流企业的结构模式得到改善。互联网在物流行业的渗透不只是技术层面的应用，更是互联网思维在整个物流领域的渗透。物流行业与互联网的结合，促使整个物流市场趋向于多样化，专注于各个垂直领域，进一步提高了物流行业的整体运转效率，同时对相关企业也提出了更高的要求。

5. 移动互联网的发展提升了物流发展的空间

传统物流行业与互联网的结合有诸多优势，能使物流企业突破传统运作模式的限制，

提高自身的信息化及智能化水平。与移动互联网结合带来的信息化并不只是停留在平台建设、网站开通或推出 App 层面，其价值还体现在能够充分发挥移动互联网的优势，提高信息的开放程度，方便企业进行各个环节的管理，提高运营效率，为交易环节提供信誉保证等，通过互联网思维的应用及先进技术的引进推动传统物流产业的升级。

物流行业与移动互联网的结合并非盲随大溜，而是为了增强该行业发展的持续性。物流行业与多个领域之间存在关联，在业态方面的拓展难度要相对低一些。企业可免费提供物流服务，通过其他业态获得利润，实现成本覆盖。如果物流公司能够把握好"互联网+"的机会，强化流程监管、增强用户体验、提高运输效率，肯定会使互联网物流的市场空间得到进一步提升。

二、移动物流的特点和内容

移动互联网技术、大数据技术、物联网技术、云计算技术的发展，为物流企业的移动信息化打下了坚实的基础，使现代物流企业从原材料的采购到产成品的销售运输以及最终用户的货物配送服务，都能形成一个完善的物流体系来支撑整个商务流程，做到及时精确的物流服务、快速高效的配送流程、低廉的成本费用和良好的用户服务水平。

这种新形式的物流由于以移动通信技术和网络技术为基础，因此被称为移动物流。移动物流服务包括以下特点和内容：

1. 简单方便

移动物流服务简化了消费者业务办理流程，使物流企业的管理变得简单方便。消费者通过移动终端或个人电脑就可以完成在线下单、查询货物物流信息和收货反馈操作；物流企业通过给员工配置移动终端，可以随时了解货物运输地点、货物配送信息和仓储信息等内容，实现自动订货、自动转账、物流过程追踪、24 小时营业等诸多功能，提升了服务的质量，提高了企业的运行效率，增强了用户的忠诚度，当然也增加了商品或服务的价值。

2. 费用低廉

通过将先进的条码技术、射频识别技术、定位技术、互联网技术及现有的物流服务系统进行有效的结合，可以了解待发货物的运输目的地，对流通中的货物进行跟踪，进行统一的协调配送，降低了专业物流企业运营成本，减少了用户在物流费用上的支出，提高了物流运输的效率，并且通过这些技术能为用户提供量身定做的个性化服务。

3. 增值服务

移动物流提供了许多增值服务，外向服务包括市场调查、商品采购和订单处理，内向服务包括货物配送、物流咨询、物流方案的选择与规划、库存控制决策建议、货款回收与结算、物流系统设计与规划方案的制作等。物流的结算不仅是物流费用的结算，在从事代理和商品配送的情况下，物流服务商还要提供向收货人结算货款等服务。对于市场评测，物流服务商根据物流中心的商品进货和出货的信息，以及以往的数据来分析商品的销售走势，预测未来一段时间内的商品进出库量，进而预测市场对商品的需求，从而为生产企业和销售企业提供重要的咨询服务。

三、移动物流的技术支撑

物流技术包括硬件技术和软件技术两个方面。随着电脑网络技术的应用普及，物流技术综合了许多现代技术，包括条码技术、射频识别技术、地理信息系统和全球定位系统、大数据技术、云计算技术、物联网技术、人工智能技术、无人机技术等。这些技术在模块二中大多已经介绍，而无人机技术是移动物流的新技术。无人驾驶飞机简称"无人机"，英文缩写为"UAV"，是利用无线电遥控设备和自备的程序控制装置操纵的不载人飞机，或者由车载电脑完全或间歇地自主地操作。无人机包括无人固定翼飞机、无人飞艇、无人直升机、无人多旋翼飞机、无人伞翼机等。通过无人机快递替代人工投送快递，可以实现快递投送的自动化、无人化、信息化，提升快递的投递效率和服务质量，缓解快递需求与快递服务能力之间的矛盾。物流技术的提升能帮助企业有效应对订单量的巨额增长，消除快递"爆仓"的危险，提升快递行业的服务质量，降低快件的延误率、损毁率、丢失率，以及快递投诉率，同时还能降低运营成本、仓库成本、人力成本等，提升行业竞争力，使快递的投送更加安全、可靠、快捷。

单元二　移动电子商务物流模式

随着信息化时代的到来，行业门户类应用正在从传统互联网向移动互联网延伸，物流业经营平台也开始转向移动互联网。顺丰、圆通等快递物流企业纷纷推出物流 App 软件，标志着物流行业正在加快线下实体产业与移动互联网的融合，一种新的商业模式正在崛起。这种商业模式可随时随地满足物流行业车辆定位、内部沟通、用户服务等需求，节约了管理成本，提高了工作效率，增加了货物运送中的透明度，使物流公司能及时、准确地掌握车辆和位置等信息，提高了运输质量和运输效率，增强了用户服务能力，从而提升了企业的核心竞争力。移动物流充分运用信息化手段和现代化方式，对物流市场做出快速反应，对物流资源进行全方位整合，实现了物流信息系统的移动化。

一、共享物流

美团单车及 Airbnb 作为实践共享经济的代表，在近年来获得快速发展，也使共享经济成为业内人士频繁讨论的话题。除了出行领域及房屋租赁行业以外，共享经济的影响范围还在进一步扩大，包括多个领域在内的诸多用户群体都已经被包含在内。如今，我国的物流行业在共享经济的影响下，也进一步开拓了市场空间，很多创业企业也试图利用共享经济模式在物流行业开辟一片天地，这方面具有代表性的有物流外包、物流信息服务平台等。相信在今后的发展过程中，随着共享经济在该领域的广泛应用，会有更多专业的物流平台诞生并迅速崛起。

1. 共享物流的本质与特征

传统物流有很多弊端，包括信息失衡、资源独立、体系孤立、资源浪费等。共享物流的出现就是为这些问题找到切实有效的解决办法。

从本质上来讲，共享物流就是共享物流资源。对于整个物流资源来说，货运资源只是其中的一小部分而已。对于现代物流来说，系统是关键。在庞杂的物流系统中，物流资源呈现出网络化、信息化和标准化的特点，其中能够实现共享的资源也越来越多，如物流信息、物流设备、仓储设施、人力资源、终端配送资源等，这些资源为共享物流的形成打下了坚实的基础。

在现实生活中，物流资源的共享方式有很多，如租赁、回收再利用、交换、循环使用等。但无论采用哪种方式，都有一个基本条件，就是实现信息互通和协调配置。

2. 共享物流的发展趋势

物理空间、人力资源、配套设施是整个物流行业运转过程中不可或缺的三大资源。具体而言，物理空间包括仓库、停车场、货物堆放地点等；人力资源包括搬运人员、货品分类人员、司机、配送员，等等；配套设施包括运输货物所需的车辆资源，仓库中用来移动货品的托盘、叉车，等等。上述所有资源，最后都会以共享模式得到应用。

近年来，共享物流受到了社会各界的广泛关注。对于共享物流来说，实现的关键就是标准化，即实现商贸物流的标准化发展。这需要引导企业从小处着手开展单元化物流创新，从产品的包装开始，让企业的产品包装与我国产品包装的标准相契合，遵循统一的原则和规范，让产品包装与物流配送设施的相关尺寸一致，实现物流包装的共享，进而为物流配送共享设备打下坚实的基础。

在"互联网+"时代，线上和线下的有机结合使得共享物流得到了飞速发展。在共享物流模式下，不仅各种资源能够实现共享，资源配置能得以优化，还能大幅提升物流系统的运作效率，减少物流配送过程中的产品损耗，促使物流服务水平得到有效提升。在未来物流模式的创新改革中，共享物流是最值得推荐的模式。

二、物流 App

作为一个传统行业，物流一直在努力地适应着时代的发展，但是其信息化水平到今天也没有达到一个统一的高度。即便如此，浸染在移动互联网环境下的物流行业还是产生了一批移动终端应用产品。暂且不去讨论此类产品的优缺点，仅从这些产品的问世便可以看出，移动互联网对物流行业来说并不只是意味着冲击，同时也带来了一个机遇，一个能够自我变革、改善行业的机遇。然而，当下的物流移动终端应用仍然处于一种混战的状态。但这种状态不会持续太久，干线也好、同城也罢，都会有崭露头角的巨头突出重围。

1. 移动互联网与物流的融合

随着移动互联网和信息技术的进一步发展，网络应用正在逐渐由电脑端过渡到移动端。相关数据显示，我国移动互联网的用户规模不断扩大，截至 2021 年 6 月，我国手机网民规模已经达到 10.07 亿。在这样的背景下，各行各业都在通过移动终端设备抢占移动互联网的市场份额，物流行业自然也不甘落后，各种 App 产品如井喷般纷纷出现。如今，移动终端设备在国内得到了普及，人们可以随时随地随心地获取各种信息，而移动终端应用的出现也对传统的商业模式进行着颠覆。

在这样的形势下，物流参与各方便可以摆脱时空的限制，实现更便捷的对接，如此一来，整个行业的运营效率就得到了提高。对于物流行业来说，其未来重点发展领域就是移动物流。

2. 物流 App 的主要类型

尽管都是携手移动互联网推出自己的 App 产品，但是不同的企业有着不同的切入点，所以提供的内容也就存在着差异。总体来说，这些物流移动终端应用大体可以分为三类。

（1）查询物流资讯。此类产品只是将查询资讯的地点从电脑端转向了移动端，这是大多数互联网产品从传统互联网向移动互联网过渡的统一路径。

（2）进行干线车货匹配。此类产品不再只是端口的迁移，而是移动互联网与物流行业之间的进一步结合。产品主要面向长途货运市场，摒弃中间环节，将货主与车主直接连接在一起，使得彼此之间的物流交易变得更加高效、透明。换句话说，此类产品其实就是一个优质的信息平台，能够为车主找货、为货主找车。

（3）同城货运。也可以说是车货匹配的同城模式，主要面向同城细分市场。此类产品同样也是一个信息整合平台，能够将同城闲散的运力以及资源调动起来，以满足货运需求。

3. 物流 App 的运营

如今，市场上的物流移动应用在数量上形成了一定的规模，但是能够保证质量并运营得当的却少之又少。其实，若想将物流移动应用做出成绩，就必须根据其不同的定位制定不同的运营方式，否则只会走向失败。

对于查询物流资讯类的应用来说，其实已经无所谓运营方式了，因为此类产品功能太单一，而用户的需求却日渐多样化，所以逐步退出市场已成定局。

干线车货匹配类的应用有着不同的生存状况：行业大鳄经过多年的经营已经聚集了大量的忠实用户，开启收费盈利之路也算顺风顺水；行业中的后起之秀则实行了另辟蹊径、小步快跑的战略，盈利也指日可待；而更多的企业却仍处于摸索之中。

相比上述两类应用，同城货运类的应用可以采取的方式要更多一些，因为此类应用面向的是更加细分、更加多样的需求，自然有着更多的机会与更大的空间。

4. 物流 App 模式的优势

在很多人看来，物流企业是一个靠雇用大量快递员支撑的行业，缺乏足够的技术门槛，与移动互联网、大数据等相关技术没有太大的关联。而随着"互联网 +"浪潮的不断推进，各种创业者及相关企业纷纷将目标定位于物流市场，通过推出各种细分领域的物流 App 深度挖掘这一领域的巨大潜在价值。在人们眼中发展落后的传统物流行业，也开始向集众多高科技于一体的现代物流转变。

互联网使人们能够跨越时间与空间的限制实现无缝对接，但迫于基础配套设施及信息流通方面的问题，国内的社会资源长期以来以一种高成本、低效率的方式流通，给我国的经济发展带来了严重阻碍，而物流 App 的出现则为打破这种局面提供了绝佳的途径。

物流 App 是物流企业与移动互联网之间深度融合的典型代表，其优势主要体现在以下两个方面。

1）借助手机中的 App，人们能够及时掌握自己发出的货物的实时信息，并通过方便快捷的操作方式随时随地享受各种优质的物流服务。

2）物流企业可以借助 App 发布与之相关的各种信息、为用户提供各种各样的优质服务，并通过与用户之间的交流互动获取反馈信息，从而对自身的产品及服务进一步优化，在为用户创造更多价值的同时，也使自身获取较高的回报。

虽然开发及运营物流 App 产品需要投入海量资源，但为了抢占更多的流量入口并提升自身品牌的影响力，广大物流企业需要整合各种优质资源，打造出一个综合型物流 App 应用平台。

5. 物流 App 模式的市场应用

"移动互联"成为目前企业界关注的热点,而物流 App 的出现,使物流企业可以与消费者实现即时高效的交流互动,进一步提升了用户服务体验。更为关键的是,凭借着物流 App 应用在移动终端市场的占有率,企业品牌的影响力能够获得极大提升。

目前,物流 App 将方便快捷的服务作为吸引消费者的切入点。从市场中的一些物流 App 的使用情况来看,目前可以做到通过手机对快件实时状态信息、运费及网点位置进行查询的物流 App 产品已经很多,如菜鸟裹裹、顺丰速运、中通快递、京东物流等。

具体比较如下:

(1)菜鸟裹裹由阿里巴巴集团联合四通一达等快递公司牵头成立,是菜鸟系列产品之一。产品旨在通过技术创新和高效协同的办法,提高消费者物流体验,降低社会物流成本。

菜鸟裹裹一个很明显的优势就是"两多"。第一多指的是阿里巴巴旗下有很多应用软件,如闲鱼、天猫、淘宝、支付宝等,并且这些软件都融入菜鸟裹裹的核心功能——寄件服务;第二多指的是与菜鸟裹裹合作的物流平台多,如圆通速递、EMS、德邦快递、货拉拉等平台。合作的物流平台多,一方面有助于扩大用户的接触面,另一方面有助于资源整合。另外,菜鸟裹裹的寄件价格要显著低于顺丰速运、京东物流等快递。

(2)顺丰速运依托顺丰集团网络及资源的优势,专注于大件托运的物流产品,解决厂仓、仓仓、大包裹等物流服务需求,以物流效率助力客户商业发展。

因顺丰速运依托顺丰集团,所以,顺丰速运一个很明显的优势就是具有发达的运输网络及实时的信息沟通,因此,顺丰速运相较于其他物流速度很快且很安全。此外,相关数据显示,顺丰速运的用户申诉率一直处于较低水平,这表示顺丰速运专注于用户服务体验。但是,顺丰速运寄件的服务价格较高,这限制了订单数量的快速增长。

(3)中通快递是以快递为核心业务,集跨境、快运等于一体的综合物流服务企业。

中通快递加入菜鸟驿站,可以享受到菜鸟驿站 4 万多个菜鸟网络的城市末端网络,这有助于降低企业的配送成本。

(4)京东物流以降低社会物流成本为使命,致力于成为全球供应链基础设施服务商。

京东物流目前拥有中小件、大件、冷链、B2B、跨境和众包六大物流网络。此外,京东率先将 5G 技术应用到仓储服务中,通过 AI、IoT、AGV、自动驾驶等技术,进一步打造高智能、自决策、一体化的智能物流园区,并且示范园区已在上海嘉定建立。京东物流仓库的自动化水平高,但是京东物流寄件的服务价格明显高于传统物流,但较顺丰速运低。

三、物流 O2O

我国传统物流行业几乎是垄断的,只有中国邮政一家独大。但是在电商模式的迅猛发展下,一方面,随着淘宝、当当等电商平台在中国的出现及迅速发展,以"四通一达"和顺丰等为代表的专业快递公司在短时间内发展起来。另一方面,京东的物流体系也随着京东商城的崛起而得到快速发展。京东在物流建设方面取得的卓越成绩,使其成为众多电商平台效仿的楷模,很多电商平台也着手打造自己的物流体系。但自建物流所需的大规模资金投入又成为大部分公司不得不面对的一个问题。如今,线上线下一体的物流企业之间展开了激烈竞争,对整个物流行业的未来走向造成影响。

1. 物流 O2O 模式的崛起

移动互联网在对传统行业进行改革的过程中，通常会应用到大数据分析、线上线下一体模式以及信息智能化处理技术，但是能够完整地建立线上线下一体化模式的平台又极少，物流领域也不例外。当今的物流 O2O 模式已经迅速崛起，随着其自身的不断发展与完善，必将成为物流行业的主体。它的迅速发展主要由以下几个因素促成：

（1）移动互联网发展带来的机遇。随着移动互联网时代的到来，O2O 模式在很多领域得到应用，无论是餐饮、生鲜、零售业，还是医药、教育等领域，各行各业的 O2O 模式都得到了快速发展，送货上门服务也更加常见。但是配送问题就成了企业不得不面对的巨大考验。有相当一部分平台在物流方面都存在短板：由经营者自己提供配送服务，无法保证服务质量，而且很多商家也不想增加自己的劳动量；而中通、韵达等第三方物流企业不适合距离太近的货品运输；打造独立物流体系需要大规模投入资金。这些因素无一不促使物流 O2O 模式的出现及快速发展。

（2）传统物流行业中信息不对称问题急需解决。在我国传统物流行业，承担配送任务的货车司机一般为个体户，大部分货运工作都是由他们完成的。他们接受货运任务多是通过熟人和朋友介绍，或者是直接在当地的货场与需求方达成合作关系。这种松散的货运业务承接模式，一方面使货车司机接不到订单，另一方面也使需求方无法找到合适的货运承接方。在这种情况下，物流 O2O 应运而生。

（3）移动电子商务快速发展带来了强大的物流需求。随着移动电商迅速崛起，其物流需求也日益增加，现有物流模式已经跟不上它们的需求。尤其是在购物狂欢节，如天猫"双十一"、京东"618"等，短时间内物流量急剧增加，当前的物流模式难以应对这种挑战。这时要想顺利完成配送任务，就急需大量的配送人员参与，而无论是第三方模式还是拥有独立物流体系的平台，都无法在短时间内组织起这样一支大规模的物流团队。众包物流模式的出现完美地解决了这一问题，使突增物流量不再是物流行业的噩梦。

（4）物流成本及服务质量问题促进传统物流行业的 O2O 模式改革。在原有的物流模式下，很多货运企业面临大量的返程成本，加上车辆保养费、上涨的油价，进一步加大了成本消耗。怎样让货运司机提高运营效率，降低空载率？采用 LBS 的货运 O2O 模式将满足车主们的这一需求。目前，服务质量水平偏低是国内物流行业面临的问题之一。如何在短时间内提升业内的服务质量，是当前物流行业的主要矛盾。新物流模式的推出，如第三方平台、众包模式、自建物流，将互联网运用到物流行业，必将有效地改善这方面的问题。

2. 物流 O2O 运营模式

物流 O2O 运营模式主要包括两种：众包物流和自建物流。

（1）众包物流。互联网＋大数据时代，共享经济兴起，企业利用信息技术，实现数据到信息到知识利用的转化过程，起到优化市场资源配置的作用，也促成企业的业务运营模式由公司自营（垂直一体化）向服务外包转化。共享经济使得闲散社会资源成为财富，加上物流行业内在的共享因素驱动，利用共享经济模式降低物流成本，提高运营效率，提高物流配送质量，已成为物流行业改革的方向。面对社会上"有钱没闲"和"有闲没钱"两种人群，众包物流企业以数据信息处理技术为基础，整合如人力、商品、服务、信息等资源，用较低的成本，最大限度满足人们的需求。

1）众包物流的概念。2006 年 6 月，"众包"的概念首次出现在美国《连线》杂志，是由美国学者杰夫·豪威（Jeff Howe）提出的。众包是指一个企业或者其他组织机构将本来应当由企业内部员工承担并完成的部分业务，外包给企业外部、自愿承担该业务的社会大众来完成，企业支付相应劳务报酬的行为。

众包物流是基于众包模式而发展出来的新型物流方式，即借助先进的互联网技术，利用互联网开放式平台，将原本需要由企业内部专职专业的配送人员完成的配送工作，本着自愿和有偿的原则，外包给社会公众，众包人员利用自己闲暇时间从事兼职，承担将货物送到指定顾客手中的工作，并取得相应的劳务报酬。

近年来，在我国"互联网+"背景下，我国众包物流行业发展迅速，已经初步形成整体格局。2013年，人人快递勇于创新，结合互联网平台，采用众包模式为主要的运营模式，开展同城配送等一系列服务，成为"吃螃蟹的第一人"。随后出现了一大批追随者，如点我达、达达、京东到家、闪送等。

2）众包物流的运作模式。众包物流的参与主体包括：众包物流企业、众包发起人、众包承运人、货物接收者、保险公司、金融机构等，其中众包物流企业提供众包平台，是整个物流众包流程中的主要技术支撑；众包发起人即有配送需求的客户，可以是货物接收者，也可以是为接收者提供货物的供应商；众包承运人即在众包平台上注册成为兼职快递员的人员，他们只需要一部手机和一个交通工具，在手机上下载众包平台 App 并注册即可成为快递员。保险机构为整个众包物流的流程提供良好的保障。该模式的运作流程，如图 6-1 所示。

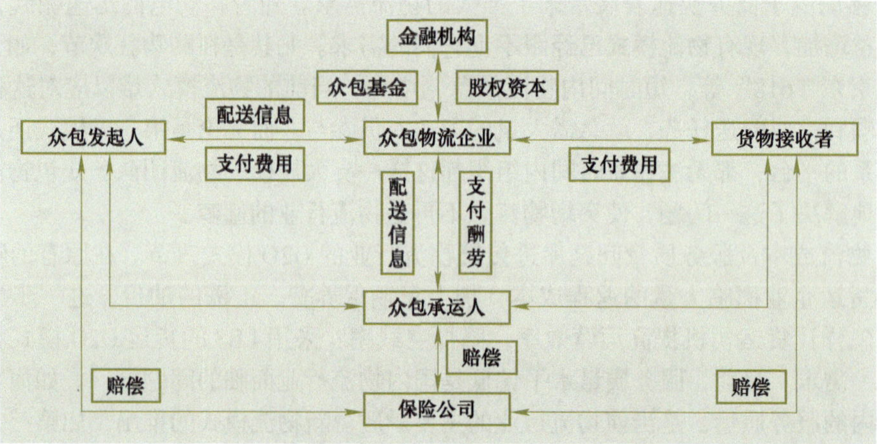

图 6-1　我国众包物流模式的运作流程图

众包物流模式共包括以下几个环节：①众包发起人向众包平台提交物流配送需求，众包平台接收需求订单后，在平台上发布；②众包承运人即兼职快递员，根据自己的实际情况决定是否接单，包括空闲时间、自己所在位置、取货及送达地点等因素；③承运人抢单成功后，众包平台向发起人传达订单已经被处理的消息，并根据 GPS 定位为承运人提供路线指导，实时跟踪其动态，并向发起人反馈信息；④承运人接单成功后，按照平台提供的路线前往指定地点取件，取件成功后，及时将货物送达指定位置；⑤货物送达指定地点后，平台及时更新订单信息，并通知发起人，再根据该订单的实际情况，如货物的性质、重量、体积以及配送时间、路程等因素，通知发起人在平台上结算款项，然后平台向承运人支付一定的报酬；⑥客户对该次服务进行打分和评价；⑦在配送的过程中，如果出现货物超时、毁损或丢失等情况，根据责任划分进行相应的赔偿。

（2）自建物流。除了众包模式之外，还有一些企业打造了独立的物流体系，京东是这方面的典型代表。

京东集团 2007 年开始自建物流，2017 年 4 月正式成立京东物流集团，2021 年 5 月，京东物流于香港联交所主板上市。京东物流通过布局全国的自建仓配物流网络，为商家提供一体化的物流解决方案，实现库存共享及订单集成处理，可提供仓配一体、快递、冷链、大件、物流云等多种服务。

京东物流建立了包含仓储网络、综合运输网络、配送网络、大件网络、冷链网络及跨境网络在内的高度协同的六大网络，服务范围覆盖了我国几乎所有地区、城镇和人口，不仅建立了我国电商与消费者之间的信赖关系，还通过 211 限时达等时效产品，重新定义了物流服务标准。在 2020 年，京东物流助力约 90% 的京东线上零售订单实现当日和次日达，客户体验持续领先行业。截至 2021 年 9 月 30 日，京东物流运营约 1 300 个仓库，包含京东物流管理的云仓面积在内，京东物流仓储总面积约 2 300 万平方米。

自建物流最大的优点是企业能够自行有效控制物流系统运作过程，提高运营管理效率，提升消费者配送体验，具体如下：

1）掌握供应链的控制权。在自建物流模式下，企业能够对内部的采购、生产加工、销售等供应链的各个环节甚至外部产品供应商和销售商的经营能力有最及时和详尽的了解，这些信息有助于企业灵活地调整安排物流各个环节，较好较快地解决物流方面的问题，有利于提升配送体系对市场的响应速度，强化对供应渠道和分销渠道的控制。

2）保障内部信息沟通渠道畅通。由于企业自己经营物流业务，采用自营物流模式的企业可以通过内部行政权力控制商品物流配送活动，加强了物流部门同其他部门信息沟通渠道畅通，提高了配送服务效率，为物流竞争力的提升创造了良好的环境。

3）提升企业品牌价值。自建物流配送系统能够与营销活动紧密配合，可以直接面对消费者，既可以全力服务客户又能够让消费者进一步了解企业、熟悉企业产品，从而提高企业的市场影响力、竞争力和企业品牌价值。

然而，自建物流模式并不是万能的，在企业运营管理过程中呈现诸多运营难题，主要集中在以下两方面：①投资成本高。自建物流需要巨大的投入，运作过程对业务规模的要求也比较高。此外，自建物流配送体系建设周期长，会降低企业资金周转，短期内会加重企业资金链的负担，对企业柔性有负面影响。②要求较高的物流管理和运营能力。庞大的物流体系建成后必然需要具有专业能力的人员进行科学规划和高效管理，然而目前我国物流人才短缺，从事物流管理的人员综合素质也不高，这将会使得自营物流运行效率低、缺乏竞争力。

3. 物流 O2O 转型痛点及未来趋势

从宏观角度来分析物流行业的未来发展趋势，尽管在现阶段很多物流 O2O 平台的发展都存在弊端，但毫无疑问，将有越来越多的物流 O2O 平台出现在国内市场。与此同时，物流 O2O 的迅速发展也会给传统物流带来巨大挑战，因此，很多传统物流企业都在寻求改革升级。移动互联网的参与，使得中介的影子逐渐消失，如此一来，物流成本就得到了有效控制，整个行业的现状也就得到了改变。同时，互联网的介入也使得物流 O2O 有了巨大的发展空间。

然而，尽管传统物流企业在长期的发展过程中建立起一定的品牌优势，通过提供服务获得了大规模资金，并十分擅长线下推广，但此类企业要想转型为 O2O 模式，仍然不可避免地存在着障碍，表现在体制问题、流量入口问题和人才问题等方面。在今后的发展过程中，移动互联网在物流行业的渗透作用会更加明显。

单元三　智 慧 物 流

近年来，我国电子商务产业成为消费增长的重要来源之一，由此产生的庞大包裹量推动物流领域逐步走向智慧化。但是，目前我国物流发展水平远远不能满足电子商务发展的需求。中国电子商务快速发展，导致在节假日、电商促销时，物流公司频频出现"爆仓"现象，再加上物流水平不高，存在到货慢、货物丢失、商品损毁、送货不到位等问题，也成为消费者主要的投诉对象。电子商务现在已经渗透到人们日常生活的方方面面，电子商务物流迎来巨大发展空间的同时也面临着升级的挑战，如更快的速度、更低廉的价格、更优质的服务等，这一过程就是实现物流产业智慧化的前奏。

一、智慧物流概述与其特征

1. 智慧物流概述

IBM 于 2009 年提出通过感应器、RFID 标签、制动器、GPS 和其他设备及系统生成实时信息的"智慧供应链"概念，紧接着"智慧物流"的概念由此延伸而出。智慧物流重视将物联网、传感网与现有的互联网整合起来，通过精细、动态、科学的管理，实现物流的自动化、可视化、可控化、智能化、网络化，从而提高资源利用率和生产力水平，创造更为丰富的社会价值。

智慧物流是在云计算、大数据、物联网和人工智能的广泛应用基础上，利用先进的信息采集、信息处理、信息流通和信息管理技术，完成包括运输、仓储、配送、包装、装卸等多项基本活动的货物从供应者向需求者移动的整个过程。智慧物流系统为供方提供最大化利润，为需方提供最佳服务，同时消耗最少的自然资源和社会资源，最大限度地保护生态环境。智慧物流利用智能化技术，使物流系统能模仿人的智能，具有思维、感知、学习、推理判断和自行解决物流中某些问题的能力，即在流通过程中获取信息从而分析信息做出决策，使商品从源头开始被实施跟踪与管理，实现信息流快于实物流，即可通过 RFID、传感器、移动通信技术等让配送货物实现自动化、信息化和网络化。

2. 智慧物流的特征

智慧物流的特征主要体现在以下三个方面：

1）采用现代信息和传感等技术，运用互联网进行信息交换与通信，实现对货物仓储、配送等流程的有效控制，从而降低成本、提高效益、优化服务。

2）通过应用物联网技术和完善的配送网络，构建面向生产企业、流通企业和消费者的社会化共同配送体系。

3）将自动化、可视化、可控化、智能化、系统化、网络化、电子化的发展成果运用到物流系统。

二、云物流

智慧物流的基本表现为云物流。

1. 云物流的概念

云物流就是利用云计算技术整合闲置的物流资源成为大规模资源集群，并通过互联网让这个资源集群为网络上的企业和个人提供服务，为经销商和生产、运输企业再次利用，突破物流过程中的信息流转障碍，减少货物在物流过程中的重复搬运过程，从而进一步降低物流资源浪费。不同于传统的物流与快递企业的商业模式，云物流在吸收"云计算"和电子商务平台的基本理念后形成了独特的"物流信息平台开放、资源共享、服务集成、终端无限"的商业模式。在这种模式中，需要做的是构造一座物流信息互联平台，为用户提供统一的"窗口服务"和支持其业务应用运行所需的计算资源、存储资源，并可在云端实现应用信息间的关联、审计、高级分析计算与展示，甚至基于商业互通标准的交互。云物流使用户以更低的成本、更灵活的方式获得优质、高效、及时的物流信息服务，进而提升物品流转速度，最大限度地降低资源浪费。云物流融合了云计算、物联网、优化和智能分析及移动技术的应用，涉及物流运作管理服务、供应链可视化服务、关联方门户服务、供应链协同网络服务、智慧物流移动服务等多个领域。

2. 云物流所具有的优势

云物流管理模式相对于传统的物流和快递企业的商业模式来说是独特的。在云物流信息平台上，整合了海量的订单信息，具有社会化、节约化和标准化三大优势。通过云物流管理模式，建立云物流信息平台，不仅整合了海量的订单，还集成了成千上万的快递公司、派送点、代送点，充分利用了这些物流资源，在集中建设的云物流计算平台下建立起规模效应，减少了每个公司都建立小型云计算平台所造成的资源浪费，并通过统一的平台标准，对运单查询流程、服务产品、收费价格、售后服务、保险费用等都进行标准化和透明化操作，解决了物流行业标准不一的最大问题。

物流领域中常见的第三方物流、第四方物流，从概念上说应该是云物流的雏形，物流终端用户并不直接管理物流的中间过程，而是交由专业的物流公司运作。这些专业的物流公司所承揽的业务特别是大型复杂的物流业务，并不一定是由一家物流公司完成，多数情况下要由几家不同的专业物流公司配合完成，而终端用户不需要了解这些情况，只关心业务完成的最终结果。这与云计算的特征非常相似，这促使人们在思考云物流的时候，就不仅仅局限在利用云计算技术开展物流运作，而是在更高的层次上思考云物流的发展。如利用云计算的网络与成果，物流行业在云计算的支持下，研究完善云物流的概念，尽快发展与云物流相关的实体经济。

综上所述，云物流能够很好地推动电子商务的进一步发展，它有着传统物流所没有的几个优势，列举如下：

（1）云物流对物流信息进行了很好的集成。在实际运作中，物流行业中的某个企业首先搭建一个"行业云"平台，集中行业中的私有数据，即集中来自全球发货公司的海量货单；其次，对海量货单和货单的目的路径进行整理；再次，指定运输公司发送到快递公司，最后送达收件人。在这一过程中，云物流对物流行业的收货、运输、终端配送的运作模式进行了整合，实现了批量运输，部分解决了我国运输行业长期存在的空驶（或半载）问题，提高了运输公司的效率，降低了成本。

（2）云物流帮助物流企业进行业务重构。当一个企业承担物流的全部功能时，实际上是承担了所有的物流活动。第三方或第四方物流出现以后，通过对物流活动进行细分，实现物流作业专业化，提高了物流活动的效率。第三方或第四方物流能够提高物流效率的本质，实际上是对物流活动进行重新组合即业务重构，实现了业务活动的专业化。

目前，在物流领域有些运作已经有"云"的身影，如车辆配载、运输过程监控等。借助云计算中的"行业云"，多方收集货源和车辆信息，并使物流配载信息在实际物流运输能力与需求发生以前得以发布，加快了物流配载的速度，提高了配载的成功率。

（3）"云存储"也是其中一个优势。利用移动设备将在途物资作为虚拟库存，即时进行物资信息交换和交易，将物资直接出/入库，并直接将货物运送到终端用户手中。此外，供应链零售业在云物流的影响下也将发生变化。

3. 云物流对物流行业发展产生的影响

（1）中小物流企业得到快速提升服务能力的机会。由于受成本、资金、技术能力等因素限制，广大中小物流企业无力进行大规模的开发和技术投入，运营管理和信息化服务大多处于初级阶段，借助云物流服务，中小物流企业可以按需购买服务，按使用量付费，以可预计、可接受的成本投入换取服务能力、服务水平的快速提升。企业自身只需要配置成本比较低廉的终端，就可以实现对海量信息的处理和运营管理效率、服务质量的大幅度提升，而不再需要专业的开发与维护队伍、庞大的研发和服务器等硬件投入，中小物流企业主要通过互联网掌控和管理企业的运营。

（2）促进服务标准化发展，推动行业合作与转型升级。借助云物流服务，可以推动行业在产品与服务的标准化、运营与服务的信息化、物联网应用的透明化等方面的大幅度提升，降低企业在更大范围开展合作及资源整合的门槛，促进整个行业服务的标准化、信息化和透明化，推动行业合作与转型升级。

（3）推动专业化发展，提高效率，降低成本。依托云物流服务平台，在使大量物流企业获得专业、可靠、高效、成本可控的服务的同时，云物流服务平台和所服务的物流企业都可以更专注于自己的核心业务，把核心业务做强、做专、做透，大幅度减少和整合行业在信息化、互联网服务方面庞大的研发维护投入压力和巨大的资源浪费，推动了整个行业的专业化发展，提高了资源利用效率，降低了运营和服务成本。

4. 云物流对电子商务发展的意义

电子商务的交易活动虽然是跨越时空障碍的交易活动，但交易对象之间的资源配送却仍然受到时空和交通条件的限制。在商品配送上，交易双方可以任意选择物流公司提供的商品运输配送服务，但这时如果物流公司在交易双方一定距离内没有自己控制的物流节点，商品配送就会失去快速性、稳定性、一致性、可跟踪性的保障，没有一流的物流服务，交易双方便会选择其他更为优质的物流公司。要解决这一问题，传统的物流管理模式在设置物流节点和物流网络时，必须尽可能多地覆盖用户点，尤其是对于需要一体化物流服务的跨国公司、大型制造厂商等。同时，物流网络中的仓储、配送、运输设备等也需要综合考虑，以使整个网络系统内的资源能很好地满足用户需求并降低物流成本。物流通过建立统一的信息平台，吸收了电子商务的配送需求，汇聚了海量的订单，使得全国的物流企业都愿意加入云物流体系，构建了一个庞大的、遍布全国各地的物流节点，使得电子商务企业更加愿意借助云物流信息平台提供的物流配送服务，实现双边市场特性，促进电子商务企业和物流企业的共同发展。

三、无人仓

在移动互联网经济的趋势下，许多领域都迎来了空前的发展机遇和全新的模式变化，尤其是电商行业。而在电商行业中，仓储物流成为竞争关键。如何有效地应用人工智能机器人技术也决定着企业的未来发展。许多一流的第三方仓储物流企业已经积极地升级转型，不断引进先进的自动化系统，追赶机器人潮流，一方面能够有效地提高效率，另一方面也大大增强了企业的竞争力。

无人仓就是在智慧物流体系下无人值守的物流仓库，从货物入库、存储，到包装、分拣，真真正正实现全流程、全系统的智能化和无人化。智能机器人的出现，能够解决在整个运作过程中容易出现的大部分问题。例如，缩短从订单到交货的时间，智能化系统减少工作失误、减少劳动力的使用等。现阶段，中国日均运送包裹数已经达到亿级，实现大量的人工分拣、运输和包装对任何一家仓储物流公司而言都极具挑战性。智能化的物流模式已经成为我国物流行业的发展模式，智能机器人在市场上的逐步应用将开启智能化仓储物流的新时代。

在无人仓，智能机器人分为供件机器人、分拣机器人和搬运机器人三种。供件机器人的"慧眼"（智能相机）能智能扫描识别包裹的二维码、形状和大小。它也能使用机械臂抓取包裹进行投递。供件机器人将识别后的包裹放置在分拣机器人上，分拣机器人将包裹智能传递给搬运机器人，实现完全无人值守。

2017年，京东和阿里菜鸟网络的无人仓落地，标志着电子商务智慧物流建设迈进了全新的阶段。众所周知，目前国内电商在线上消费体验方面已经越来越同质化，而如何在物流配送和服务等方面进一步提升则成为各大电商差异化竞争比拼的关键所在，而肩负着智慧物流第一步的仓储如何更加高效、更加智能，无疑是各大电商打造智慧物流的首要关注点，而在让仓储更加智能化的途径上，各大电商平台不约而同地选择了"无人化"这个大方向。

四、无人配送

人工智能、大数据、GPS、GIS等技术不断迭代，在提升即时配送环节的效率、可靠性、安全度，以及提升用户体验感方面发挥着重要的作用，将促使即时配送平台朝着更加智能化、人性化方向发展。即时配送目前正在进入技术密集型阶段。随着人口红利的消失，快递从业人员将存在很大的缺口，无人配送将代表着未来物流的发展方向。无人配送主要依托于高精度地图数据＋智能导航系统，无人车配送、无人机配送、机器人配送是当前主要的应用模式。目前，BAT（百度、阿里巴巴、腾讯）和京东等互联网巨头企业均在无人配送领域进行研发投入，通过技术、资源的赋能全力推动行业技术应用水平的不断提升，推动物流技术从自动化向智慧化转变。

智慧物流战略的核心，就是打造以用户体验为中心、创新科技为动力、智能系统为基础的即时配送体系，推动即时配送行业完成第三阶段的转型。未来，电子商务企业智能调度及一系列智能硬件将形成优势互补，逐步实现无人机配送，并最终实现效率最优化的无人配送。整个配送环节都无人化，极大地解放了人力。无人配送的优势主要表现在以下几个方面：

1）无人机在空中飞行线路为直线，距离最短，几乎无视地形，没有传统快递配送运输路线的局限性。无视地形的优势在偏远地区更为明显。

2）运营成本较低，节省人力和时间成本。京东曾测算目前无人机配送成本与普通快递员持平或略高于快递员，未来实现定型和规模化之后，配送成本将下降 40% ～ 50%。

3）效率高，速度快。无人机拓展了空间的使用效率（由平面到立体），没有堵车风险。因此，无人机将会大幅度提升配送效率。

4）适用于小批量，高频次运输。小批量、高频次是电子商务物流的关键特征，相比其他配送方式，无人机有着得天独厚的效率与成本优势。

5）非常适用于偏远地区和紧急件的派送。

新零售背景下，快速、及时、实时的物流配送将成为刚需。随着物联网技术的进一步升级，物流配送将层层渗透到居民生活的方方面面，实现万物互联，未来新零售趋势下的即时配送需求比重会逐步增加，而即时配送服务的人性化、智能化，将成为构成消费者购物体验的重要标准。当前是物流企业发展无人配送的关键时机，如何通过科技创新实现降本增效、提升竞争力、挖深"护城河"将是各大物流企业需要思考的问题，而无人机也许给予了物流行业新的方向和可能。

| 岗位介绍　物流规划工程师 |

→ 岗位职责

1. 制定物流运作流程，建立和优化物料计划、供应、控制，以及库存控制、订单处理、运输及加工配送等物流管理和运作体系，提高公司物流运转的效率，降低公司物流成本。

2. 根据生产和供货要求，规划物流资源要求（包括场地、设备、运输、软件系统、物流人员等）。

3. 根据生产和供货要求，负责区域布局（包括物流区域划分、货位计算、物流通道、环境要求等）和追踪执行验收。

4. 物流改善项目管理，项目的前期需求调研、分析，设计项目方案，技术交流，编制技术任务书，负责组织、跟踪项目的实施。

→ 任职资格

1. 熟悉有关市场供求状况及供应商，熟悉相关物资、材料价格水平，熟悉物流管理优化技术。

2. 了解网络基础类知识，掌握办公软件（Word、Excel、PowerPoint），能熟练运用 SolidWorks、CATIA 等绘图软件，了解仓库管理系统、ERP 等生产执行系统。

3. 具有良好的服务精神、分析判断能力和较强的协调沟通能力。

实训项目九　物流平台 App 分析

一、实训目标

（1）了解物流平台 App。
（2）能够撰写分析报告。

二、实训环境

（1）安装 Windows 7/10 操作系统。
（2）4G/5G Android 或 iOS 智能手机，开通 4G/5G 网络或连接 Wi-Fi。

三、实训背景知识

随着互联网技术的蓬勃发展，行业门户类应用正从传统互联网向移动互联网延伸，物流业经营平台也开始转向移动互联网。近年来各大快递物流企业纷纷推出、升级 App 软件抢占市场。随着物流行业加快向移动业务转型的步伐，一条完善的物流行业"信息流"逐渐形成。

国内物流平台有货车帮、运满满、日日顺快线、达达快送、货拉拉等。

四、实训指导

1．了解不同的物流平台

（1）货车帮。货车帮是我国最大的公路物流互联网信息平台，建立了我国第一张覆盖全国的货源信息网，并为平台货车提供综合服务。

货车帮针对货主端推出"货车帮货主"App 及电脑客户端，服务涵盖找货找车、发布货源、在线车库、货运保险、车辆定位、增值服务等，针对司机端推出"货车帮司机"App，服务涵盖查找货源、订阅货源、ETC、商城等。

2017 年 11 月 27 日，货车帮与运满满联合，宣布战略合并，共同成立满帮集团，满帮集团坚持以技术为导向，以交易、金融服务、车后、智能驾驶核心业务布局。借助互联网、大数据及人工智能技术，满帮改变了传统物流行业"小、乱、散、差"的现状。

（2）运满满。运满满是国内一家基于移动互联网技术开发的手机 App 应用产品，致力于为公路运输物流行业提供高效的管车配货工具，同时为车找货（配货）、货找车（托运）提供全面的信息及交易服务，是国内首家基于云计算、大数据、移动互联网和人工智能技术开发的货运调度平台，是公路物流领域高新技术综合应用的典型代表。

2016 年，运满满全国干线物流智能调度系统"牛魔王"上线试运行，该系统人工智能车货匹配准确率高达 99%，实时调度有效率高达 95%，平均运算匹配时间仅为 38 秒，报价准确率 98.4%，提高司机收入 20%。

（3）日日顺快线。日日顺快线是海尔集团旗下日日顺物流推出的 O2O 到家物流服务平台，其目标是在互联网时代凭借专业的泛大件产品最后一公里城市配送方案，解决社区电商的供应链管理和供需在线服务。

依托强大的智慧化系统技术支持，以及标准的运营体系，日日顺快线既可以为电商平台、品牌企业提供一仓及多仓发全国的个性化解决方案，又可以快速响应小批量、多批次的服务需求，为干线物流公司解决最后一公里难题，也可以为商贸企业和个人提供快捷、实惠、标准、诚实可信的仓配一体、送装同步的服务。

（4）达达快送。达达快送是达达集团旗下我国领先的本地即时配送平台，以众包为核心运力模式，搭建起由即时配、落地配、个人配构成的全场景服务体系，服务于各行业知名企业、中小企业与个人用户。

经过长期的模式创新和技术迭代，达达快送可为商家提供全渠道订单一体化履约服务，在保障履约效率的同时大幅降低成本。同时，达达优拣为超市提供众包拣货员、数字化拣货流程管理等服务，帮助门店降低拣货成本。达达智配 SaaS 系统开放达达快送技术能力，帮助有自配送团队的品牌或者服务商提升配送效率与骑士人效。

（5）货拉拉。货拉拉于 2013 年创立，成长于粤港澳大湾区，从事同城／跨城货运、企业版物流服务、搬家、零担、汽车租售及车后市场服务。货拉拉通过共享模式整合社会运力资源，完成海量运力储备，并依托移动互联、大数据和人工智能技术，搭建"方便、科技、可靠"的货运平台，实现多种车型的即时智能调度，为个人、商户及企业提供高效的物流解决方案。截至2021年10月，货拉拉业务范围已覆盖352座我国内地城市，月活司机达66万，月活用户达840万。

2. 撰写分析报告

请体验每一个物流平台App，分析每一个物流平台App提供的服务，说说这些服务的特点、适合什么样的客户以及对客户有什么作用。客户该如何使用这些物流平台App？分析每一个物流平台App的盈利模式，并撰写"物流平台App分析报告"。

思考与练习

1. 思考移动电子商务物流管理有哪些特点？
2. 简述移动电子商务物流管理的运行方式。
3. 移动电子商务物流技术有哪些？
4. 移动电子商务典型的物流模式有哪些？
5. 智慧物流有哪些特征？有哪些典型的表现形式？

职业提示

配送30余万件包裹无差评，北京快递小哥当选全国劳

配送30余万件包裹，零差评，零投诉。京东物流北京鼎好营业部站长宋学文已经从初出茅庐的配送新手变成了17个年轻快递小哥的"师傅"。可他还像当年那个20多岁的小伙子一样，每天五点多天不亮就出发、深夜十点多下班回家。

"什么事都能找他解决"，提起宋学文，同事、顾客的评价里几乎都有这么一句。在宋学文负责的配送范围里，不少网购的市民会发现，自己并没有额外花钱，但却享受着"私人定制"版本的配送服务。

大多数人嫌麻烦、不愿意做的事，宋学文坚持了多年。宋学文还热爱学习新知识、新技术。2019年，他花了四个月的时间学习了无人机飞服师培训，掌握了无人机配送的技能。下一步，他还计划进一步提升学历和进修外语。

2020年11月24日，在当年全国劳动模范和先进工作者表彰大会上，宋学文成为一名光荣的全国劳动模范。"我觉得干任何一行都一样，只要肯用心去做就一定能做成。"宋学文对劳模精神的理解朴素而真挚。

2021年6月，宋学文被中共中央表彰为全国优秀共产党员。

职业素养：培养并践行社会主义核心价值观；培养敬业精神和奉献精神。

参 考 文 献

[1] 李国鑫，叶强，庞涛. 新零售 [M]. 北京：清华大学出版社，2020.

[2] 颜阳，王斌，邹均，等. 区块链＋赋能数字经济 [M]. 北京：机械工业出版社，2018.

[3] 陈根. 人工智能的商业应用 [M]. 北京：电子工业出版社，2020.

[4] 胡杨. 直播带货和短视频运营实战秘籍 [M]. 郑州：河南文艺出版社，2020.

[5] 魏学将，王猛，张庆英. 智慧物流概论 [M]. 北京：机械工业出版社，2020.

[6] 刘丽霞. 移动营销实务 [M]. 北京：电子工业出版社，2018.

[7] 张作为. 移动电商运营：慕课版 [M]. 北京：人民邮电出版社，2020.

[8] 柯林，白勇军. 移动商务理论与实践 [M]. 北京：北京大学出版社，2013.

[9] 赵大伟. 互联网思维独孤九剑 [M]. 北京：机械工业出版社，2014.

[10] 马丁. 决战第三屏 [M]. 唐兴通，张延臣，郑常青，译. 北京：电子工业出版社，2013.

[11] 苏静，翟旭君. 传统企业电商之道 [M]. 北京：电子工业出版社，2013.

[12] 莱昂. 移动 Web 实现指南：面向移动设备的网站优化、开发和设计 [M]. 张晶珏，译. 北京：人民邮
电出版社，2012.

[13] 刘宏，石声波. 电子商务概论 [M]. 3 版. 北京：北京交通大学出版社，2018.

[14] 谭贤. 移动互联网时代：玩转 O2O 营销实战手册 [M]. 北京：中国铁道出版社，2014.

[15] 苗成栋，于帅. 电子商务概论 [M]. 北京：北京大学出版社，2009.

[16] 弗里曼. HTML5 权威指南 [M]. 谢廷晟，牛化成，刘美英，译. 北京：人民邮电出版社，2014.

[17] 侯青林. 互联网三国杀 [M]. 成都：四川人民出版社，2012.

[18] 胡世良. 移动互联网商业模式创新与变革 [M]. 北京：人民邮电出版社，2013.

[19] 青龙老贼，赵黎，方雨，等. 微信终极秘籍 [M]. 北京：电子工业出版社，2014.

[20] 苏高. 二维码的秘密：智能手机时代的新营销宝典 [M]. 北京：清华大学出版社，2014.

[21] 李勇，徐小涛，杨志红，等. 位置信息服务（LBS）关键技术及应用 [M]. 北京：人民邮电出版社，2013.

[22] 弗拉罗，阿克蒂哈诺格卢. LBS 应用开发 [M]. 李丽，译. 北京：人民邮电出版社，2012.

[23] 文丹枫. 移动营销新解密：移动互联时代的营销革命 [M]. 北京：中国经济出版社，2014.

[24] 危光辉. 移动互联网概论 [M]. 2 版. 北京：机械工业出版社，2018.

[25] 周建良. 移动商务 [M]. 2 版. 北京：电子工业出版社，2020.

[26] 沈拓. 不一样的平台：移动互联网时代的商业模式创新 [M]. 北京：人民邮电出版社，2012.

[27] 项建标，蔡华，柳荣军. 互联网思维到底是什么：移动浪潮下的新商业逻辑 [M]. 北京：电子工业出版
社，2014.

[28] 余来文，封智勇，宋晶莹，等. 分享经济：网红、社群与共享 [M]. 北京：化学工业出版社，2017.

[29] 肖璟. 无现金时代 [M]. 北京：中信出版社，2017.

[30] 林庆. 物流 3.0：“互联网＋”开启智能物流新时代 [M]. 北京：人民邮电出版社，2017.

[31] 华红兵. 移动营销管理 [M]. 3 版. 北京：清华大学出版社，2020.

[32] 陈柱子. 竖屏思维：大幅度提升手机端转化率的逻辑和方法 [M]. 北京：电子工业出版社，2018.

[33] 钟元生，徐军. 移动电子商务 [M]. 2 版. 上海：复旦大学出版社，2020.

[34] 戴建中. 电子商务 100 问 [M]. 北京：清华大学出版社，2012.

.